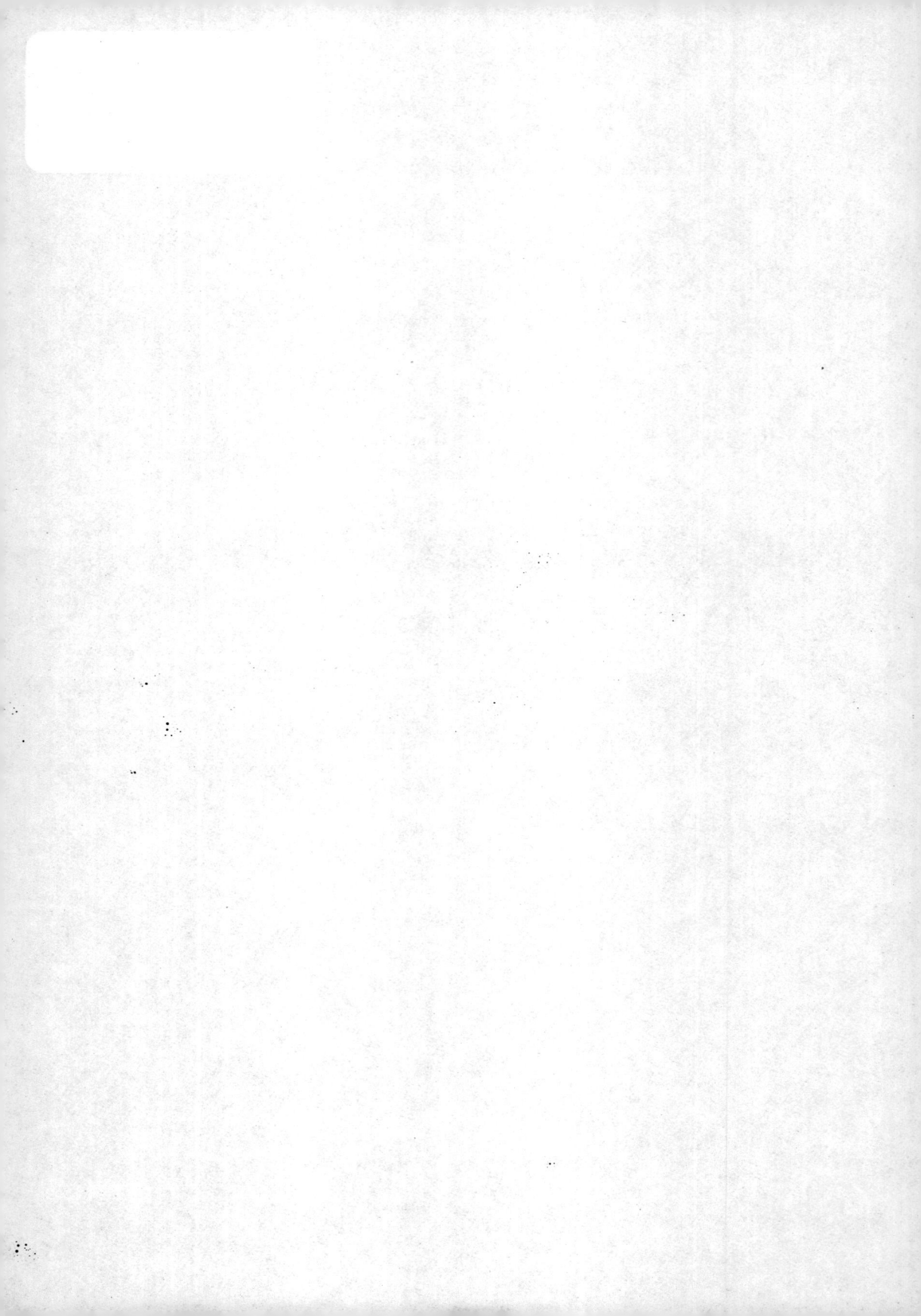

21世纪高等院校教材

管理信息系统

秦秋莉　邵丽萍　刘会齐　主编

科学出版社

北　京

内 容 简 介

　　"管理信息系统"是一门既具有较宽深的理论基础，又具有较强实践性的学科，因此本书在编写过程中，始终贯穿"基于问题、强调自主、突出实践"这一主导思想，分别从管理层面介绍了管理信息系统的概念及其对管理的影响、管理信息系统的战略性地位及其对组织变革的作用；从应用层面阐述了管理信息系统的技术基础和主要应用，指出了用户在管理信息系统建设过程中的责任和作用；从开发层面介绍了管理信息系统的开发过程和管理。目的是使学生领会管理信息系统在社会发展和企业运作中的重要作用，学会从信息系统的视角思考组织的问题，应用系统的观点分析和解决问题。全书共分 10 章，各章之间既相互联系又相对独立，可根据专业与学时的不同有选择地进行学习。

　　本书可供信息管理与信息系统、软件工程、计算机应用专业以及财经类非计算机专业的本科生、研究生和教师使用，也可作为各类企业管理者和相关研究人员的参考用书。

图书在版编目（CIP）数据

　　管理信息系统/秦秋莉，邵丽萍，刘会齐主编. —北京：科学出版社，2010

　　（21 世纪高等院校教材）

　　ISBN 978-7-03-026108-3

　　Ⅰ. 管…　Ⅱ.①秦…②邵…③刘…　Ⅲ. 管理信息系统-高等学校-教材
Ⅳ. C931.6

　　中国版本图书馆 CIP 数据核字（2009）第 216200 号

责任编辑：林　建　苏雪莲/责任校对：陈玉凤
责任印制：张克忠/封面设计：耕者设计工作室

科 学 出 版 社出版
北京东黄城根北街16号
邮政编码：100717
http://www.sciencep.com

北京市文林印务有限公司 印刷
科学出版社发行　各地新华书店经销

*

2010 年 1 月第 一 版　　开本：B5（720×1000）
2015 年 6 月第六次印刷　　印张：19
字数：381 000

定价：32.00元
（如有印装质量问题，我社负责调换）

前　言

　　管理信息系统是一门将管理科学、系统科学、信息科学、行为科学、计算机科学和通信技术相结合发展起来的边缘学科，它既具有较宽深的理论基础，又具有较强的实践性。为体现这一特征，本书遵循讲清方法、原理，并与实际应用相结合的原则，采取基于"信息"的视角、"管理"的角度、"系统"的思维方法，目的是使学生理解管理信息系统的基本概念和原理，初步掌握管理信息系统分析、设计、实施和评价的方法，领会管理信息系统在社会发展和企业运作中的重要作用。

　　全书共分10章，分别介绍了管理信息系统的基础概念、管理信息系统的技术基础、管理信息系统的结构与类型、管理信息系统的应用、管理信息系统的开发、系统规划、系统分析、系统设计、系统实施，以及系统维护、评价与管理。读者既可全面、系统地阅读全书，也可根据不同情况选择其中几章学习参考，各章之间既相互联系又相对独立。对于信息管理与信息系统、计算机应用专业的学生，各章均应学习参考；对于工商管理、财经类非计算机专业的学生，可以选择重点学习第1、2、3、4、5章，大致了解第6、7、8、9、10章的内容，就能比较全面地掌握系统开发方法和工具。除上述几类专业以外，其他专业由于学时限制，可以只学第5、6、7、8章，侧重学习系统开发的理论和方法。如此，本书可以满足不同专业对管理信息系统学习的不同要求。

　　本书在编写过程中，充分考虑到了本课程"基于问题、强调自主、突出实践"的研究性教学思想，各章节配套了相应的思考题、讨论题，用于巩固学生的学习重点，而知识拓展部分紧跟学科的发展前沿，主要用于学生自主学习，激发学生的学习热情，拓展学生的知识面。

　　本书的编写由秦秋莉统一组织，第1、4、5、6章由秦秋莉编写，第2、3章由刘会齐、秦秋莉编写，第7、8、9章由邵丽萍编写，第10章由邵丽萍、秦秋莉编写。北京交通大学的张真继教授、张润彤教授、黄磊教授、刘世峰教授在本书编写过程中提出了很多宝贵的意见和建议，研究生杨兰、张珊珊参与了本书的资料收集和文档编辑工作，出版社编辑付出了辛勤的劳动，在此一并向他们表示诚挚的谢意！

　　由于编者水平所限，书中难免有不当之处，敬请读者指正。

编　者

2009 年 8 月 1 日

目　录

前言

第1章

管理信息系统的基础概念 ·· 1

1.1　管理信息系统的概念 ·· 1

1.2　管理的概念 ··· 11

1.3　信息的概念 ··· 17

1.4　系统的概念 ··· 23

知识拓展：信息时代与信息化 ·· 27

思考题 ·· 29

上机作业题 ··· 30

小组讨论题 ··· 30

第2章

管理信息系统的技术基础 ·· 31

2.1　计算机硬件和软件 ·· 31

2.2　计算机网络技术 ·· 36

2.3　数据库技术 ··· 47

知识拓展：当今社会的IT新技术——云计算 ·························· 58

思考题 ·· 60

上机作业题 ··· 61

小组讨论题 ··· 62

第3章

管理信息系统的结构与类型 ·· 63

3.1　管理信息系统的功能结构 ·· 63

3.2　管理信息系统的空间分布结构 ··· 72

3.3　管理信息系统的类型 ·· 79

知识拓展：面向需求的管理信息系统 ··································· 84

思考题 ··· 86

上机作业题 ··· 86

小组讨论题 ··· 86

第4章

管理信息系统的应用 ··· 87

4.1　企业资源计划（ERP）系统 ··· 87

4.2　客户关系管理（CRM）系统 ··· 92

4.3　供应链管理（SCM）系统 ·· 99

4.4　电子商务与电子政务 ··· 107

知识拓展：地理信息系统在军事领域中的应用 ···················· 115

思考题 ·· 116

上机作业题 ··· 117

小组讨论题 ··· 117

第5章

管理信息系统的开发 ··· 118

5.1　系统开发的条件与原则 ··· 118

5.2　系统开发的方式 ··· 120

5.3　系统开发的方法 ··· 124

5.4　系统开发的过程管理 ··· 138

知识拓展：软件能力成熟度模型（CMM）····························· 145

思考题 ·· 147

上机作业题 ··· 148

小组讨论题 ··· 148

第6章

系统规划 ·· 149

6.1　系统规划概述 ·· 149

6.2　当前系统的初步调查 ··· 161

6.3　新系统目标与新系统方案 ·· 168

6.4　系统的可行性研究 ·· 172

6.5　可行性报告的组成 ·············· 174
知识拓展：企业建模方法 ·············· 177
思考题 ·············· 179
上机作业题 ·············· 179
小组讨论题 ·············· 179

第 7 章

系统分析 ·············· 180
7.1　系统分析概述 ·············· 180
7.2　组织结构与管理功能的调查 ·············· 185
7.3　业务流程的调查与优化 ·············· 187
7.4　数据流程的调查与分析 ·············· 191
7.5　新系统逻辑模型 ·············· 204
7.6　系统分析报告 ·············· 207
知识拓展：企业流程再造（BPR） ·············· 208
思考题 ·············· 211
上机作业题 ·············· 211
小组讨论题 ·············· 211

第 8 章

系统设计 ·············· 212
8.1　系统设计概述 ·············· 212
8.2　总体结构设计 ·············· 216
8.3　详细设计 ·············· 229
8.4　系统设计报告 ·············· 239
知识拓展：统一建模语言（UML） ·············· 241
思考题 ·············· 243
上机作业题 ·············· 244
小组讨论题 ·············· 244

第 9 章

系统实施 ·············· 245
9.1　系统实施概述 ·············· 245
9.2　程序设计 ·············· 246

9.3 系统测试 ……………………………………………………… 252

9.4 系统转换 ……………………………………………………… 264

9.5 系统说明文件 ………………………………………………… 269

知识拓展：系统测试的支持工具 ……………………………………… 270

思考题 ………………………………………………………………… 272

上机作业题 …………………………………………………………… 272

小组讨论题 …………………………………………………………… 272

第10章

系统维护、评价与管理 ………………………………………… 273

10.1 系统维护 …………………………………………………… 273

10.2 系统评价 …………………………………………………… 278

10.3 系统的运行管理 …………………………………………… 283

10.4 系统的安全管理 …………………………………………… 285

知识拓展：信息资源管理（IRM）………………………………… 289

思考题 ………………………………………………………………… 292

上机作业题 …………………………………………………………… 292

小组讨论题 …………………………………………………………… 292

参考文献 ……………………………………………………………… 293

第1章

管理信息系统的基础概念

1.1 管理信息系统的概念

1.1.1 管理信息系统的定义

1. 定义

管理信息系统（management information system，MIS）是在管理科学、系统科学、计算机科学等基础上发展起来的综合性边缘科学，到目前为止，它还处于不断完善和发展的阶段。由于管理信息系统是一门正在发展的新兴边缘学科，因此，关于管理信息系统的定义也同样在逐渐发展和成熟。目前国内外对管理信息系统的定义虽然不尽一致，但基本上都强调了管理信息系统的预测和辅助决策功能，即利用现代管理的先进技术、方法和工具，向各级管理者提供经营管理的决策支持。

管理信息系统可以定义为一个以人为主导，利用计算机硬件、软件、网络通信设备以及其他办公设备，进行信息收集、传输、加工、储存、更新和维护，以企业战略竞优、提高效益和效率为目的，支持企业高层决策、中层控制、基层运作的集成化的人机系统。这个定义也说明，管理信息系统绝不仅仅是一个技术系统，而是一个把人包括在内的人机系统，因而它既是一个管理系统，也是一个社会系统。

2. 深入理解管理信息系统

从如下几个方面，我们可以详细地理解管理信息系统。

1) 以计算机为基础的一个人机系统

管理信息系统的人机系统特征主要反映在系统的人机分工以及系统如何构建、运行、评价等方面。

系统能实现人机的合理分工。从观念上来说,没有计算机以前,企业一般依赖于手工的管理信息系统,只是在有了计算机后,管理信息系统的作用才开始凸显,才使现代的管理信息系统成为现实。无论今后计算机技术发生怎样的变革,它毕竟是技术、是机器,不可能完全替代人,也不可能完成企业管理信息处理中的全部工作,有些工作必须由人来完成。因此,在管理信息系统中,必须研究企业管理信息处理工作应计算机化到何种程度。

人机系统的概念就是要求系统的功能在机器与人之间有个合理的分工,适合机器完成的功能尽量由机器完成。在实际工作中,由于技术和处理的难易程度、费用、时间等因素的制约,有些信息处理可以由人工来完成。例如,有些原始数据,由于问题的不规范性,若让机器来完成是无法实现的,或者实现起来费用很大,这时可以采用手工方法进行预处理,然后将预处理后的数据输入机器。总之,对于以信息技术为支撑环境的管理信息系统,用户和计算机系统共同构成一个系统,数据处理由用户和计算机系统之间的一系列交互作用来完成。

人影响系统的构建、运行和评价。管理信息系统的人机特点,影响着系统开发者和系统用户的知识结构。"以计算机为基础"要求系统的开发者必须具备计算机及其在信息处理中应用的知识,要求开发者了解人作为系统组成部分的能力以及人作为信息使用者的各种行为。系统的用户不一定要求是一个计算机专家,但是用户若有能力确定自己的信息要求,适当了解一些有关计算机、信息的性质及其在各种管理职能中应用的知识,就会对自己的工作有所裨益。

2) 一个集成化的系统

管理信息系统为企业生产经营活动中的信息处理工作提供基础。在企业内部,若各种以计算机为基础的信息处理没有统一的方法、统一的原则,单项应用就会出现不一致和不兼容的情况,从而出现"信息孤岛"。例如,同一数据项可能出现不同的定义,使用同样数据的各个应用之间产生矛盾,软件重复开发,信息不能共享等。因此,在开发企业管理信息系统的过程中,无论是数据库的设计、系统结构以及功能的设计,都应该遵循统一的标准、规范和规程。

3) 一个以数据库为中心的系统

从早期的文件管理,到 20 世纪 80 年代的数据库管理,乃至现在研究的数据仓库、数据采掘技术等,都为管理信息系统提供了一代强于一代的数据管理技术。但是在管理信息系统中,数据库仍是一种重要的数据管理技术。由于企业生产经营环境的激烈变化,用户的信息需求变化频繁,数据库不仅仅被用来存放数据,而且已成为管理信息系统逻辑模型的重要组成部分。

4）一个网络型的系统

随着计算机网络技术和通信技术的发展，管理信息系统的应用范围已由单一部门扩大到多个部门甚至整个企业，并由企业内部扩大到企业外部。

5）不同于一般的数据处理系统

数据处理主要是完成企业事务数据处理和报表生成，它代表辅助作业活动的日常基本事务处理工作的自动化；而管理信息系统更加完善，它拥有支持企业多种职能和管理过程的处理功能，把事务处理作为自身的一个功能。因此，数据处理是管理信息系统的基本功能。管理信息系统与日常理性的数据处理之间的一个重要区别，就在于它具有辅助分析、计划和决策的能力，具有利用信息资源来改善企业决策水平和工作效率的能力。

随着管理信息系统基础学科的不断进步，管理信息系统在内涵和外延上也将不断发生变化。

1.1.2　管理信息系统对组织和社会的影响

1. 对政府机关的影响

政府机关的事务工作通常以一个个流程来进行，每个流程又分为若干步骤，不同的步骤常常由不同的人来完成。所以，管理信息系统在政府机关单位中的应用主要体现在工作流程的规范管理方面。传统的管理信息系统是以一些相对独立的功能来实现这些步骤的，不能很好地处理步骤之间和流程之间的关联，从而增加了用户的使用负担。

为了解决上述问题，人们开发了一个工作流管理信息系统（workflow management information system，WMIS），即工作流＋管理信息系统，把工作流技术与管理信息系统集成起来，其特点是数据库应用流程化。政府机关内的行政事务工作都是由一系列环节构成的，所以这样的组织需要其软件系统不仅能够解决独立环节的业务问题，而且能够自动地把这些环节串联起来，希望一个环节所做的工作能够自动被下一个环节利用，这就是工作流最基本的需求。每一个环节常常又必须依靠数据库技术来解决，这样就提出了在工作流中应用数据库技术的需求。也就是说，每个业务处理单位内部都需要管理信息系统进行数据的整理、检索、统计、输出等，但各个业务处理单位之间必须用工作流的方式串联起来，将各个业务处理单位的工作结果在组织中按照一定的程序流转，并进行流程的监督和控制。

目前，一种流行的工作流管理信息系统的解决方案是电子邮件＋数据库。最新的工作流管理信息系统能把数据库技术和基于电子邮件的流程管理技术结合起来，既能在邮件中访问企业的业务数据，又能在数据库软件中生成相关的邮件。比如，计划人员既可以在企业管理信息系统中，也可以在电子邮件软件（如

Outlook）中生成采购申请邮件，然后发给相关负责人；负责人收到邮件后，既可在邮件上直接答复申请，也可通过电子邮件中的超级链接（hyperlink）转到管理信息系统中去查看有关细节。一旦申请邮件被答复，计划人员不仅能在管理信息系统中收到批准状况，也可以在邮件信箱中收到答复结果。一般来说，在政府机关使用工作流管理信息系统的优点如下：

（1）降低劳动强度，提高工作效率。使用时不需要像传统数据库应用软件那样，在许多不同的窗口、菜单和对话框中寻找、查询，只要在一个统一的收件箱中就可以找到所有尚待完成的各种不同类型的工作。这一点对于领导特别有用，因为领导往往需要审批多种类型的工作文书。打开邮件，所要做的工作就以最合适的形式呈现出来，还可以包括相关信息，如有必要，还可以直接调用有关的数据库应用软件进行进一步的查询和统计。

（2）高度自动化、协作化，大大减少了重复劳动。通过邮件传递信息，用数据库存储信息，不再需要人工传递文书。此外，前一阶段工作输入的信息可以自动被下一阶段利用。

（3）无纸化。许多电子邮件软件具备数字加密和数字签名功能。经过数字签名的邮件可以保证其内容的不可更改性和来源的真实性。实际上，数字签名可以实现比普通的印章更可靠的证明功效，而且更加方便，容易验证。

（4）易学易用。只要会使用电子邮件软件，就能够利用工作流管理信息系统，从而大大减少培训工作量，这对用户和开发者都是有利的。

2. 对企业的影响

不同类型企业的管理模式有各自的特点，不同的企业都有自己的经营思想和管理观念来指导企业的经营管理实践。由于信息在企业管理实践中的重要地位，现代企业管理必须与信息技术紧密地结合在一起，实现企业管理信息化。信息技术被引入企业管理起源于 20 世纪 60 年代，当时的信息技术正处于起步阶段，而且社会经济处于生产资料稀缺的状况，西方社会的生产制造企业面临着由于企业规模逐渐扩大而造成的管理工作日趋复杂等问题，所以信息技术与企业管理的结合是从制造行业开始的。

1）物料需求计划

物料需求计划（material requirement planning，MRP）是西方企业管理中逐步发展起来的管理技术的精华。20 世纪 60 年代中期，美国生产管理和计算机应用专家 Oliver W. Wight 和 George W. Plosh 首先提出了这项管理技术，IBM 公司首先在计算机上实现了 MRP 的软件产品。MRP 方法是为了克服早期库存控制中订货点法的缺陷而提出来的，其核心是根据生产计划表上何时需要什么物料来订货，既解决了物料未来的短缺问题，而且通过预测投料情况来进行生产安排，又不使库存量过多而造成资金积压。

MRP 建立在以下两个假设条件基础之上：一是采用无限制能力计划，即假设有足够的生产设备和工时来保证生产计划的实现；二是假设物料采购计划是可行的，即认为有足够的进货能力来保证采购计划的实施。由此就容易产生生产计划与生产能力的不匹配、不平衡等问题。因此，在 20 世纪 70 年代，MRP 又增加了能力需求计划等内容，将物料需求计划与能力需求计划进行有机的结合，通过相互的信息沟通解决了上述问题。但是，MRP 的一个关键的问题是，它还不能覆盖整个生产过程，仅仅涉及生产中的物流方面，而对于与物流密切相关的其他内容，如财务管理、技术管理、销售管理等，并未过多涉及。

2) 制造资源计划

制造资源计划（manufacturing resource planning，MRP-II）是在 MRP 基础上发展起来的。20 世纪 80 年代，随着计算机网络技术的发展，企业内部信息共享的技术条件逐渐成熟。针对 MRP 理论的缺陷，管理专家在 MRP 的基础上，将企业的生产、财务、销售、技术、采购等各个业务环节结合成一个一体化的系统，并由此形成了 MRP-II 理论。

MRP-II 理论一经产生便受到企业界的重视，它广泛地运用于欧美等先进国家的制造业中，成为制造业现代化的管理信息系统。MRP-II 是一套适合于制造行业企业的先进的管理方法，其中，主生产计划 MPS（master production scheduling，MPS）和物料需求计划 MRP 是其核心功能。借助产品和部件的构成数据、工艺数据和设备状况数据，将市场对产品的需求转变为对加工过程和外购原材料、零部件的需求，用计算机完成主生产计划、物料需求计划、能力平衡计划、采购和库存控制，以及生产成本核算等，从而实现对企业复杂的生产过程的一定意义上的优化科学管理，从管理的角度确保企业的市场应变能力。因此，根据 MRP-II 管理思想建立的 MRP-II 软件及信息系统具有如下特点：

第一，MRP-II 系统是一个一体化的集成系统，它把企业中的各个子系统有机地结合起来，特别是使财务与生产两个子系统之间的关系尤为密切。

第二，MRP-II 系统的所有数据都来源于企业的中央数据库，各个子系统在统一的数据环境下工作。

第三，MRP-II 系统具有模拟仿真功能，能根据不同的决策方针模拟出未来将会发生的各种结果，因此它是企业上层管理机构的决策工具。

3) 计算机集成制造系统

信息技术发展引发的革命引领我们进入了信息时代。信息革命不仅引起人们思想观念、生活方式的变化，而且导致了生产方式和制造哲理的巨大变化，可以说，近 10 年来提出的新的制造哲理都离不开信息技术提供的支撑，以信息化制造技术为代表的先进制造技术正使制造业处于重要的历史性变革时期。

计算机集成制造系统（computer integrated manufacturing system，CIMS）

是在 20 世纪 70 年代初提出的，它随着计算机辅助设计与制造的发展而产生。CIMS 是在信息技术自动化技术与制造的基础上，通过计算机技术，把分散在产品设计制造过程中各种孤立的自动化子系统有机地集成起来，形成适用于多品种、小批量生产，实现整体效益的集成化和智能化制造系统。集成化反映了自动化的广度，它把系统的范围扩展到市场预测、产品设计、加工制造、检验、销售及售后服务等全过程。智能化则体现了自动化的深度，它不仅涉及物资流控制的传统体力劳动的自动化，还包括信息流控制的脑力劳动的自动化。

简单地讲，计算机集成制造系统的核心内涵便是提高企业竞争力的系统观点和信息观点，即利用计算机采取信息集成的方式来实现现代化的生产制造，以求得企业的整体效益。企业生产经营的各环节是密不可分的，正所谓"牵一发而动全身"，市场、产品开发、加工制造、管理、销售及服务应作为一个整体来考虑，而整个制造生产过程实质上是信息采集、传递和加工处理的过程。

CIMS 正是在这种系统观点和信息观点的指导下，通过多种管理方法和各种技术的集成，进而实现技术和经营管理的集成，人和组织的集成，物流、信息流和资金流的集成。CIMS 一般包括管理信息子系统、产品设计与制造子系统、制造自动（柔性自动化）子系统和质量保证子系统等。管理信息子系统通常以 MRP-II 为核心，而产品设计与制造子系统将 CAD/CAPP/CAM 集成为一体，在网络和数据库的支持下，优化或改善企业的设计过程、管理决策过程和加工制造过程，从而进一步提高企业的市场竞争能力和应变能力。

4）企业资源计划

20 世纪 90 年代，美国著名的信息技术咨询和评估集团 Cartner Group 提出了一整套的企业管理系统体系标准，其实质是将主要面向企业内部资源计划管理的 MRP-II 思想，逐步发展成为有效利用和管理整体资源的 ERP 管理思想，即我们所说的企业资源计划（enterprise resource planning，ERP）。ERP 强调供应链的管理，其除拥有传统 MRP-II 系统的制造、财务、销售等功能外，还增加了分销管理、人力资源管理、运输管理、仓库管理、质量管理、设备管理、决策支持等功能。ERP 是一种先进的企业管理理念，它以客户为导向，将企业与市场连成一体。ERP 软件系统预先含有大量优秀的决策方案以供选择，为企业的管理者提供了更大的决策空间。ERP 软件是一种现代企业管理工具，世界 500 强企业中，有 80％的企业使用 ERP 软件作为决策工具并进行日常工作流程管理。

MRP、MRP-II、CIMS、ERP 等只是先进管理思想的一部分，世界各国都存在着适合各自国情的先进的企业管理思想。每种理论都有其产生的市场需求和应用环境，而每种理论从思想到产品再到具体实施，都需要根据每个企业的具体情况，进行从理想模式到现行模式，再到改进模式的不同程度的概念轮换，从而使企业运作真正从中得到实际的回报。

5）办公自动化系统

办公自动化（office automation，OA）系统即办公工作处理自动化系统，它利用先进的技术，使人的各种办公业务活动逐步由各种设备、各种人机信息系统来协助完成，达到充分利用信息，提高工作效率和工作质量，提高生产率的目的。

办公自动化的初期主要解决秘书级事务，如用文字处理机提高打印、修改编辑、复制和存储文件的效率。中期解决经理级事务，如信息检索、辅助决策等。再进一步则是发展各种现代化的办公设备，组合成办公自动化系统。目前，办公自动化系统已经取得了不少成果。例如，智能电话机可以记录电话内容、简单问题；电子邮件可以不用纸和墨，通过通信线路及时把信息通知有关部门；电子会议系统可以通过卫星通信把不同城市，甚至不同国家的会议室联结起来，使出席会议的人都可在屏幕上显示，可以相互自由交谈；其他办公自动化设备，如传真机、复印机、光电阅读机、闭路电视、缩微胶片阅读机等均已投入使用。

根据现代办公业务的需求，办公自动化应该具备以下基本功能：

（1）文字处理功能，即文件的编辑、修改、存储和打印等。

（2）数据处理功能，即数据的记录、分类、存储、查询、运算和制表等。

（3）图像处理功能，即输入、产生、存储、处理和输出有关的图像处理资料，进行传真，召开远程电子会议等。

（4）声音处理功能，即声音的识别、存储和合成等。

（5）网络化功能，即将多个信息设备连接成网，提高信息处理能力和传输功能，达到资源的充分共享。

与管理信息系统一样，办公自动化也是顺应管理现代化和信息系统学科发展的实际需要而产生的，它具有强大的生命力，对于人类向信息化社会过渡，是一种重要的物质技术基础。

3. 在社会经济中的应用

在社会经济生活中，管理信息系统普遍地应用于人们的日常文化、教育、社会保障等组织中，主要以文档管理为主，并且普遍需要多媒体信息的支持。在这些管理信息系统中，除了要包括一般类型组织的管理信息系统中应包括的财务信息管理、人力资源管理、公共财产管理等功能，还要包括这些组织的一些特殊功能。下面将通过两个简单的案例介绍一些常用的管理信息系统的主要功能。

1）医院管理信息系统

医院管理信息系统（hospital information system，HIS）是目前管理信息系统领域里发展十分迅速的一个方面，其最重要的功能是以病人为中心，为医务人员提供临床数据通信支持，以支持医护人员的临床医学工作，并支持医院每天正常运转所需的信息处理工作。该系统的主要功能应包括门诊信息管理、住院信息管理、药剂信息管理、医嘱信息管理、病案信息管理等。门诊信息管理应主要包括挂号和收费两个子系统，挂号子系统应包括挂号业务、号表处理、统计与报表、信息通信等功能；而收费子系统则应包括划价处理、收费处理，以及收款报账的各项统计的管理。住院信息管理包括对住院部的病区、科室、床位等基本信息的管理，对病人的入、出、转的各种基本信息和医疗信息的管理，以及来院探视登记、电话预约登记等。药剂信息管理包括药库管理、药房管理、药房计价、药房发药、制剂管理、试剂管理、临床药学等。医嘱信息管理包括与医嘱有关的各种数据和查询功能等。病案信息管理主要包括病人主索引、病案追踪、质量控制等功能。

2）学校管理信息系统

学校管理信息系统以学生为中心，围绕着学校教学工作，提供教学管理的所有功能。该系统的主要功能包括教学计划管理、排课管理、学籍管理、教材管理、图书管理，以及教学辅助系统等。教学计划管理应包括对教学总计划、学期教学计划、课程进度计划等的管理。排课管理主要是根据教师、不同类型的教室、实验室、体育场地、课程分布、时间分配、分合班、单双周、教师要求等多方面约束条件，安排每个学期各个班级的具体课程表，传统手工排课相当麻烦并且容易出错，此功能可以解决学校排课这个老大难问题。学籍管理应包括基本信息、学生信息、成绩信息以及毕业生分配等信息的管理。教材管理包括对学校教材的库存情况、每种课程教材的使用等管理。图书管理应包括学校图书馆的采购、借阅的管理，以及通过数字图书馆技术提供远程多媒体阅览等管理。教学辅助系统应具有网络教室、专家答疑、网上讨论、网上作业批阅以及其他一些远程教育的功能。

1.1.3　管理信息系统的形成与发展

"管理信息系统"一词最早出现于 1970 年，瓦尔特·肯尼万（Walter T. Kennevan）给它下了一个定义："以书面或口头的形式，在合适的时间向经理、职员以及外界人员提供过去的、现在的、预测未来的有关企业内部及其环境的信息，以帮助他们进行决策。"很明显，这个定义是出自管理，而不是出自计算机。它强调了用信息支持决策，而没有强调一定要用计算机，也没有强调应用模型。

直到 1985 年，管理信息系统的创始人、明尼苏达大学卡尔森管理学院的著名教授高登·戴维斯（Gordon B. Davis）才给出管理信息系统一个较完整的定义："它是一个利用计算机硬件和软件，手工作业、分析、计划、控制和决策模型，以及数据库的用户——机器系统。它能提供信息，支持企业或组织的运行、管理和决策功能。"

"管理信息系统"一词在中国出现于 20 世纪 70 年代末 80 年代初，根据中国国情的特点，《中国企业管理百科全书》将"管理信息系统"定义为："一个由人、计算机等组成的能进行信息的收集、传递、储存、加工、维护和使用的系统。管理信息系统能实测企业的各种运行情况；利用过去的数据预测未来；从企业全局出发辅助企业进行决策；利用信息控制企业的行为；帮助企业实现其规划目标。"《管理现代化》一书中"管理信息系统"的定义为："管理信息系统是一个由人、机械（计算机等）组成的系统，它从全局出发辅助企业进行决策，它利用过去的数据预测未来，它实测企业的各种功能情况，它利用信息控制企业行为，以期达到企业的长远目标。"这个定义指出了当时中国一些人认为管理信息系统就是计算机应用的误区，再次强调了管理信息系统的功能和性质，以及计算机只是管理信息系统的一种工具。对于一个企业来说，没有计算机也有管理信息系统，管理信息系统是任何企业都不能没有的系统。所以，管理信息系统只有优劣之分，而不存在有无的问题。

20 世纪 90 年代以后，支持管理信息系统的一些环境和技术发生了很大的变化，对管理信息系统定义的描述也有了一些变化。

近年来，一个比较普遍的趋势是用信息系统（information systems，IS）代替管理信息系统。应当说，信息系统比管理信息系统有更宽泛的概念范围，用于管理方面的信息系统就是管理信息系统。而国外一般谈信息系统就是指管理信息系统，两者恰似同义语。但在国内，一些电子技术专业抢先占用了信息系统的名词，它们主要偏重于硬件和软件技术，与管理信息系统是不同的专业，因此在国内不能简单地认为信息系统就是管理信息系统。国外的信息系统概念可以在管理信息系统领域的一些著名教授出版的著作中查到。例如，1996 年劳登（Laudon）教授在其所著的《管理信息系统》（第 4 版）一书中写道："信息系统技术上可以定义为支持组织中决策和控制的进行信息收集、处理、存储和分配的相互关联部件的一个集合。"从这句话中我们很容易看出，信息系统就是管理信息系统，而且我们也可以看出，近期对信息系统的理解更偏向于管理，而不是计算机。

1.1.4　管理信息系统的学科内容

管理信息系统既是一个应用领域，又是一门学科，它涉及管理和技术两个领域，是一门介于管理科学、数学和计算机科学之间的边缘性、综合性、系统性的交叉学科。它运用这些学科的概念和方法，融合提炼组成一套新的体系和方法。图 1-1 显示了管理信息系统学科与其他学科间的关系。

1. 管理信息系统与管理科学的关系

管理信息系统首先是管理科学的发展。管理科学的狭义理解是运筹学加计算机，即用计算机收集信息，运用运筹学列出模型，然后再用计算机求解。管理强调定量，把管理过程数量化，用计算机求解以达到系统的目的。管理科学的应用

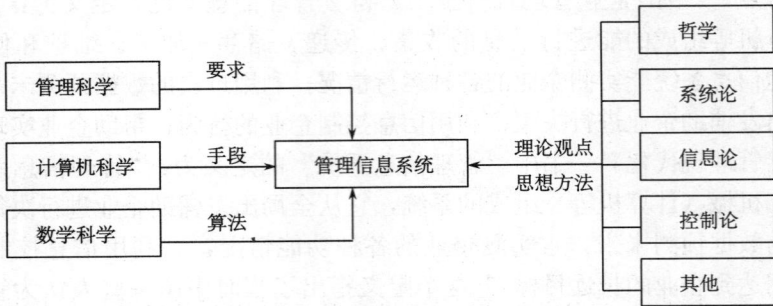

图 1-1　管理信息系统学科与其他学科间的关系

说明管理已由以艺术为主的阶段发展到以科学为主的阶段，这是管理现代化的标志，这些标志概括起来就是系统的观点、数学的方法和计算机的应用，没有这三条就不能真正实现管理现代化。

从管理科学的发展历史来看，从 20 世纪 20 年代的泰勒科学管理学派、30 年代的行为科学学派、40 年代的数理学派、50 年代的决策学派、60 年代的计算机管理学派以及 70 年代的系统学派，直到 80 年代的信息学派，无一不对信息及信息处理提出了广泛的要求。

因此，管理信息系统学科的产生及发展动力直接来源于管理科学的发展，管理科学是管理信息系统的重要学科基础，不了解管理科学，管理信息系统的研究和开发将缺乏明确的目标和评价的基本原则。

2. 管理信息系统与计算机科学的关系

管理信息系统的另一个重要学科基础是计算机科学。我们说管理信息系统是为管理活动服务的，它的产生源于管理科学的发展，但管理信息系统却依赖于现代技术而存在。从最早的结绳记事，到后来的算盘、机械记账机、计算器，再到现在的计算机网络，人们从有管理活动的那一天起，就开始利用工具进行信息处理了。

当今时代，计算机已越来越成为管理信息系统的重要工具，电子计算机和数据通信技术为管理信息系统提供了最有力的技术手段。面对现代化管理活动中大量的、复杂的数据，没有现代技术手段的支持是难以完成数据的加工处理，进而对管理进行预测、控制和辅助决策的。

1946 年世界上第一台电子计算机问世以后，到 1954 年短短的 9 年时间，计算机就被用于工资计算工作。20 世纪 90 年代开始，由于微机技术的进步、成本的降低、性能的提高，计算机的普及率大大提高，并在更大更深的范围内对管理信息系统产生了影响。加之计算机网络技术、多媒体技术的成熟发展，全球范围内掀起了信息高速公路的热潮。

信息高速公路不但改变了企业的外部环境，也改变了企业的内部环境，管理信息系统跨出了企业的界限。Internet 的发展以供应链等形成的信息系统把多个企业捆绑在一起，使企业群体形成了动态联盟，也使电子商务这一新的经营方式得以实现。Internet 技术应用于企业内部所构建的企业内部网络（Intranet），使得企业内部的各种网络有了统一的界面，这不但方便了使用者，更使无纸化办公成为可能。总之，计算机技术的成熟为管理信息系统的再发展创造了良好的条件，如果没有计算机的相关知识，很难设计出高质量的管理信息系统。

3. 管理信息系统与数学科学的关系

数学学科与管理信息系统也有很紧密的关系。数学是关于数和形的科学，它对管理科学、运筹学、计算机的发展均起到了推动作用，如今也直接对管理信息系统产生着影响。运筹学虽然不是数学，但与数学有很密切的关系。管理信息系统中的预测和决策功能，必须运用数学和运筹学的方法和模型来加以解决。传统数学对管理影响较深、用得最多的要算概率和统计了，在预测中应用统计列出模型进行估计和处理数据，在决策中利用概率进行风险估计和达到期望最大化的决策，近年来，随机过程也在管理中得到很多应用。

早在电子计算机问世之前，一些规划论和数理统计的模型与算法已经日渐成熟，只是因运算量大而无法应用到实际工作中。电子计算机技术的发展，不仅使数学和运筹学进入实用阶段，而且还使这种应用越来越方便、所取得的效益越来越大。

此外，管理信息系统还从哲学、系统理论、信息论、控制论和行为科学等学科吸收了有用的观点、概念和方法，从而使管理信息系统成为具有很强的综合性和明显的实践性的一门技术科学。

1.2　管理的概念

1.2.1　管理的定义

管理的实践活动自古有之，对管理的系统、理论化研究始于 19 世纪后半叶。作为一个科学概念，许多学者对管理的定义提出了各种各样的见解，但由于各人下定义的角度不同，或强调的方面不同，表述也就千差万别。如果从极其广泛而丰富的管理活动中抽取最一般的本质规定性，从管理的一般原理出发，国内现在较为统一的管理的定义是：

管理是为了某种目标，应用一切思想、理论和方法，合理地计划、组织、指挥、协调和控制，调度各种资源，如人、财、物、设备、技术和信息等，以求以最小的投入获取最好或最大的产出目标。

从管理的定义可以看出，管理是一项有组织的社会活动。人们一般认为它具有四个基本要素：

（1）管理主体，即管理者，包括管理者个体以及由若干个体组成的管理群体。他是管理的动力和管理的发动者，把握着管理的进程和节奏。

（2）管理客体，即管理对象。国外较早的管理理论认为，管理的对象是人、财、物三个方面。随着生产力的不断发展，管理的范围越来越广，如技术、信息等。管理对象的不断增加，本身就反映了人们对管理认识的不断深化和管理内容的复杂化。

（3）管理目标，即管理所要达到的目的。尽管管理活动的主体不同、内容不同、范围不同，甚至具体的目标也有很大差别，但不会没有目标，否则就不是管理活动。

（4）管理的职能和手段，即解决为了达到管理目标、实现管理目的，管理者和管理对象之间用什么办法进行协调活动的问题，这是管理活动的主要体现。

总体来看，管理活动就是管理的主体为达到一定的目标，运用一定的职能和手段，对管理对象产生影响与作用的过程。

管理是一个十分广泛的概念，有着丰富的内涵和外延。由于学者们的研究方向不同，产生了各种各样的管理学派，如"古典学派"、"行为科学学派"、"管理科学学派"等，这些学派对管理活动的说法不一。即使是今天，各学派对管理人员在做什么以及怎样做这类问题上，仍存在明显的分歧。然而，尽管在如何才能最好地描述管理人员所做的工作上有意见分歧，但在管理人员应完成什么工作的问题上，不同学派的看法却是一致的，即管理人员应做的工作是协调他人或组织活动，以收到工作效果。

我们认为，管理就是由一个或更多的人来协调他人的活动，以便收到个人单独活动所不能收到的效果而进行的各种活动。这一概念包括以下几方面的含义：第一，管理工作的中心是管理其他人的工作。管理工作的主要目的是通过其他人的活动来收到工作效果。第二，管理工作是通过协调其他人的活动来进行的，它追求的是群体的"协同效应"。第三，管理人员必须同时考虑两个方面，一是其他人的活动，即其他人的工作情况；二是其他人。归结到一点，所谓管理就是去营造一种激励环境，使处于其中的所有工作人员努力工作，发挥群体的协同效应，以达到企业或组织的目标。

要实现上述管理目标，管理人员就必须实时地了解情况（信息），作出反馈（决策）。简单地说，管理的过程就是基于信息的决策过程，它通常包含以下步骤：第一，发现问题。管理者通过收集管理系统运行中的有关信息，根据经验或有关标准，发现现行组织机构中存在的问题。第二，拟订方案。针对具体的问题拟订出若干种解决方案，并对每一方案进行成本效益分析。第三，作出决策。经过综合考虑，选择最为合理的方案实施，并随时控制实施情况。

为了实时、准确地收集信息，便于管理人员决策，有必要将计算机技术引入管理活动，建立管理信息系统，这不但可以提高管理的质量，而且也是管理现代化的重要标志。那么，什么是管理现代化呢？所谓的管理现代化并不是一个静止的概念，而是相对于一个时期、一定阶段而言的，其内容随着社会的变化、生产力的发展和科学技术水平的提高而不断更新和充实，它是一个整体的概念，主要包括管理思想、管理组织、管理方法和管理手段的现代化。

1.2.2　管理的职能

法国管理学家法约尔在 1916 年所著的《工业管理与一般管理》一书中，将管理规定为计划、组织、指挥、控制、协调五个要素，也就是现在所讲的管理的五大职能。尽管后来不少管理学家提出了许多补充和修正意见，但基本上都是以此为基础的。

管理的过程就是基于信息的决策过程，具体来讲，管理又可进一步分为五大职能，即计划、组织、指挥、控制和协调。各职能的意义如下：

（1）计划。这是管理的首要职能，它对未来事件作出预测，以制定出行动方案。计划工作是为事物未来的发展规定方向和进程，重点要解决好两个基本问题：一是目标的确定问题。如果目标选择不对，计划再周密再具体也枉费心机，这是计划的关键。二是进程的时序，即先做什么、后做什么，可以同时做什么，这些均不能错位，这是计划的准则。

（2）组织。是指完成计划所需的组织结构、规章制度、人财物的配备等。它有两个基本要求，一是按目标要求设置机构、明确岗位、配备人员、规定权限、赋予职责，并建立一个统一的组织系统；二是按实现目标的计划和进程，合理地组织人力、物力和财力，并保证它们在数量和质量上相互匹配，以取得最佳的经济效益和社会效益。

（3）指挥。是指对所属对象的行为进行发令、调度、检查。指挥职能就是运用组织权限，发挥领导的权威作用，按计划目标的要求，把所有的管理对象集合起来，形成一个高效的指挥系统，保证人、财、物在时间上和空间上的相互衔接。

（4）协调。是指使组织内部的每一部门或每一成员的个别行动都能服从于整个集体目标，是管理过程中带有综合性、整体性的一种职能。它的功能是保证各项活动不发生矛盾、重叠和冲突，以建立默契的配合关系，保持整体平衡。与指挥不同，协调不仅可以通过命令，也可以通过调整人际关系、疏通环节、达成共识等途径来实现平衡。

（5）控制。是指对下属人员的行为进行检测，纠正偏差，使其按规定的要求工作。控制必须具备三个基本条件：一是有明确的执行标准，如数量、定额、指标、规章制度、政策等；二是及时获得发生偏差的信息，如报表、简报、原始记录、口头汇报等；三是纠正偏差的有效措施。缺少任何一个条件，管理活动便会失去控制。

管理的五大基本职能，各自发挥着独特的功能和作用，但它们并不是割裂分开的，而是密切联系的，是围绕管理目标而构成的有机整体，这就是管理职能的整体性。

上述关于管理职能的观点是基于"传统管理"的思想，它是基于对组织或企业内部直接生产活动过程的考察，而忽略了组织或企业外部诸多因素的影响。由于现代科学技术的迅速发展，生产的社会化程度越来越高，一个组织或企业同外部环境的交流越来越广泛，因而影响一个组织或企业生产的外部因素也就越来越多、越来越复杂。这就要求决策者必须随时关注企业外部各种因素的变化，制定切实可行的经营管理方针，采取有力措施指导生产活动，以适应客观变化的环境，求得企业的生存与发展。由此可见，现代管理已不仅仅局限于企业内部生产过程的计划、组织、指挥、协调和控制，更应该重视市场调查、经营预测与决策、新产品开发、产品推销、售后服务，以及人员培训等。

1.2.3 管理的组织

组织是保证管理目标实现的重要手段，是管理的重要问题。了解管理的组织结构将有助于我们分析和设计管理信息系统。在以后的章节中，我们会看到，在进行管理信息系统的分析与设计时，需要了解一个企业的管理组织结构。在系统的实施阶段，管理信息系统可能会显著地改变一个企业的组织结构，这意味着不了解组织，就不能很好地进行系统的开发。以下就有关组织结构的几个主要问题进行讨论。

1. 管理层次

通俗地讲，管理层次就是指管理组织划分为多少个等级。管理者的能力是有限度的，当下属人数太多时，划分层次就成为必然，不同的管理层次标志着不同的职责和权限。企业的组织结构犹如一个金字塔，从上至下，责权递减，而人数递增。

通常情况下，我们将管理分为三个层次：高层管理、中层管理和基层管理。例如，在一个工厂中，影响全局的工作属于高层管理，各职能部门（如销售部、财务部、企管办等）的工作属于中层管理，而车间主任的工作则属于基层管理。

（1）高层管理。属战略级管理，是指一个组织的最高领导层。其主要职能是根据组织内外的全面情况，分析和制定该组织的长远目标及政策。

（2）中层管理。属战术级管理，主要任务是根据最高层管理所确定的总体目标，具体对组织内部所拥有的各种资源制定资源分配计划和进度表，并组织基层单位来实现总体目标。中层管理有时也称为控制管理。

（3）基层管理。也称执行层或作业层管理，是按照中层管理制定的计划，具体组织人力去完成。

2. 管理部门的划分

管理部门的划分是在管理工作横向分工的基础上进行的，其任务是将整个管理系统分解成若干相互依存的基本管理单位，这就形成了部门。简单来讲，部门是指组织中不同的区域、部分或分支。一个企业可以按以下原则进行管理部门的划分：

（1）按职能划分。这是应用最广泛的一种基本方法。这种方法根据专业原则，以工作或任务的性质为基础来划分部门。这些部门由于各种组织从事的业务不同，名称也就不同。例如，制造业使用的名称一般为生产、销售、财务等，商业上使用的名称则分别称为采购、销售和财务等。

（2）按地区划分部门。这是一种较普遍采用的方法，一些规模较大或业务分布较广的组织通常采用这种形式。这种方法是将一个地区的业务组织成一个部门，每一个部门委派一位管理者负责。例如，处于不同地区的政府机关、银行、法院、工商部门等。为这样的组织开发管理信息系统，通常需要计算机广域网络的支持。

（3）按产品划分部门。在多种经营的大规模组织中，按产品或产品流水线划分部门的方法比较流行。这里，"产品"的概念可以作更广泛的理解，包括企业中的物质产品和服务。例如，汽车制造厂可分为发动机分厂、车身分厂、轴承分厂等。学校培养的人才，也可以理解为学校生产的产品，学校按产品划分部门，就是院、系、专业等。

以上只是部门划分的基本方法，除此之外，实际管理活动中还有几种方法，如按顾客划分、按市场划分、按工艺或设备划分等。有些企业可能同时采用多种方法进行部门划分，即采用混合的部门划分方法。

1.2.4　管理与决策

决策是管理的基本任务，通俗地讲，决策就是人们对未来行动的谋划和决断，即管理者在管理活动中对将要采取的行动进行思考和作出决断的过程。经典管理学家把制定决策看做管理活动的中心。管理活动的三个层次对应着三种类型的决策过程（表1-1）。一般来说，战略管理层的决策活动属于非结构化决策，作业管理层的决策活动属于结构化决策，战术管理层的决策活动属于半结构化决策。

（1）结构化决策。通常是指确定型的管理问题，它依据一定的决策规则或通用的模型来实现决策过程的自动化。解决这类问题通常采用数据管理方式，它着眼于提高信息处理的效率和质量，如账务处理、物资出入库管理等。

表 1-1   决策类型的特点

类型特点	结构化决策	半结构化决策	非结构化决策
识别程度	问题确定，参数量化	问题较难确定	问题不确定，参数难以量化
复杂程度	不太复杂	较复杂	很复杂
模型描述	可用数学模型规范描述	较难描述	需开发专用模型或无法建模
信息来源	内部	主要是内部	外部和内部综合信息
决策方式	自动化	半自动化	非自动化

（2）半结构化决策。通常是指企业职能部门主管业务人员的计划控制等管理决策活动。它多属于短期的、局部的决策。决策的过程中，在结构化决策过程所提供的信息的基础上，一般应有专用模型来帮助。这些模型主要用来改善管理决策的有效性，扩大和增强决策者处理问题的能力和范围，如市场预测、物资配送等。

（3）非结构化决策。很难用确定的决策模型来描述非结构化决策，它强调决策者的主观意志。这类问题一般都带有全局性、战略性和复杂性。它所需要的信息大多来自系统的外部环境，来自内部的信息一般都带有综合性，最终的决策取决于该领域专家的知识水平。这类问题往往借助于人工智能技术的帮助。通常，人们力图把非结构化决策问题转化为半结构化决策问题处理，以利于非结构化决策问题的求解，如市场开发、企业发展战略等。

1.2.5　管理与管理信息系统

尽管信息技术对于管理信息系统建设十分重要，但学术界一直认为：信息技术和管理学的完美结合才是这门学科的核心。戴维斯、劳登等在 MIS 学界有影响的学者，都提倡采用社会技术系统方法来学习和研究管理信息系统。由于信息系统是应用于企业而不是个人的信息系统，它所提供的信息应当适合于企业所在的环境，融入企业的组织结构，反映组织的战略目标，同时应体现组织的行为和组织文化。但是，要实现这样一个目标，我们必须回答许多问题：企业有哪些信息？这些信息应当如何分类？这些信息相互之间的关系如何？应当如何将它们组织起来？应进行哪些处理？如何进行处理？应当把这些信息提供给什么人？以何种形式提供？企业内部的成员应如何进行信息交换？它们与组织的管理活动是怎样互相影响的？等等。而这些问题的回答，都涉及若干交叉学科领域的理论研究成果。

例如，戈伯莱斯（Jay R. Galbraith）提出的组织的状况适应理论认为：对于组织来说，不存在一种普遍的最佳组织结构方案。他试图用信息处理机构的观点来说明组织结构，提出了作为信息处理机构的组织结构设计方法。诺兰（Richard L. Nolan）提出的组织的信息系统发展阶段理论，较好地说明了组织中信息系统发展的一般规律。明茨伯格（Mintzberg）提出的管理者角色理论把管理者的活动分为 10 种角色，从行为科学的角度对信息系统的设计提供了分类的依据。莱维特（Leavitt）提出的组织变化的模型，较好地说明了信息系统对组织产生的影响。这些都说明，管理信息系统的研究必须从技术和管理结合处对一些重要问题进行研究。

由于现实的管理信息系统离不开计算机，因此它往往被人们误认为是一门单纯的技术型学科。信息技术，如计算机软、硬件技术，网络技术、系统开发技术等，确实是这门学科的基础，但实际上，信息技术对于管理仅仅是一种工具，任何技术如果不能体现出管理的需求，就失去了引进它的意义。学习管理信息系统的目标是使信息技术更好地运用到管理活动中，技术在这里与管理不是分离的，而是必须用系统的观点将它们有机地结合起来，为企业的信息管理、信息系统的开发设计以及信息系统的应用提供理论指导。

1.3 信息的概念

1.3.1 信息与数据

管理信息系统中，信息的产生与流动是伴随着管理活动中有关人、财、物的变化而出现的，决策者通过收集和控制信息而达到控制管理系统的目的。在管理信息系统中，最重要的成分也应当是信息。信息系统到底能起多大作用，对管理能作出多大贡献，都取决于有没有足够的和高质量的信息，而能否得到高质量的信息又取决于工作人员对信息的认识。

谈到"信息"一词，人们往往会联想到各种各样的情报、资料、图表、消息和新闻等。应该说，这些都具有信息的属性。然而，迄今为止，关于什么叫信息还没有一个统一的定义，人们大都从不同角度给予了叙述或解释。作为科学术语，由于学科不同，信息的含义也有许多种。数学家认为它不过是概率论的发展；通信工作者则把它看成是不定度的描述；在经济管理领域，通常认为信息是提供决策的有效数据。在《信息科学管理》一书中，作者站在信息科学的高度，考察并比较了 30 多种信息的定义，最后将信息界定为"事物运动的状态和状态改变的方式"。这是最一般意义上的信息定义，如果引入约束条件，层层限定，则可以形成信息的概念体系。

总的来说，信息的定义应包括如下几个要点：

（1）信息是客观世界各种事物变化和特征的反映。客观世界中任何事物都在不停地运动，呈现出不同的状态和特征，即事物的状态和特征在不停地变化。因而，作为客观事物特征和变化的反映的信息，也总在不断地生成和传递着。

（2）信息是客观事物之间相互作用、相互联系的表征。客观世界中各种事物在一定条件下相互联系、相互作用，引起事物的物质结构和量度的变化，信息正是这种相互作用、相互联系的表征。

（3）信息的范围极其广泛。万千世界，任何运动着的事物都生成信息。

（4）我们所说的信息是指人类能够接收和使用的那部分信息。由于科学技术发展水平等因素的限制，人类只能理解和接收无限丰富的信息中的一部分，还有许多信息至今尚未被人们所认识。

（5）接受信息和利用信息是一个过程。研究信息的目的是为了利用它，而接收信息和利用信息的过程就是我们对外界环境的偶然事件进行调节，并能在该环境中有效生活的过程。

实际上，在信息及相关领域，信息的定义仍是一个研究热点。目前，在通信和信息科学、图书情报、心理学、信息资源管理等领域，对信息的认识都各自有一些新的进展。需要注意的是，不同领域对信息及其相关概念的认识不是对等的。也就是说，在应用不同的理论时，首先应该弄清有关概念并予以区别对待。

在管理信息系统中，通常将信息定义为：信息是经过加工的，能对接收者的行为和决策产生影响的数据。根据这个定义，行驶中的汽车的里程表上的数据不是信息，只有当司机看了里程表作了加速或减速的决策的那个数据才是信息。

那么，什么是数据呢？通常来说，数据是一组表示数量、行动和目标的非随机的可鉴别的符号。数据是根据检测给出的事实，是未经组织的数字、词语、声音、图像。例如，企业的领料单、订货单、车船票等原始单据都是一些事实的记载，因而都是数据。如果将数据比喻为原料，那么信息就是数据经过加工而生产的产品，是有价值的数据。与原料和产品的概念相似，一个系统的产品可能是另一个系统的原料，那么一个系统的信息也可能成为另一个系统的数据。

在实际应用中，信息与数据的概念是相对的，在一定条件下可以相互转化，在一些不很严格的场合或不易区分的情况下，人们经常将它们当作同义词笼统地使用。当然，如果非要严格区分"数据"和"信息"，就会发现某些"数据"对一些人是"数据"，对另一些人则是"信息"，因为同一组数据对不同的人，其价值也不尽相同。

由此可见，信息和数据是两个不同的概念。虽然，在一些不很严格的场合或不易区分的情况下，人们经常将它们当作同义词，如数据处理和信息处理、数据管理和信息管理等。但是，正确理解并区分二者的关系，对于建立高质量的管理信息系统至关重要。

与此相关，知识是信息的积累，但它不是各种信息的简单堆砌和叠加，而是种种信息单元通过内在联系建立起来的完整体系。也就是说，信息只有通过被分类、加工，进行提炼，有时候需要经过升华（如牛顿第一定律的产生过程），才能变成知识。知识是基于信息之上的有关事实之间的因果或相关性的联系，是进行预测与决策的基础。例如，对一辆新设计制造的汽车的运行情况进行检测，可得出一系列数据，对这些数据进行加工可形成一个有关这辆汽车性能的整体信息，而对信息进行各种分析便可得出一定的结论及相关的原因，并可进一步制定改进措施。

美国学者霍顿（F. W. Jr. Horton）用"一个事实的生命周期"来解释数据、信息和知识的关系。他认为，原始数据总是与新生事物联系在一起的，对原始数据的评价产生了信息，成熟的信息构成知识，而事实的最终"死亡"形成了相关的知识库。相对而言，信息比数据重要，知识则比信息重要。这一认识也大致与计算机领域的认识相一致。

1.3.2　信息的特征

信息的类型及表现形式多种多样，千差万别，按性质可分为语法信息、语义信息、语用信息；按地位可分为客观信息、主观信息；按作用大小可分为有用信息、无用信息、干扰信息；按载体性质分为电子信息、光电信息、生物信息；按应用部门又可划分为工业信息、农业信息、军事信息、政治信息、科技信息、文化信息、经济信息、市场信息、管理信息，等等。但它们一般都具有以下一些基本性质。

1）普遍性

信息是普遍存在的，它是事物运动和状态改变的方式。因此，只要有事物存在，只要有事物运动，就会有它们运动的状态和方式，就存在信息。无论在自然界、人类社会，还是在人的思维领域，绝对的"真空"是没有的，绝对不运动的事物也是没有的。因此，信息是普遍存在的。

2）事实性

信息描述了事物运动和状态的改变，因此，它具有事实性，这是信息重要的基本性质之一。事实使信息具有价值，不符合事实的信息其价值可能为负，不但不会辅助决策，反而会将决策引入歧途。

3）层次性

通常将管理分成三个层次，即高层管理（战略级）、中层管理（策略级）和基层管理（执行层）。对于同一个问题，处于不同的管理层次，所要求的信息也不相同，对基层有用的信息，对高层来说可能就是数据。因此，信息与管理一样，也具有层次性。例如，在工厂，生产班组工人的出勤数据经过统计就是信息，可供班组长决策使用。车间将各班组的出勤情况汇总得到车间所需的信息，各车间的信息进一步汇总得到厂长或经理使用的信息。信息自下而上层层加工，低层的信息总是高一层所用的数据。不同层次的信息，其特征也就不同。从信息来源看，高层的信息大多数来自外部，基层的信息多来自企业或组织内部，而中层的信息既来自外部，也来自内部；从加工的方法看，高层的信息加工方法灵活多变，计算过程和使用的工具复杂，中层的信息加工方法比较固定，而基层的信息加工方法最为固定，如会计信息系统中的录入凭证、审核、记账、打印报表、结账等，都有一套固定的处理流程。

4）可压缩性

信息的可压缩性是指信息经过浓缩、集中、综合和概括等处理后，而不至于丢失信息的本质。比如，人们在网上聊天结束时常用"c、u"这两个英文字母来代替"See you later"（再见），其目的是加快键盘输入的速度。在网上聊天那种特定的环境中，即使只向对方发送"c、u"这两个英文字母，信息接收者也会明白其真实的含义。

在现实生活中，人们常常要面对"海量"的信息或数据资源。由于人的精力、脑力和财力有限，一方面我们不可能，也没有必要为了辅助管理决策等目的收集所有的原始数据；另一方面在进行信息处理时，我们可通过汇总、统计等方法对原始信息或数据进行加工提炼，以便为不同的管理层次提供不同"细度"的信息。也就是说，在进行信息处理时，应该抓住事物的主要矛盾，从数据中去粗取精、去伪存真，对原始数据进行集中、综合和概括，抽取出最能说清问题的信息。从这种意义上讲，信息具有可压缩性。

5）扩散性

这是信息的本性，信息力图冲破保密的非自然的约束，通过各种渠道和手段向四面八方传播。"没有不透风的墙"，说的就是这个道理。通常，信息浓度越大，信息源和接收者间的梯度越大，信息的扩散性越强，这就要求在实际工作中重视信息资源的安全保密管理。

6）非消耗性

信息与其他物质资源不同，它在使用过程中不但不会被消耗，而且还可能出现再生或增值。工作中经常会遇到这样的情况：用于某种目的的信息，可能随着时间的推移，价值耗尽，但对于另一目的可能又显示出其用途。比如，天气预报信息，对当天有用，过后就失去了价值，但当这类信息积累到一定数量时，便可用于统计分析某地区、某时期的天气变化规律。

7）共享性

信息是一种特殊的资源，只能共享不能交换，只有将企业的全部信息集中管理，充分共享，信息才可能成为企业可资利用的资源。信息的共享性与信息的结构化程度密切相关。在实际工作中，有的信息格式明确、组织结构严格，这样的信息容易处理，易于在不同的系统间共享，如会计的单、账、表，以及材料库存等信息。有的信息没有严格的格式，对此必须促成信息的格式化，否则，一方面计算机处理困难；另一方面这样的信息很难在不同的部门、不同的业务系统进行共享，不易实现目标要求。

8）变换性

信息是事物运动的状态和方式，不是事物本身，因此信息可以负载在其他一切可能的物质载体和能量形式上。实际上，只要能够保持"运动的状态和状态的改变方式"的不变性，信息就不仅可以在各种物质和能量形式之间进行转换，而且可以经受一切不会破坏"信息不变性"的数字变换。信息的这一性质使人们对信息施行的各种各样的处理和加工成为可能。

9）可转化性

人们经常说，"知识就是力量"、"信息是企业生存发展的条件"，那么，为什么信息会具有如此大的价值呢？这是因为，从潜在的意义上讲，信息是可以转化的。它在一定条件下（其中最主要的条件就是信息被人们有效地利用），可以转化为物质、能量、时间及其他。

1.3.3　信息的分类

信息是一种十分复杂的研究对象，可以按不同的方式对其进行分类。

对于企业来说，根据信息的来源，可将信息分为外部信息和内部信息；按照信息的用途，可将信息分为经营决策信息、管理决策信息和业务信息三大类；按信息的表示方式分，则可将信息分为数字信息、文字信息、图像信息和语言信息。弄清信息分类的目的在于根据信息的不同来源、用途和表示形式，采取不同的处理手段。

当然，还可以有如下许多不同的分类原则和方法：

（1）按信息产生的方式分类，可以分为客观信息（包括观察对象的初始信息、经观察者干预之后的效果信息、环境信息等）和主观信息（包括决策信息、指令信息、控制信息、目标信息等）。

（2）按信息的作用分类，可以分为有用信息、无用信息和干扰信息。

（3）按信息源的性质分类，可以分为语声信息、图像信息、文字信息、**数据**信息、计算信息等。

（4）按信息的载体性质来分，可以分为电子信息、光电信息、生物信息等。

（5）按携带信息的信号形式来分，可以分为连续信息、离散信息等。

（6）按信息应用的部门来分，可以分为工业信息、农业信息、军事信息、政治信息、科技信息、文化信息、经济信息、市场信息、管理信息等。

1.3.4　信息的评价标准

信息的评价标准包括两个方面：一是技术方面；二是如何实现价值转化的

问题。

技术方面主要解决的问题是如何高速度、高质量地把信息转递到使用者手上。现在的技术已经发展得相当先进，但远未达到普遍使用的程度。例如，信息的提供已由过去的定期报告，发展到现在的实时检索；提供信息的形式已由过去仅是报告或报表，发展到现在能提供图形和图像，甚至声音。人机的对话方式也有很大的进展，使得非专业的管理人员可以直接与机器打交道。所以可以说，技术已相当先进，只是由于成本问题其还远未普遍使用。

信息价值转化的问题相比之下差得太远。价值转化是信息使用概念上的深化，是信息内容使用深度的提高。信息使用深度大体上可分为三个阶段，即提高效率阶段、及时转化价值阶段和寻找机会阶段。

提高效率阶段联系于数据处理阶段，这时使用信息技术的主要目的是提高效率，是手工作业机械化，是节省人力。

及时转化价值阶段已认识到管理的艺术在于驾驭信息，已经认识到信息的价值要通过转化才能实现，鉴于信息的寿命有限，转化必须及时。例如，某车间可能窝工的信息，若知道得早，可及时安排插入其他工作，信息就转化为价值。这个阶段可以说，信息主要用于管理控制。

寻找机会阶段，每个企业均在信息的汪洋大海中游来游去，哪里有航班，哪里有岛屿，全凭企业运用驾驭信息的能力去发现。这时，预测和决策的技术对寻找机遇有所帮助，但远未成功，许多企业因丢掉了眼前闪过的机会而失败。这个阶段到来的一个特征是信息商品化，信息成为易于存取、易于定价和易于流通的商品，使之不被局部占用。应用信息的市场化，鼓励采用新技术，放弃过时的技术，使决策分散化。信息商品化促进信息更好地共享和发挥信息系统的潜力。企业的信息系统在完成本部门的任务后，可积极提高服务能力，提高信息系统的经济效益。

1.3.5　信息、管理信息与管理信息系统

信息是管理信息系统最重要的成分。过去有些人对管理信息系统有些错误的理解，把它看成是计算机、是系统，过多地强调了它的技术面。殊不知，管理信息系统最重要的成分应当是信息。管理信息系统能起多大作用，对管理能作出多大贡献，都取决于有没有足够和高质量的信息，而能否得到高质量的信息又取决于工作人员对信息的认识。

在我们的日常生活中，"信息"一词已被滥用，数据和信息也经常是不分的。但是在管理信息系统的概念中，信息和数据的概念是不同的。管理信息系统的概念至少包括以下一些意思：信息具有"新鲜"和使人"震惊"的感觉；信息可以减少不确定性；信息能改变决策期望收益的概率；信息可以坚定或校正未来的估

计等。

　　管理信息是在企业生产经营活动中产生的，它是反映和控制管理活动的、经过加工的数据，是企业管理的基础之一。管理信息通常用文字、单据、账簿、图表等来表示，是管理信息系统主要的处理对象。管理信息可以按照管理职能、管理层次、管理对象等进行划分。

　　管理信息系统是一个一体化系统或集成系统，这就是说，管理信息系统进行企业的信息管理是从总体出发，全面考虑，保证各种职能部门共享数据，减少数据的冗余度，保证数据的兼容性和一致性。严格地说，只有集中统一的信息，才能成为企业的资源。数据的一体化并不限制个别功能子系统可以保存自己的专用数据。为保证数据一体化，首先，要有一个全局的系统计划，每一个小系统的实现均要在这个总体计划的指导下进行；其次，要通过标准、大纲和手续达到系统一体化。这样，数据和程序就可以满足多个用户的要求，系统的设备也应当互相兼容，即使在分布式系统和分布式数据库的情况下，保证数据的一致性也是十分重要的。

　　具有集中统一规划的数据库是信息系统成熟的重要标志，它象征着管理信息系统是经过周密的设计而建立的，标志着信息已集中成为资源，为各种用户所共享。数据库有自己功能完善的数据库管理系统，管理着数据的组织、输入、存取，使数据为多种用户服务。

1.4　系统的概念

1.4.1　系统的定义

　　系统的观点最早可以追溯到 20 世纪 30 年代，经过多年的发展，系统的内涵得到不断丰富和完善，系统工程的思想方法逐渐渗入一切领域，甚至渗入人们的家庭生活中。简单地说，所谓系统是由若干相互联系的事物结合成的具有整体功能和行为目标的统一体。可以说，世上万物既是一个系统，也是其他系统的组成部分。例如，电动机是一个系统，它可以将电能转变为动能，而电动机又是机床系统的一个组成部分，机床可以加工零件，而一个机床又是车间系统的一个组成部分，车间又是工厂系统的一个组成部分。再进一步讲，工厂又是国民经济的基本单元。

　　系统的存在需要具备三个基本条件，即目标、功能和结构。系统要达到某一给定的目标，就要求具备一定的功能。总功能是由许多子功能组成的，为了实现这些功能，就必须建立相应的结构。

　　按照一般系统论的观点，系统应当有五个要素：输入、处理、输出、反馈和控制，可以用图 1-2 表示。

（1）输入：给出处理所需的内容和条件。

（2）处理：根据条件对输入的内容进行加工和转换。

（3）输出：处理后所得到的结果。

（4）反馈：将输出的一部分信息返回到输入，以供对系统进行控制。

（5）控制：操纵或指挥上述四个要素的工作。

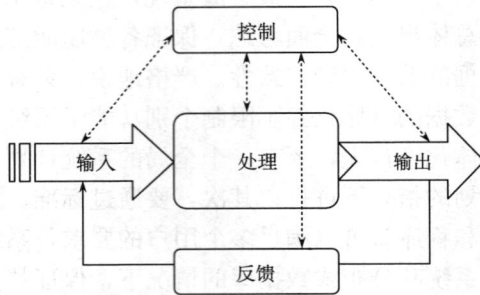

图 1-2   系统的逻辑模型

1.4.2 系统的分解

1. 系统分解的目的

系统通常是由若干子系统组成的，而子系统又可以进一步由若干孙系统组成，依此类推。系统具有层次结构，如图 1-3 所示。通常，面对一个庞大而又复杂的系统，我们无法把系统所有元素之间的关系表达清楚，这时要将系统按一定的原则分解成若干子系统。分解后的每个子系统相对于总系统而言，其功能和结构的复杂程度都大大降低。

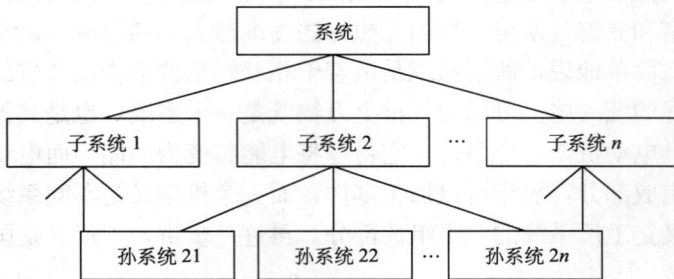

图 1-3   系统的层次结构

对系统的分解可以从各种不同的角度来进行。例如，从职能的角度，可将企业分成生产、后勤、财会和市场等子系统；从管理层次的角度，又可将企业分为作业控制、管理控制和战略规划等子系统。

无论何种系统，当把它分解成子系统时，会减少我们分析问题的难度，但必须明确各个子系统的边界和接口，这样才能将子系统有机地结合起来。

2. 系统分解的原则

系统的分解过程事实上就是确定子系统边界的过程。每个人根据对系统理解的方式与角度的不同，对于系统的划分将出现不同的结果。为了保证系统分解的准确性和合理性，一般来说，需要考虑如下几个原则。

1）可控制性原则

系统内部的元素一般是可控制的，而系统外部的元素则不可控制，因而在把系统中的若干元素划分为同一子系统时，该子系统应能管理和控制所属的所有元素。例如，一个企业中销售部门经理的聘用由上级人事部门管理，销售人员的聘用由本部门自行管理，销售子系统中只有销售人员的人事档案管理模块。

2）功能聚合性原则

系统内部的元素通常按功能聚集原则来进行子系统的划分，软件系统通常是由若干模块构成的，而模块具有各自的功能。若干模块聚集构成子系统，子系统按功能构成，如材料采购子系统、生产计划子系统、销售子系统、财务子系统、设备和库存子系统等。

3）接口标准化原则

系统在分解的过程中，需要定义大量的接口。接口是子系统之间的连接点，即子系统输入、输出的界面。在信息系统中，接口的功能是十分重要的。通过接口，系统可完成过滤（即去掉不需要的输入或输出元素）、编码和解码（即将一种数据格式转换成另一种数据格式）、纠错（输入或输出错误的检测和修正）、缓冲（让两个子系统通过缓部区耦合，取得同步）等几个方面的工作。标准化接口有助于提高系统之间信息交换的效率，增强系统的扩充能力。

1.4.3　系统的集成

系统集成（system integration）这个概念涵盖的内容很广，迄今还没有一个明确的定义。一般认为，系统集成就是为了达到系统目标，将各类可利用资源进行有效组织的过程。在信息系统领域，系统集成就是根据应用的需要，将硬件平台、网络设备、系统软件、工具软件及应用软件等组织成能够满足一定功能、具有优良性能的信息系统的过程。

系统集成技术是近年来引起系统开发人员及用户普遍重视的一个新概念。这是因为，过去的管理信息系统多为使用某一家软件公司生产的产品或使用某个专用的软件系统。例如，企业的财务部门使用的是某个公司的财务软件，人力资源部使用的是另一家公司的档案管理软件，产品设计部门使用的是自己开发的CAD 软件，企业信息系统的构成五花八门，没有统一的标准，各自为政。随着系统朝着复杂化、大型化、网络化方向不断发展,这种传统的系统模式已经不能满足实践的需要。现在,越来越多的情况是以适合用户的需要为原则,对多个厂家的产品进行系统集成。所以,系统集成不是若干个软件系统及硬件平台的简单堆砌,也不是用一种软件工具构造所有系统。

系统集成可以分为三个不同的层次:

(1)硬件集成。硬件集成解决系统之间硬件的连通,如网络的互联问题,这是系统集成的最低层次。

(2)软件集成。实现不同软件系统之间数据和信息的交换,设计统一的接口规范,解决系统的兼容性,是系统集成的第二层。

(3)信息集成。也称数据集成,实现不同系统之间数据和信息的共享,减少数据的冗余度,提高信息资源的利用率。

1.4.4　系统、信息系统与管理信息系统

信息系统(information system)是输入数据,经过加工处理输出信息的系统。具体来说,可以认为信息系统是对信息进行采集、传输、处理、存储、管理和检索的系统。按这些说法,在企业的人工业务过程中也存在着信息系统,比较典型的就是手工会计信息系统。但在日常用语中,信息系统主要是指以电子计算机作为信息处理工具的人机系统,也称基于计算机(computer based)的信息系统。

信息系统通常都具有数据的输入、传输、存储、加工处理和输出等功能,这些功能可根据具体情况,分别由计算机和人工过程承担。

1)数据收集和输入功能

把分散在各地的数据进行收集并记录下来,整理成信息系统要求的格式和形式,在大多数情况下,这项工作由人工进行(也有直接通过仪器自动输入数据的)。整理好的数据可直接通过键盘输入系统进行处理,也可先录入软盘或磁带等介质,待需要时再统一输入系统处理。

2)数据传输功能

主要有两种传输方式:一是数据通信,即以计算机为中心,通过通信线路与其他设备连接,形成联系系统,或通过通信线路将微机联网;二是介于人工传输与计算机传输之间的磁盘传输,例如,各下级企业向上级主管部门报送各类报表等,将数据录入软盘上报,上级部门可直接利用软盘数据进行汇总处理。

3)数据存储功能

管理中的大量数据需要被今后的数据处理过程共享,需要保存下来以供多次调用。这些数据通常保存在磁盘、磁带等存储设备上,以便需要时随时进行存取和更新。

4）数据加工处理功能

这是信息系统的一项重要功能，原始数据只有经过适当的方法进行加工处理，才能成为可供各层管理者使用的信息资源，起到辅助决策的作用。数据处理的基本方式大致可分为核对、变换、分类、合并、更新、检索、抽出、分配、生成和计算等。

5）数据输出功能

根据不同需要，将加工处理后的数据以不同的方式进行输出。例如，输出报表、图形等供管理人员使用，输出磁盘、磁带文件等供计算机进一步处理。

6）查询功能

信息系统应具有各种查询功能，用户可以进行单项查询、组合查询和模糊查询，并且可以将查询结果打印输出或以文件方式存储起来。查询功能应既可以实现查询本地信息，也可以通过网络系统实现远程信息查询。

7）统计分析功能

各信息系统一般都具有运用统计理论和概率理论对大量数据进行统计分析的功能。

8）预测决策功能

根据统计分析的结果和历史数据，应用数学模型对业务活动进行预测，并建立决策支持系统（DSS）或智能决策支持系统（IDSS），对某一问题提供一个或多个方案供使用者参考。

9）系统管理功能

系统管理功能主要包括系统维护、数据恢复和备份功能。数据恢复和备份是指对数据有条件地进行备份和截取，从而在数据遭遇到意外丢失或损坏时，能迅速有效地恢复。系统维护功能包括系统参数设置功能和数据字典维护功能。

以企业信息系统体系结构为例，由于企业生产和经营、管理和决策的层次性、多功能性、复杂性，信息技术在企业中的应用并不是单一系统所能够胜任的，而是需要一个信息的支撑体系，即企业信息系统。Kenneth Laudon 和 Jane Laudon 认为，企业信息系统是企业针对环境带来的挑战作出的基于信息技术的解决方案。对于企业信息系统的体系结构，不同的学者给出了不同的结构。

从企业内部来说，企业信息系统由管理信息系统、决策支持系统、专家系统、企业内部网、办公自动化系统组成。

➢ 知识拓展：信息时代与信息化

人们常用最具代表性的生产工具来代表一个历史时期，如石器时代、青铜时代、铁器时代、蒸汽时代。用这种思维模式来对照 20 世纪，你会说，在近 100 年里，人类从电气时代走向了信息时代。

我们国家当前所处的状态，是以工业化为主，同时向信息化快速发展这样一个阶段。两种规则同时在起作用。对于工业化来说，它有它的文明规则，这套文明规则已经延续了近 300 年，它的特点是"模具制造，批量生产"。我们各行各业都有自己的模具、都有自己的标准，这样一个模具、一个标准，使我们的大规模生产得以实现，其中包括我们的教育。但是到了信息社会，情况发生了一些变化。在信息社会里，很多行业是没有模具的，也不可能进行批量生产。因为在工业时代，我们社会实践的对象是大自然；在大家面前我们是有标准的，但是到了信息社会，我们实践的对象主要是人类自身。在工业社会，最有影响力的行业是制造业；在信息社会，最有影响力的行业是服务业。在服务业，服务的对象不是大自然，而是我们人类自身。因为对象变了，所以社会上运行的规则也就发生了变化。比如说，在工业社会，我们有这样一些理念、一些道理，在工业社会是循序渐进的，是可以作计划的社会，是持续性发展的社会，但是这样一些特点到了信息化社会就发生了变化。在信息时代，社会的发展不是每天进步百分之一，而是有可能一天进步百分之十，接下来的九天又不进步，这种交叉的发展是带有特别强烈的跳跃性的，不像工业社会那样，我们都可以计划好，一步一步地往前走。同时，在信息社会，影响社会发展的因素变得极其复杂，使社会的发展变得不可预测。工业社会和信息社会都有各自的科学基础，在工业社会，支撑这个社会的科学基础是牛顿的经典物理学，但是到了信息社会，牛顿的经典物理学不再受到推崇，相对论和量子力学成为信息社会最基础的学科。也就是说，两种文明形态下，科学基础也变了，因为仅仅用牛顿的经典物理学解释不了信息社会所发生的现象，它为什么不是每天百分之一的增长呢？那时候，从一个原因，我们推断不出它的结果，或者反过来，从一个结果我们不能倒过来讲述它的原因，因此关系变得极其复杂，我们对未来前途的预测能力变得很弱，社会的发展变得越来越不可预测。

"信息化"的概念来源于日本。早在 1967 年，日本的一个科学、技术与经济研究小组就依照工业化提出了信息化（Joho-ka），即 information 的概念。信息化工业社会是向信息社会演进的动态过程，它反映了由可触摸的物质产品起主导作用向难以触摸的信息产品起主导作用的根本性转变。

国外一些关于信息化内涵的著名观点如下。

（1）Rogers（2000）将信息化定义为：以新的通信技术为手段来进一步推动一个国家的发展，使其逐渐变为信息社会的过程。

（2）德州农工大学的 Randy Kluver 将信息化定义为：利用万维网及其他通信技术等信息技术来逐渐改变经济关系和社会关系，最大限度地减少文化和经济方面种种障碍的过程。他认为，信息化是一个利用信息与通信技术塑造文化和公民领域的过程。

（3）G. Wang 将"信息化"描述为：信息化是一种变化的过程，且该过程具有如下两个特点：一是对信息化和信息技术加以运用，以致使它们成为控制政治、经济、社会及文化方面发展的主导力量；二是信息生产和传播在其速度、数量和普及程度方面史无前例地增长。

总的来讲，目前国内外对信息化的定义主要集中在三方面：一是从信息的收集、加工、传递角度界定信息化的概念体系，认为信息在收集、加工、传递、储存、利用整体上作为一种资源的质和量，比其他资源（指物质资源和能量资源）的作用相对增大，表现为经济生活形态的变动、社会结构的变动，以及产业结构的变动。二是强调技术特征，指出信息化就是计算机技术现代化、通信技术现代化和网络技术现代化。三是强调对经济和社会的促进过程，认为信息化是各个经济和社会行为领域中广泛、有效地采用先进的信息技术（即信息网络和智能工具），从而全面地、极大地扩展和提高社会生产率。

综上所述，本书把信息化的内涵定义为：信息化又称资讯化，是指充分利用信息与通信技术，开发利用信息资源，促进信息交流和知识共享，提高经济增长质量，推动经济社会发展转变为信息社会的历史进程。

企业信息化就是企业利用现代信息技术，通过信息资源的深入开发和广泛利用，实现企业生产过程的自动化、管理方式的网络化、决策支持的智能化和商务运营的电子化，不断提高生产、经营、管理、决策的效率和水平，进而提高企业经济效益和企业竞争力的过程。

企业信息化是一项相当艰巨复杂的系统工程，我国的企业，无论在规划还是在建设信息化过程中，都会遇到和存在很多的疑虑、困惑，尤其是中小企业，它们在资金、技术、人才等方面与大型企业相比差距较大，遇到的问题和困难也更多一些。因此，对已经完成信息化战略选择的中小企业来说，当务之急是在策略、战术的选择上，坚持科学发展观，借助外部的客观、中立、第三方的信息化咨询机构的力量，切实把握和解决好信息规划和建设过程中一些带有规律性和策略性的问题。

思考题

1. 什么是管理信息系统？它与一般的计算机应用有什么不同？
2. 管理信息系统是否是一门学科？其性质如何？
3. 管理的定义是什么？管理和其他学科在性质上的区别是什么？
4. 信息与数据的关系如何？
5. 什么是信息？它有哪些属性？
6. 什么是系统？系统分解和集成的思想是什么？
7. 信息系统有哪些功能？

上机作业题

上网调研并举例说明管理信息系统在企业中的应用情况。

小组讨论题

什么是管理信息系统？它对社会的作用和意义是什么？

第 **2** 章

管理信息系统的技术基础

■ 2.1 计算机硬件和软件

2.1.1 计算机硬件

硬件设备是计算机物理设备的总称，通常指电子的、机械的、磁性的或光的元器件或装置。计算机硬件一般包括中央处理器、存储器、输入设备、输出设备和其他设备等，如图 2-1 所示。

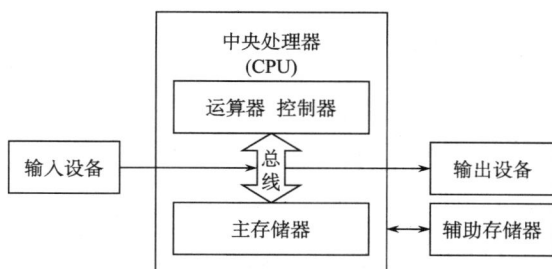

图 2-1 计算机的硬件

1. 中央处理器

中央处理器（central processing unit，CPU）是计算机系统最主要的部件，它由运算器和控制器两个主要部分组成。运算器是计算机的运算单元，主要用于完成算术运算和逻辑运算。控制器是计算机的控制中心，它按照主频的节拍发出各种控制信息，以指挥整个计算机工作。

CPU运算速度是决定计算机系统性能的重要指标。

2. 存储器

存储器是计算机系统必备的主要部件，分为主存储器和辅助存储器两类。

主存储器在计算机运行过程中用来存储数据和程序指令，主要由半导体存储器组成。通常，主存储器按照性能和用途又分为只读存储器（read only memory，ROM）和随机存储器（random access memory，RAM）两大类。ROM是指只能从中读出信息，不能写入信息的存储器，常用来存放计算机的启动程序、自检程序及磁盘引导程序等。RAM是指任意时刻可以从任意存储单元读出信息，或者将信息写入任意存储单元的存储器，常用来存放计算机运行过程中所需要的程序和数据。主存储器的容量是决定计算机处理速度和处理能力的重要指标。

辅助存储器又称外部存储器，是位于CPU与主存储器之外，不需要电力维持的、可长期存储资料的记忆部件。辅助存储器主要用于数据和程序的长久保存。常用的辅助存储器有磁盘、光盘、移动硬盘、闪存等。

3. 输入设备

输入设备是向计算机提供数据与信息的设备。承载数据与信息的媒体并不仅限于数字与文字，还包括符号、图形、声音、图像等。常见的输入设备有计算机键盘、鼠标器、图文扫描仪、条形码阅读器、触摸屏、语音输入设备、手写体输入设备和磁盘（带）等。

4. 输出设备

输出设备是将计算机输出的二进制信号转换成人们可以识别的文字和图形的设备。常见的输出设备有显示器、打印机、绘图仪、磁盘（带）、语音合成与输出设备等。

5. 其他设备

计算机硬件还包括一些其他设备，如机箱、主板、系统功能扩展卡（声卡、显卡、网卡等）、光驱等。

2.1.2　计算机软件

计算机软件是计算机系统的重要组成部分，其最重要的功能是指挥计算机硬件的工作。计算机软件主要分为系统软件和应用软件，如图2-2所示。

图 2-2　计算机系统的软件

1. 系统软件

系统软件（system software）是一组程序的集合，用来管理和支持计算机资源及其信息处理活动的程序，其主要作用是管理和控制计算机系统的各个部分，使之协调运行，并为各种数据处理提供基础功能。通常，系统软件又分为操作系统、数据库管理系统、程序设计语言和编译系统等。

1）操作系统

操作系统（operation system，OS）是计算机最基本、最重要的软件包。它管理 CPU 的操作，控制计算机系统的输入/输出，存储资源的分配及一切活动，当计算机执行用户应用时提供各种服务。操作系统具有用户界面、资源管理、任务管理、文件管理、实用服务程序管理等功能。

操作系统管理计算机系统的所有资源。通过 CPU 管理、存储管理、设备管理及作业管理，对各种资源进行合理的调度与分配，改善资源的共享和利用状况，最大限度地提高计算机在单位时间内处理工作的能力。

常见的操作系统有 Windows 9x、Windows 2000、Windows XP、Linux、UNIX、Novell Netware、Windows NT 等。

2）数据库管理系统

数据库管理系统（database management system，DBMS）是专门对数据记录进行综合管理的软件，它对数据文件结构的定义、数据记录的更新、数据记录的查询以及数据记录的各种运算提供全面的支持。

3）程序设计语言与编译系统

程序设计语言是人与计算机进行交流的工具，其基本功能是给计算机系统提供指令，使其能执行相应的处理活动。程序设计语言的发展通常分为机器语言、汇编语言、高级语言和第四代语言等阶段。

机器语言是随计算机的发明而产生的第一代计算机语言，是一种在计算机上可以直接执行的二进制代码指令。机器语言的指令代码由操作码和操作数的绝对地址构成，指令无须翻译和解释，可以直接执行，因此程序执行速度很快。但是这种二进制码组成的程序序列太长，不够直观，并且机器语言往往与其运行的机器相对应，不同的机器语言不同，只有少数计算机专业人员才能掌握。因此，机器语言只在计算机的早期被使用过，现在已经很少使用机器语言编写程序。

汇编语言是第二代语言，它使用便于人们记忆的助记符作为操作指令，是一种十分接近机器语言的符号语言，因其编译过程称为汇编，所以也称为汇编语言。汇编语言与机器语言指令之间基本上是一一对应的关系，某些宏汇编语言的宏指令可以与一串特定的机器指令相对应，用以表达某些常用的操作。用汇编语言编写的程序保持了机器语言执行速度快的优点，但它送入计算机后，必须被翻译成用机器语言形式表示的程序（称为目标程序），才能由计算机识别和执行，完成这种翻译工作的程序叫汇编程序，汇编语言的执行过程如图2-3所示。由于汇编语言涉及机器的硬件细节，难学难用，容易出错，不易维护，因此现在只是在特殊需要的时候才直接使用汇编语言。

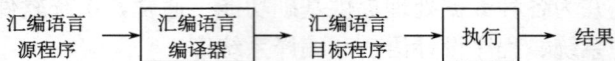

图 2-3　汇编语言的执行过程

高级语言是第三代语言（3GL），它是采用英语词汇作为指令关键词，按照规定的语义和语法结构要求编写程序。高级语言中每一条语句的功能相当于汇编语言的多条指令的功能，甚至相当于一小段汇编语言程序，它不依赖于特定的机器，对于不同类型的机器，其符号、概念、语义形式和语法规则等基本上是一致的，从而使软件具有一定的可移植性。高级语言也是不能被计算机直接识别和执行的，必须翻译成机器指令的目标程序才能执行。翻译的方式通常有两种：一是解释方式；二是编译方式。

解释方式使用的翻译软件是解释器，它把高级语言程序一句句地翻译为机器指令，每译完一句就执行一句，当源程序翻译完成后，目标程序也执行完毕。高级语言源程序的解释执行方式如图2-4（a）所示。解释方式具有灵活、占用内存少等优点，但需要占用更多的机器时间，并且执行过程也离不开翻译程序。

图 2-4　高级语言的执行方式

编译方式使用的翻译软件是编译器，它把高级语言源程序整个地翻译为机器指令的目标程序，然后执行目标程序，得到运算结果。高级语言源程序的编译方式如图 2-4（b）所示。编译方式具有执行速度快的优点，但占用内存多，并且不灵活，一旦源程序有错误，必须将错误全部修正后再重新编译和执行，要求程序员具有较高的程序设计水平。

第四代语言（4GL）是为降低程序开发难度和提高程序开发效率而设计的通用语言。使用 4GL 编写的程序是非过程化的，即程序指令只要告诉计算机需要"做什么"，而不必详述"怎样做"的具体过程，因此有助于简化程序设计的过程，提高应用软件的开发效率。由于具有功能强大、用户友好的特点，因此目前 4GL 已经成为应用软件开发的主流工具。

2. 应用软件

应用软件直接面向最终用户的具体应用，它以操作系统为基础，用程序设计语言编写或用数据库管理系统构造，用于满足用户的各种具体要求。应用软件通常分为通用应用软件和专用通用软件。

1）通用应用软件

通用应用软件是指某些具有通用信息处理功能的商品化软件。它的特点是通用性，因此可以被许多类似应用需求的用户所使用。它提供的功能往往可以由用户通过选择、设置和调配来满足其特定需求。比较典型的通用应用软件有文字处理软件、表格处理软件、财务核算软件等。

2）专用应用软件

专用应用软件是指满足用户特定要求的应用软件。因为在某些情况下，用户对数据处理的功能需求存在很大的差异性，当通用应用软件不能满足其要求时，需要由专业人士采取单独开发的方法，为用户开发出具有特定功能的专门应用软件。

通用应用软件和专用应用软件的优缺点如表 2-1 所示。

表 2-1　通用应用软件和专用应用软件比较

项目	优点	缺点
通用应用软件	1. 初始成本较低，时间比较短 2. 质量较高，许多软件产品都经过严格测试	1. 软件满足用户特殊需求能力差，需要进一步修改或定制 2. 软件可能不符合当前的工作流程和数据标准 3. 软件修改灵活性差
专用应用软件	1. 可以精确获得所需要的功能 2. 参加开发活动可以进一步控制开发结果 3. 软件修改灵活	1. 开发成本高，时间比较长 2. 待开发软件在功能和性能方面存在较大风险

▌2.2 计算机网络技术

2.2.1 计算机网络的概念

1. 计算机网络的定义

计算机网络（computer network）是计算机技术和通信技术相结合的产物，也是硬件技术和软件技术相结合的产物。美国著名计算机网络权威 A. S. 坦南鲍姆将其定义为：计算机网络是互联起来的独立自主的计算机集合。通常，计算机网络就是利用通信设备和传输介质，将不同地理位置的具有独立功能的多台计算机系统和其他外部设备互联起来，以网络通信协议和功能完善的网络软件实现网络中资源共享和信息传递的整个系统。

计算机网络系统由主计算机系统、终端设备、通信设备和通信线路四大部分构成。主计算机系统是网络的资源；通信设备和通信线路是网络进行数据通信的手段和途径；终端设备是用户应用网络的窗口，是使用者与网络打交道的接口。

2. 计算机网络的功能

计算机网络自 20 世纪 60 年代末诞生以来，以异常迅猛的速度发展起来，被越来越广泛地应用于政治、经济、军事、生产及科学技术的各个领域。计算机网络的主要功能包括如下几个方面：

（1）资源共享。资源共享包括硬件资源的共享，如打印机、代理服务器等；也包括软件资源的共享，如程序、数据等。用户通过网络可以共享这些分散于不同地点的资源。资源共享可避免重复投资和重复劳动，提高资源的利用率。

（2）数据通信。利用网络可以实现计算机与计算机或计算机与外设之间的相互通信，如发送电子邮件、协同工作、网上聊天、网络会议等，使网络用户可以进行跨地区的交流与合作。

（3）均衡负荷及分布处理。当网络系统中某台计算机负担过重时，或该计算机正在处理某项任务时，网络可将新任务转交给网络上空闲的计算机来完成。这样处理能均衡网络中各计算机的负载，提高处理问题的实时性。另外，对大型综合性问题，可将问题的各部分交给不同的计算机分头处理，充分利用网络资源，扩大计算机的处理能力。

（4）提高可靠性与可用性。在计算机网络中，每种资源可以存放在多个地点，当网络中一台计算机或一条传输线路出现故障时，可通过其他无故障线路传递信息，在无故障的计算机上运行所需要的处理，从而避免了单点失效对用户产生的影响。分布广阔的计算机网络的处理能力，对不可抗拒的自然灾害有着较强的应付能力。

（5）信息的快速传输与集中处理。通过网络可实现方便、快速及低成本的信息传输，以便于数据的分散采集、集中处理。

（6）综合信息服务。通过网络向全社会提供多种网络增值服务，如信息查询、咨询服务。综合业务数字网可将计算机、电话、传真、有限电视等多种手段组合，提供数字、文本、语音、图形、图像等多种媒体的信息服务。

3. 计算机网络的分类

计算机网络是由各自独立的计算机用通信媒体互联起来的系统，对计算机网络可以从不同的角度进行分类。

1）按传输技术划分

从网络的物理结构按传输技术划分，可分为点对点式网络和广播式网络。点对点式网络拓扑结构又分为星型、环型、树型、完全互联型、相交环型和不规则型；广播式网络又分为总线型、环型和卫星网。

2）按网络的覆盖范围划分

按网络的覆盖范围划分，可分为局域网、城域网、广域网。局域网是指用高速通信线路将某建筑区域或单位内的计算机连在一起的专用网络，其作用范围一般只有几公里，工作速率大于 10Mbps，甚至 1Gbps。城域网可以认为是一种大型的局域网，其作用范围在 100 公里左右，能覆盖一个城市，其主干的工作速率可达数百 Mbps。广域网又称远程网，它的作用范围通常是几十到几千公里，工作速率可从 1.2Kbps 到上百个 Mbps。

3）按网络的使用范围划分

按网络的使用范围划分，可分为公用网和专用网。例如，中国的 ChinaNet 为公用网，而中国教育科研网 Cernet 就是专用网。

4）按传输介质划分

按传输介质划分，可分为有线网和无线网。有线网是通过电缆或光缆将主机连接在一起的，无线网是通过自然空间的电磁波连接在一起的。

2.2.2　网络的拓扑结构

连接在网络上的计算机、高速打印机等部件，均可看做是网络上的一个结点，又称工作站。所谓网络的拓扑结构是指网络中的结点与通信线路之间的几何关系，它反映了网络中各实体间的结构关系。计算机网络中常见的拓扑结构有星型结构、总线结构、环型结构、树型结构及网状结构。

1. 星型结构

在星型结构中，网络有一个中心结点，其他结点都与中心结点直接相连，如图 2-5 所示。中心结点一般

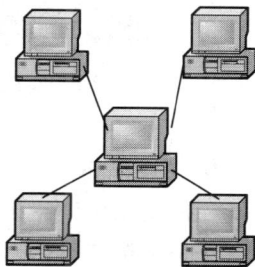

图 2-5　星型结构

是集线器或交换机，它控制全网的通信，任何两结点之间的通信必须通过中心结点。由于各结点都有自己的通路，数据在通信线上的传输不会发生碰撞，也较容易扩充。但大型配置所需线缆较多，并存在通信的管理与调度问题，这种结构一旦中心结点发生故障，整个网络便会处于瘫痪状态。

2. 总线结构

在总线结构中，各个结点均与一根总线相连，如图 2-6 所示。各结点发出的信息包都带有目的地址在网络中传输，各结点都对网上的信息包地址进行检查，如与自己的地址相符，便会把信息包接收下来。总线结构使用的线缆较少，且容易安装，两结点之间的通信通过总线进行，与其他结点无关，系统中某个结点出现故障不会影响其他结点之间的通信。因此，总线结构的系统可靠性比较高，是局域网中普遍采用的形式。由于网上所有结点都共享总线这条线缆，在高流量时，传输线缆成为网络的瓶颈，而且总线线缆的任何故障都可能导致整个网络的瘫痪。

3. 环型结构

在环型结构中，系统使用公共传输线缆组成闭环连接，各结点通过中继器连接到闭环上，多个设备共享一个环，如图 2-7 所示。环型结构中任意两个结点间都要通过环路互相通信，数据信息携带地址在环路中沿着一个方向在各结点间传输。采用这种结构，网络可以延伸到较远的距离，线缆连接费用较低。但当结点过多时，影响传输效率。此外，由于连接的自我闭合，某处断接也会导致整个系统失效，因此常使用光纤作为其传输介质。

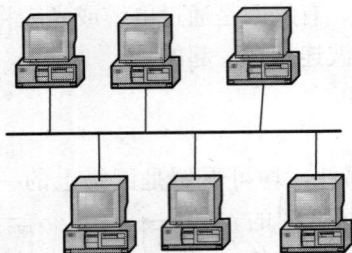

图 2-6　总线结构　　　　　　　　　图 2-7　环型结构

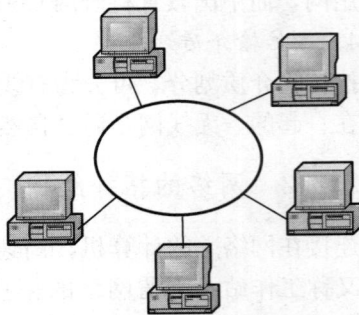

4. 树型结构

在树型结构中，主结点和非主结点可以是交换机或集线器，叶子结点（终端结点）是主机或打印机等外设，主机和交换机之间用双绞线连在一起，如图 2-8 所示。树型结构中信息沿着树型的分支传送，直到送达目的地。该结构的特点是：与星型结构相比，通信线路总长度短，成本较低，结点扩充灵活，寻址比较方便；但除叶子结点及其相连的线路外，非主结点或其相连的线路出现故障都会使网络受到局部影响，且一旦主结点发生故障将会导致整个网络瘫痪。

5. 网状结构

网状结构是一种无规则的连接方式，网状结构的每个结点均可能与任何结点相连，如图 2-9 所示。这种网络的优点是结点间路径多，碰撞和阻塞可大大减少，局部的故障不会影响整个网络的正常工作，可靠性高；网络扩充和主机入网比较灵活、简单。但这种网络关系复杂，建网不易，网络控制机制复杂。网状型网络结构是广域网中最常采用的一种网络形式。

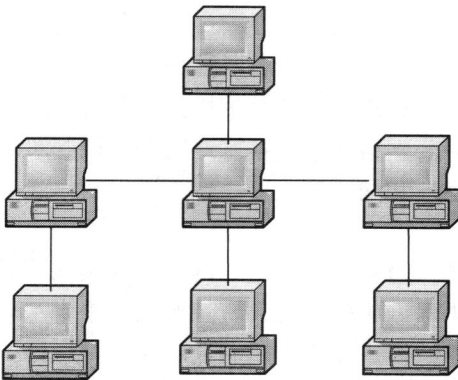

图 2-8　树型结构　　　　　图 2-9　网状结构

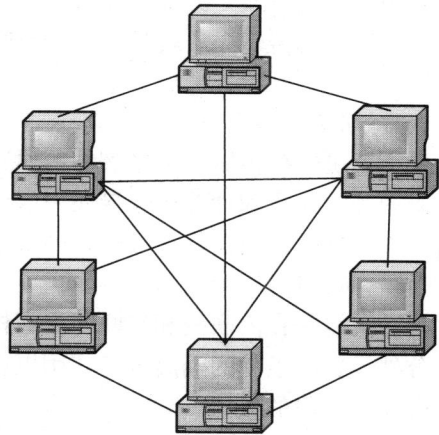

2.2.3　网络硬件系统与网络软件

完整的计算机网络系统是由网络硬件系统和网络软件系统组成的。根据不同应用的需要，网络有不同的软、硬件配置。

1. 网络硬件系统

网络硬件系统是计算机网络系统的物质基础。构成一个计算机网络，首先要将计算机及其附属硬件设备与网络中的其他计算机系统连接起来。网络硬件系统包括服务器、工作站、网络传输介质、网络连接设备、防火墙和外部设备等。

1）服务器

服务器（server）通常是一台高性能的计算机（如微机服务器、小型机、大型机），它的功能是提供网络通信和网络资源管理，根据网络工作站提出的请求，对网络用户提供服务。服务器对服务请求的响应速度和质量主要取决于网络服务器的性能。专用服务器有较强的输入、输出处理能力，较大的磁盘存储容量和快速的设备接口，所以工作效率更高。

2）工作站

工作站（station）也称为客户机（client），它是指连接在网络上的一台个人计算机。对于一般网络应用系统来说，工作站的配置较低，因为它们可以访问网络服务器中的共享资源。

3）网络传输介质

网络传输介质就是计算机网络中信息发送端与信息接收端之间的信息通道所使用的连接材料。传输介质分为有线传输介质和无线传输介质两种。在有线传输介质中，电磁波或光波被导向沿着固体媒体传播，主要有双绞线、同轴电缆和光纤等。而无线传输介质就是指自由空间，主要有微波传输、红外线传输、卫星通信等。

4）网络连接设备

计算机网络传输除了必需的传输介质和计算机外，还必须用连接设备将这些分离的传输介质和计算机连接在一起。常见的网络连接设备有调网卡、调制解调器、中继器、集线器、交换机、网桥、路由器和网关等。

5）防火墙

防火墙是在内联网和互联网之间构筑的一道屏障，它是在内外有别及在需要区分处设置有条件的隔离设备，用以保护内联网中的信息、资源等不受来自互联网中非法用户的侵犯。

6）外部设备

外部设备是可被网络用户共享的、常用的硬件资源，通常情况下指一些大型的、昂贵的外部设备，如大型激光打印机、大容量存储系统等。

2. 网络软件系统

网络软件是一种在网络环境下使用、运行或者控制和管理网络工作的计算机软件，包括网络协议软件、通信软件和网络操作系统。协议软件主要用于实现物理层和数据链路层的某些功能，如网卡中的驱动程序。通信软件用于管理多工作站的信息传输。网络操作系统负责整个网络范围内的任务管理和资源的管理与分配，监控网络的运行状态，对网络用户进行管理，并为网络用户提供各种网络服务。

1）网络操作系统的概念

网络功能主要通过网络软件特别是网络操作系统来体现。网络操作系统可实现操作系统的所有功能，并且能够对网络中的资源进行管理和共享。网络操作系统作为网络用户和计算机之间的接口，通常具有复杂性、并行性、高效性和安全性等特点。一般要求网络操作系统具有如下功能：

（1）支持多任务。要求操作系统在同一时间能够处理多个应用程序，每个应用程序在不同的内存空间运行。

（2）支持大内存。要求操作系统支持较大的物理内存，以便应用程序能够更好地运行。

（3）支持对称多处理。要求操作系统支持多个 CPU，减少事务处理时间，提高系统性能。

（4）支持网络负载平衡。要求操作系统能够与其他计算机一起，构成一个虚拟系统，满足多用户访问时的需要。

（5）支持远程管理。要求操作系统能够支持用户通过 Internet 远程管理和维护。

2）常见网络操作系统

目前应用较为广泛的网络操作系统有 Microsoft 公司的 Windows NT/Windows Server 系列，Novell 公司的 NetWare、UNIX 和 Linux 等。

（1）Windows NT 操作系统。Microsoft Windows NT 是一个被广泛采用的网络操作系统，它内部集成了网络通信、应用软件服务器和文件打印机共享服务器等，并提供了一个综合的 Internet/Intranet 解决方案，是为需要实现所谓关键任务管理的商业组织设计的，一般供局域网服务器使用，比较适合于组建中、小型企业网络。Windows NT 具有良好的可移植性、良好的扩充性、高安全性、对称多处理技术（SMP）、内置的网络功能等特点，其版本已从 3.1 版、3.50 版、3.51 版发展到 4.0 版。

（2）Windows Server 2003 操作系统。Windows Server 2003 操作系统是微软公司 2003 年推出的一个企业级服务器操作系统，是目前微软所有操作系统中最稳定、最安全和功能最为强大的操作系统。Windows Server 2003 具有高可靠性、可扩展性、可操作性、高安全性等特点。

（3）UNIX 网络操作系统。UNIX 是一个强大的操作系统，是目前功能最强、安全性和稳定性最高的网络操作系统。它既可以运行于大、中、小型机上，建立分布式环境，进行集中式数据处理；也可以运行于微机或微机服务器上，支持资源共享或客户/服务器网络计算模式。UNIX 具有多用户和多任务、可移植性和开放性、强大的功能和完善性、面向网络等特点。目前常用的 UNIX 系统版本主要有 IBM AIX、HP-UX、SUN Solaris 等。

（4）NetWare 操作系统。NetWare 操作系统是由 NOVELL 公司研制的一种可以在计算机网络上运行的操作系统。NetWare 具有基于服务器的网络系统、采用模块化的设计、高效的文件系统、网络目录服务 NDS 将所有对象统一进行管理等特点。目前常用的 Netware 版本有 3.11、3.12、4.10、4.11、5.0、6.0 等中、英文版本。

（5）Linux 操作系统。Linux 是芬兰赫尔辛基大学的学生 Linux Torvalds 开发的具有 UNIX 操作系统特征的新一代网络操作系统。Linux 操作系统具有可完全免费获得、可在任何基于 X86 的平台和 RISC 体系结构的计算机系统上运行、可实现 UNIX 操作系统的所有功能、强大的网络功能、完全开放源代码等特点。

3）如何选择最合适的操作系统

操作系统是网络中不可缺少的组成部分之一，必须根据企业网络的应用规模、应用层次等实际情况选择合适的操作系统。Windows NT/2000/2003 Server 是简单易用的操作系统，适合中、小型企业网站建设；Linux 具有较高的安全性和稳定性，一般用作网站的服务器和邮件服务器；NetWare 是工业控制、生产企业、证券系统比较理想的操作系统；UNIX 具有非常好的安全性和实时性，广泛应用于金融、银行、军事及大型企业网络上。

2.2.4　网络类型

从网络应用的角度来说，通常按照网络的覆盖范围来讨论网络的类型。这部分主要介绍局域网、城域网、广域网和互联网的构成及特点，其中重点介绍局域网。

1. 局域网

1）局域网的概念与特点

局域网（local area network，LAN），是在小范围内将许多数据通信设备以高速线路互联，进行数据通信的计算机网络。被连接的数据通信设备可以是微型机、小型机或中大型计算机，也可以是终端、打印机、大容量外存储器等外围设备。一般来说，局域网是一种提供较高数据传输速率和较低误码率的数据通信。局域网的主要特点如下：

（1）覆盖地理范围比较小，如一栋楼、一个院落、一个社区，范围一般在几十公里以内。

（2）数据传输率高，一般为 Mbps（每秒兆位）数量级，如光纤网可达100Mbps，因而可以支持计算机之间的高速通信。

（3）成本低，便于安装和维护，可靠性高。特别是在微机局域网中，采用微型机作为网络工作站，以双绞线或同轴电缆作为传输介质，具有很高的性能价格比。

2）局域网的构成

局域网一般由传输介质、网卡、网络服务器、网络（用户）工作站和网络软件等组成。局域网使用的传输介质主要是双绞线、同轴电缆和光纤。此外，还有一些传输介质附属设备，主要指将传输介质与传输介质、通信设备进行连接的网络配件，如线缆接头、T 形接头、终端适配器等。

在局域网中要实现资源共享，可以通过不同的网络架设方式来实现。常见的架设方式有对等网、基于服务器的网络和无盘工作站网。

（1）对等网。在对等网络模式中，没有设置专门为客户机访问的服务器，连在网上的计算机既是客户机又是服务器，网上的每一台计算机以相同的地位访问其他计算机和处理数据，如图 2-10 所示。对等网也称工作组网，由于每台计算机独立管理自己的资源，所以很难集中控制网络中的资源和用户，不具备足够的安全性。此外，对等网速度较慢，维护起来较困难。

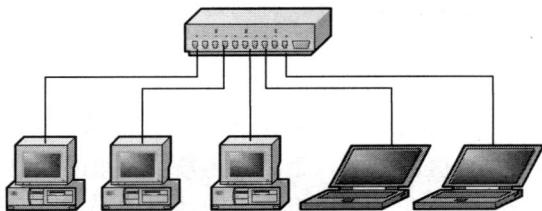

图 2-10　对等网

（2）基于服务器的网络。在基于服务器的网络中，一般有一台或多台单独的、高性能的微机或大、中、小型计算机作为服务器，为网络上的用户提供共享资源，其他计算机仅作为客户机访问网络上的共享资源。基于服务器的网络如图 2-11 所示。

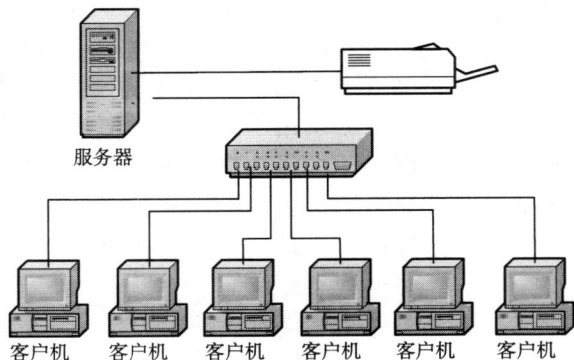

图 2-11　客户机／服务器网络模式

基于服务器的网络可以集中管理网络中的共享资源和网络用户，具有较好的安全性；存放重要资源的服务器还可以集中存放，所以容易管理和维护；可以对网络用户进行分级管理，集中授予单个用户或用户组对多个共享资源的访问权限。在实际应用中，基于服务器的网络可应用于大中型企业，它既可以实现数据共享，对财务、人事等工作进行网络化管理，还可以提供 Internet/Intranet 信息服务，是一种完善的局域网构架方案。但它需要一台或多台高档计算机做服务器，所以成本较高。

（3）无盘工作站网。没有硬盘和软驱的无盘工作站，利用网卡上的启动芯片与服务器连接，使用服务器的硬盘空间进行资源共享。无盘工作站网络可以实现基于服务器的网络的所有功能，由于每台工作站都需要从远程服务器启动，所以对服务器的配置要求较高，因而成本并不比基于服务器的网络成本低多少，但它的稳定性、安全性一直为大众所看好，特别是被一些安全系数要求较高的企业所喜爱。

2. 城域网

城域网（metropolitan area network，MAN），是从所覆盖的地理位置来说，通常不超过一个城市或地区的范围，距离约为数十公里的网络。城域网采用局域网的技术，实质上是将分布在一个城市内不同地点的局域网互联起来的较大范围内的网络。在一个城域网中，多数情况下有几种传输介质并存，并被多个单位共同使用，因此用户的数量也比局域网更多。

3. 广域网

广域网（wide area network，WAN），是指能够将地理位置相距较远的多个计算机系统通过通信线路连接起来实现数据通信的计算机网络，也可以说是将分散于各地的局域网或城域网互联而形成的跨越地区的大型网络。广域网一般由计算机、终端、通信处理机和通信设备等网络单元经通信线路连接组成。其根本特点是网络中的计算机分布范围很广，从数十公里到数千公里，针对这个特点，单独为每个系统建造一个广域网是极其昂贵和不现实的，因此只能通过公共的网络数据线路来实现。最初的广域网络通信是采用传统的公共电话网实现的，但对于大量数据传输来讲，这种方式性能差、效率低，速率最高不超过 64Kbps，并且误码率很高。随着计算机远程通信需求的不断提高和通信技术的发展，广域网大多通过以分组交换为基础的数据通信网来实现。

4. 互联网

互联网是由许多网络相互连接而成的，可以将其看做广域网的一种特例。国际互联网 Internet 就是目前世界上最大的互联网，它跨越了国界，几乎覆盖了整个地球。

2.2.5　网络技术的发展趋势

计算机网络并不是计算机和通信系统的简单结合，也不是计算机或通信系统的简单扩展或延伸，而是融合了信息采集、存储、传输、处理和利用等一切先进的信息技术,并具有新功能的新系统。因此,对于现代计算机网络的研究和分析,应该特别强调"计算机网络是系统"的观点,站在更高的高度来重新认识计算机网络结构、性能及网络工程技术和网络实际应用中的重要问题,以便于把握计算机网络的发展趋势。

1. 计算机网络的关键技术

从系统的层次结构来看,计算机网络架构的发展方向将是 IP 技术+光网络。从网络的服务层面上看将是一个 IP 的世界;从传送层面上看将是一个光的世界;从接入层面上看将是一个有线和无线多元化的世界。因此,目前比较关键的技术主要有软交换技术、IPv6 技术、光交换与智能光网络技术、宽带接入技术,以及 3G 以上的移动通信系统技术等。

1)软交换技术

为了把服务控制功能和网络资源控制功能与传送功能完全分开,需要应用软交换技术。根据新的网络功能模型分层,将计算机网络分为接入与传输层、媒体层、控制层、业务/应用层四层,从而可对各种功能作不同程度的集成。通过软交换技术能把网络的功能层分开,并通过各种接口标准,使业务提供者可以非常灵活地将业务传送和控制规约结合,实现业务融合与业务转移,非常适用于不同网络并存互通的需要。

2)IPv6 技术

未来的计算机网络是基于 IPv6 技术的网络。现有的 IPv4 技术在地址空间方面有很大的局限性,已成为网络发展的最大障碍。此外,IPv4 在服务质量、传送速度、安全性、支持移动性等方面也有局限性,这些局限性妨碍了网络的发展,使许多服务与应用难以开展。

3)宽带接入技术

计算机网络必须要有宽带接入技术的支持,只有这样各种宽带服务与应用才有可能开展起来。因为只有接入网的带宽瓶颈被打开,核心网和城域网的容量潜力才能真正发挥。尽管当前宽带接入技术有很多种,但只要不和光纤或光结合的技术,就是过渡的技术,而不是下一代网络应用的技术。

4)3G 以上的移动通信系统技术

3G 系统比现用的 2G 和 2.5G 系统传输容量更大,灵活性更高,它以多媒体业务为基础,已形成世界家族式的标准,并将引入新的商业模式,当前正处于大规模商用的关键时刻。3G 以上系统将以宽带多媒体业务为基础,使用更高、更宽的频带,传输容量会更大。它们在不同网络间无缝连接,提供令用户满意的服务,网络可以自行组织,终端可以重新配置和随身携带,是一个包括卫星通信在内的端到端的 IP 系统,可与其他技术共享一个 IP 核心网。它们都是构成下一代移动互联网的基础设施。

2. 计算机网络的研究热点

在以上技术的带动下，计算机通信网将是一个由地下的光缆、地面的微波和蜂窝移动通信、地面以上数百至数千千米的低轨道卫星通信、1 万千米左右的中轨道卫星通信，以及 3.6 万千米高的静止轨道通信卫星系统组成的一个混合系统。在这样一个复杂系统的支持下，加上人们实际需求的推动，以下五个方面将成为计算机网络发展的热点。

1）下一代 Web 研究

下一代 Web 研究涉及四个重要方向：语义互联网、Web 服务、Web 数据管理和网格。语义互联网是对当前 Web 的一种扩展，其目标是通过使用本体和标准化语言，如 XML、RDF 和 DAML，使 Web 资源的内容能被机器理解，为用户提供智能索引，基于语义内容检索和知识管理等服务；Web 服务的目标是基于现有的 Web 标准，如 XML、SOAP、WSDL 和 UDDI，为用户提供开发配置、交互和管理全球分布的电子资源的开放平台；Web 数据管理建立在广义数据库理解的基础上，在 Web 环境下，可对复杂信息进行有效组织与集成，以及方便而准确的信息查询与发布。从技术上讲，Web 数据管理融合了 WWW 技术、数据库技术、信息检索技术、移动计算技术、多媒体技术，以及数据挖掘技术，是一个综合性很强的新兴研究领域。网格计算初期主要集中在高性能科学计算领域提升计算能力，并不关心资源的语义，故不能有效地管理知识。目前网格已从计算网络发展成为面向服务的网格，语义就成为提供有效服务的主要依据。

2）网络计算

Internet 上汇集了大量的数据资源、软件资源和计算资源，各种数字化设备和控制系统共同构成了生产、传播和使用知识的重要载体，信息处理也已步入网络计算的时代。目前，网络计算还处于发展阶段。网络计算有四种典型的形式：企业计算、网格计算、对等计算和普适计算，其中，对等计算与分布式已成为当今计算机网络发展的两大主流。通过分布式，将分布在世界各地的计算机联系起来；通过对等计算，又使通过分布式联系起来的计算机可以方便地相互访问，这样就充分利用了所有的计算资源。

3）业务综合化

所谓业务综合化，是指计算机网络不仅可以提供数据通信和数据处理业务，还可以提供声音、图形、图像等通信和处理业务。业务综合化要求网络支持所有的不同类型和不同速率的业务，如话音、传真等窄带业务；广播电视、高清晰度电视等分配型宽带业务；可视电话、交互式电视、视频会议等交互型宽带业务；高速数据传输等突发型宽带业务，等等。为了满足这些要求，计算机网络需要有很高的速率和很宽的频带。

4）移动通信

便携式智能终端（PCS）可以使用无线技术，在任何地方以各种速率与网络保持联络。用户利用 PCS 进行个人通信，可在任何地方接收到发给自己的呼叫。PCS 系统可以支持语音、数据和报文等各种业务。PCS 网络和无限技术将改进移动通信水平，成为未来信息高速公路的重要组成部分。

5）网络安全与管理

当前网络与信息的安全受到严重的威胁，一方面是由于 Internet 的开放性和安全性不足，另一方面是由于众多的攻击手段的出现，诸如病毒、拒绝服务、侦听、欺骗、口令攻击、路由攻击、中继攻击、会话窃取攻击等。以破坏系统为目标的系统犯罪，以及以窃取、篡改信息，传播非法信息为目标的信息犯罪，对国家的政治、军事、经济、文化都会造成严重的损害。为了保证网络系统的安全，需要建立完整的安全保障体系和完善的网络管理机制，使其具有保护功能、检测手段、攻击的反应以及事故恢复功能。

2.3 数据库技术

数据库技术是计算机科学的一个重要分支。20 世纪 50 年代以来，计算机应用由科学研究逐步扩展到企业、政府部门和社会的各个领域，数据处理很快上升为计算机应用的一个最重要的方面。自 1968 年第一个商品化数据管理系统问世以来，数据库技术得到了迅速发展。近年来，随着网络技术和多媒体技术的发展，基于互联网的融合多媒体技术的数据库技术显示出更为广阔的技术前景，成为信息管理、办公自动化的主要技术支持手段。

2.3.1 数据的处理

1. 数据处理的概念

数据处理就是指把来自科学研究、生产实践和社会经济活动等领域的原始数据，用一定的设备和手段，将其按一定的使用要求加工成另一种形式的数据的过程。

进行数据处理的主要目的如下：

（1）把数据转换为便于观察分析、传送或进一步处理的形式。

（2）从大量的原始数据中抽取部分数据，推导出对人们有价值的信息，以便作为行动和决策的依据。

（3）利用计算机科学地保存和管理经过处理的大量数据，以使人们能方便地利用这些宝贵的信息资源。

2. 数据处理的内容

进行数据处理的基本内容有：

（1）数据收集。根据系统自身的需求和用户的需求收集相关的数据。

（2）数据转换。为了使收集的数据适用于计算机处理的形式，需要设计各种代码来描述实际数据，这种将实际数据采用代码表述的方法称为数据的转换。

（3）数据存储。将收集到的数据转换后保存在计算机系统中。

（4）数据的筛选、分组和排序。对数据进行综合处理，满足管理和决策的使用。

（5）数据的组织。将具有某种逻辑关系的一批数据组织起来，按一定的存储方式配置在计算机的存储器中，目的是使计算机处理时能够符合速度快、占用存储器的容量少、成本低等方面的要求。

（6）数据输出。将处理后的数据按照用户的需求输出。

2.3.2 数据的组织结构

在管理信息系统中，大量数据以一定的形式存放在各种存储介质中，数据的组织方式和内在联系的表示方式决定着数据处理的效率。不论使用多么优秀的硬件和软件，如果数据组织和管理得不好，都会导致管理信息系统的失效。

1. 数据组织的层次

一个计算机系统通常是按层次组织数据的，从计算机所使用的最小单元开始，一层层发展到数据库，如图 2-12 所示。

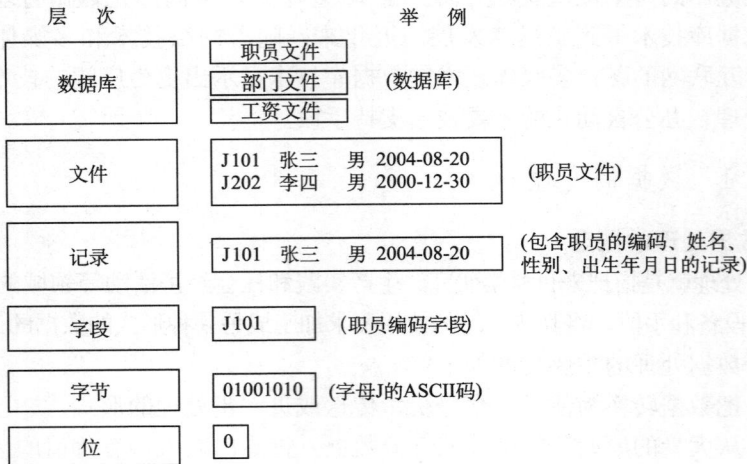

层　次	举　例
数据库	职员文件 / 部门文件 / 工资文件 （数据库）
文件	J101　张三　男　2004-08-20 J202　李四　男　2000-12-30 （职员文件）
记录	J101　张三　男　2004-08-20 （包含职员的编码、姓名、性别、出生年月日的记录）
字段	J101 （职员编码字段）
字节	01001010 （字母J的ASCII码）
位	0

图 2-12　计算机系统中数据的层次组织

第一层次是位，位是计算机中最小的数据单元，其值为二进制 0 或 1；第二层次是字节，通常一个字节由八个位组成；第三层次是字段，由字符的集合组成，它描述业务对象或业务活动的一个方面特征；第四层次是记录，由若干字段组成，它将某一对象或活动各方面的描述组合起来，就能得到有关该对象或活动的更完备的描述；第五层次是文件，由若干同类型的记录组成；第六层次是数据库，由若干相关的文件组成。

2. 数据组织的方式

1）数据结构

数据结构是计算机信息处理中的一个重要概念，包括数据的存储结构及结构上的运算或操作。数据结构又分为数据的逻辑结构和物理结构。数据的逻辑结构是指数据之间的逻辑关系，通常，逻辑结构包括两大类：线性结构和非线性结构。线性表、栈、队列和串为线性结构，而树和图则为非线性结构。物理结构又称存储结构，是指数据元素在计算机存储器中的存储方式，存储方式一般有四种：顺序存储、链接存储、索引存储和散列存储。同一种逻辑结构采用不同的存储方式，可以得到不同的数据结构。

2）数据文件

在管理信息系统中，数据组织一般采用文件组织和数据库组织。把数据按照某种数据结构组织起来存放在外部设备上，就构成数据文件。一般来说，数据文件是为某一目的而形成的同类记录的集合，记录是文件中数据组织的基本单位，由若干数据项组成，数据项又是数据处理的最小单位。

常用的文件组织方式有顺序文件和索引文件。顺序文件是指文件中的记录是按照某些关键字排序的文件。在顺序文件中，记录的物理次序与连接次序一致，因此顺序文件具有连续存取、速度快等优点，常常用于进行顺序存取、批量修改等情况。索引文件是为了便于检索，除文件本身外，另外建立一张指示逻辑记录和物理记录之间对应关系的索引表，这类包括文件数据区和索引表两部分的文件就称为索引文件。索引表的索引项应当按顺序排列，而数据文件本身既可以按顺序排列，也可以不按顺序排列。索引文件可以保证记录地址的唯一性，不产生重号，存储机制比较简单，但是索引表本身占用一定空间，并且是一种静态索引，修改不方便，每次修改都要索引。

3）数据库

数据库是比文件系统更高级的一种数据组织方式，在文件系统中，文件由记录构成，数据的存取以记录为单位。由于文件系统的结构只限于记录内部，因而仅适用于单项应用的场合。对于一个组织的管理信息系统而言，需要从总体上解决问题，不仅要考虑某个应用的数据，而且要考虑全局的数据结构，在组织数据结构中不仅要能够描述数据本身，还要能描述数据之间的关系，这种复杂的应用需要采用数据组织数据的方式。

2.3.3 数据库技术

1. 数据管理的发展阶段

数据处理的首要任务是数据管理。数据管理技术经历了人工管理、文件管理、数据库管理三个阶段。

1）人工管理阶段

从 1946 年计算机诞生到 20 世纪 50 年代中期，计算机主要用于科学计算。计算机除硬件设备外没有任何软件可用，使用的外存只有磁带、卡片和纸带，没有磁盘等直接存取设备。软件中只有汇编语言，没有操作系统，对数据的处理完全由人工进行管理。人工管理阶段的数据模型如图 2-13 所示，图中显示程序和数据是一体化的，虽然以虚线将程序和数据分成两部分，但事实上，它们之间是混为一体的。

图 2-13 数据人工管理模型

在人工管理阶段，数据管理呈现如下特点：

（1）数据不保存。一组数据对应于一个应用程序，应用程序与其处理的数据结合成一个整体。在进行计算时，系统将应用程序和数据一起装入，程序运行结束后，释放内存空间，程序和数据同时被撤销。

（2）没有软件对数据进行管理。应用程序设计者不仅要考虑数据之间的逻辑关系，还要考虑存储结构、存取方法以及输入方式等。如果存储结构发生变化，程序中读写数据的程序也要发生改变，数据没有独立性。

（3）没有文件概念。数据的组织方法由程序设计人员自行设计和安排。

（4）数据面向应用。数据附属于程序，即使两个应用程序使用相同的数据，也必须各自定义数据的存储和存取方式，不能共享相同的数据定义，因此，程序与程序之间可能有大量的重复数据。

2）文件管理阶段

20 世纪 50 年代后期到 60 年代中期，计算机不仅用于科学计算，也大量用于经营管理活动。硬件设备有了磁盘、磁鼓等直接存储设备；软件出现了操作系统、文件管理系统和多用户的分时系统，以及多种高级语言。文件系统的模型如图 2-14 所示，通过文件系统，程序和数据之间有了比较清晰的边界。不同的程序可以使用相同的文件，反过来，一个程序也可以访问不同的文件。

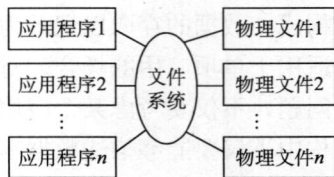

在文件系统阶段，数据管理有如下特点：

（1）数据可长期保存在磁盘上，用户可通过

图 2-14 文件系统模型

程序对文件进行查询、修改、插入或删除等操作。文件管理系统是应用程序与数据文件之间的一个接口，应用程序通过文件管理系统建立和存储文件；反之，应用程序要存取文件中的数据，必须通过文件管理系统实现。用户不必关心数据的物理位置，程序和数据之间有一定的独立性。

（2）文件形式多样化。因为有了直接存取设备，所以可以建立索引文件、链接文件和直接存取文件等。对文件的记录可顺序访问和随机访问。文件之间是相互独立的，文件与文件之间的联系需要通过程序实现。

（3）数据的存取基本上以记录为单位。

文件系统阶段，数据管理的缺陷如下：

（1）数据冗余大。因为文件是为特定用途设计的，因此会造成数据在多个文件中重复存储。

（2）数据的不一致。这是由数据冗余和文件之间的独立性造成的，在更新数据时，很难保证同一数据在不同文件中的统一。

（3）程序与数据之间的独立性差。修改文件的存储结构后，相关的程序也要修改。

3）数据库管理阶段

20 世纪 60 年代后期，计算机在管理中的应用更加广泛，数据量急剧增大，对数据共享的要求越来越迫切。为了解决多用户、多应用共享数据的需求，人们着手开发和研制更加有效的数据管理模式，并由此提出了数据库的概念。数据库系统的数据存取模型如图 2-15 所示。

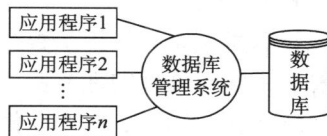

图 2-15　数据库系统模型

与文件管理相比，数据库技术有了很大的改进，主要表现如下：

（1）数据库中的数据是结构化的。在文件系统中，数据是无结构的，即不同文件中记录之间应用程序没有联系，它只在数据项之间有联系。而数据库系统不仅考虑数据项之间的联系，还要考虑记录之间的联系，这种联系是通过存储路径来实现的。

（2）数据库中的数据是面向系统的，对于任何一个系统来说，数据库中的数据结构都是透明的。任何应用程序都可以通过标准化接口访问数据库。

（3）数据库系统比文件系统有更高的数据独立性。数据库系统为用户提供了方便统一的接口。用户既可以用数据库系统提供的查询语言和交互式命令操纵数据库，也可以用高级语言编写程序来访问数据库，从而扩展了数据库的应用范围。

（4）数据完整性。保证数据库存储数据的正确性。例如，预定同一班飞机的旅客人数不能超过飞机的定员数；订购货物中，订货日期不能大于发货日期。使用数据库系统提供的存取方法，设计一些完整性规则，对数据值之间的联系进行校验，可以保证数据库中数据的正确性。

（5）数据安全性。并非每个应用都可以存取数据库中的全部数据。例如，在一个人事档案数据库中，只有被授权的访问者才可以读取数据，并进行修改；其他访问者的权限一般仅限于浏览特定的数据项，而不是全部数据。

（6）并发控制。当多个用户同时存取、修改数据库中的数据时，可能会发生相互干扰，使数据库中的数据完整性受到破坏，导致数据的不一致。数据库并发控制防止了这种现象的发生，提高了数据库的访问效率。

（7）数据库的恢复。任何系统都不可能永远正确无误地工作，数据库系统也是如此。在运行过程中，会出现硬件或软件的故障。数据库系统具有恢复能力，能把数据库恢复到最近某个时刻的正确状态。

2. 数据库系统的构成

数据库系统是由计算机系统、数据库管理系统和相关人员组成的具有高度组织的总体。数据库系统的主要部分包括计算机系统、数据库、数据库管理系统和人员。

1）计算机系统

计算机系统是指用于数据库管理的计算机软硬件及网络系统。带有数据库的计算机系统对硬件的性能要求更高，要有足够的内存以存放操作系统、数据库管理系统的例行程序、应用软件、系统缓冲区中数据库的各种表格等内容，需要有大容量的直接存取的外存储设备。此外，系统应具有较强的网络功能。

2）数据库

数据库既包括存放实际数据的物理数据库，也包括存放数据逻辑结构的描述数据库。

3）数据库管理系统（DBMS）

数据库管理系统是一组对数据库进行管理的软件，通常包括数据定义语言及其编译程序、数据操作语言及其编译程序、数据管理例行程序等功能。数据库管理系统的主要功能如下：

（1）数据库定义功能。DBMS 提供数据描述语言（DDL），定义数据库的模式、数据的完整性约束和用户的权限等。

（2）数据操纵功能。DBMS 提供的数据操纵语言（DML），可实现对数据的插入、删除和修改等操作。

（3）数据库的控制功能。数据库的控制功能包括并发控制、数据的安全性控制、数据的完备性控制和权限控制，以保证数据库系统的正确有效运行。

（4）数据库的维护功能。已经建立好的数据库，在运行过程中需要进行维护。维护功能包括数据库出现故障后的恢复、数据库的重组、性能的监视等。这些功能大部分由实用程序来完成。

（5）数据字典。数据字典中存放着数据库体系结构的描述。对于应用的操作，DBMS 都要通过查阅数据字典进行。

4）人员

数据库系统中的人员主要有用户、系统分析员、数据库管理员等。

用户分为应用程序员和最终用户两类（end user），他们通过数据库系统提供的接口和开发工具软件使用数据库。应用程序员负责编制和维护应用程序，最终用户主要是使用数据库的相关人员。

系统分析员负责应用系统的需求分析和规范说明。系统分析员要与用户和数据库管理员配合好，确定系统的软硬件配置，共同做好数据库系统的具体构成。

数据库管理员（data base administrator，DBA）可以是一个人，也可以是由几个人组成的小组。他们全面负责管理、维护和控制数据库系统，一般来说，由业务水平较高和资历较深的人员担任。他们的主要工作是决定数据库的信息内容、决定数据库的存储结构和存取策略、定义存取权限和有效性检验、建立数据库、监督数据库的运行、重组和改进数据库。

3. 数据库设计

1）信息的转换

信息是人们提供现实世界客观存在事物的反映，数据则是用来表示信息的一种符号。若要将反映客观事物状态的数据，经过一定的组织变成计算机内的数据，实际上要经历三个不同的状态领域：现实世界、信息世界和计算机世界，如图 2-16 所示。

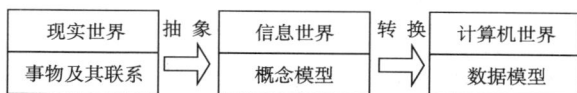

图 2-16 信息的三个不同世界

信息的现实世界是指我们要管理的客观存在的各种事物、事物之间的相互联系，以及事物的发生、变化过程。为了用数据库系统解决现实世界中的问题，必须先深入实际，把要解决的问题调查清楚，分析与问题有关的事物及其联系。

信息世界是指现实世界在人们头脑中的反映。数据库设计者必须对用户提供的原始数据进行综合，抽象出所需要的数据，将现实世界中的事物及其联系转换成信息世界中的实体及其联系。这种联系用概念模型描述，概念模型是一种独立于计算机系统的模型，它是按用户的观点组织他们所关心的信息结构，是对现实世界的第一层抽象。

计算机世界是指信息世界中的信息在计算机中的数据存储。信息世界中的实体及其联系将被转换成计算机世界中的数据及其联系，这种联系是用数据模型表示的。数据模型是基于计算机系统和数据库系统的数学模型，它直接面向数据库的逻辑结构，是对现实世界的第二层抽象。

2）概念模型

在概念模型中，现实世界的事物被抽象为"实体"，主要涉及以下基本概念：

（1）实体。实体是客观存在且可区别于其他对象的事物。实体可以是具体的对象，如一门课程等；也可以是抽象的事件，如一次考试、一次选课等。

（2）实体集。实体集是具有相同类型和相同性质的实体的集合，如某学校的所有学生等。

（3）属性。属性为实体的某一方面特征的抽象表示。

（4）域。属性的取值范围称为属性的域。例如，年龄为 16～30 岁。

（5）主键。唯一标识实体的属性集称为主键。

（6）联系。实体的内部联系和实体之间的联系。

现实世界中事物之间的相互联系，在概念模型中表现为实体之间的相互关联。两个不同实体集的实体间的联系，有以下几种情形：

（1）一对一联系（1：1）。实体集 A 中的一个实体至多与实体集 B 中的一个实体相对应，反之亦然。例如，国家与首都。

（2）一对多联系（1：n）。实体集 A 中的一个实体与实体集 B 中的多个实体相对应，实体集 B 中的一个实体至多与实体集 A 中的一个实体相对应。例如，车间与职工。

（3）多对多联系（n：n）。实体集 A 中的一个实体与实体集 B 中的多个实体相对应，实体集 B 中的一个实体与实体集 A 中的多个实体相对应。例如，教师与课程。

有了概念模型的这些基本概念，下面讨论概念模型的表示方法。通常，使用实体-关系图（E-R 图）来表示概念模型。

E-R 图使用的基本规则如下：

（1）用长方形表示实体集，长方形内写明实体集名。

（2）用椭圆形表示实体集的属性，并用线段将其与相应的实体集连接起来。

（3）用菱形表示实体集间的联系，菱形内写上联系名，并用线段分别将有关实体集连接起来，在线段旁标出联系的类型。如果联系具有属性，用线段将属性与联系连接。

例如，某学院学生和选修课程的 E-R 图如图 2-17 所示。

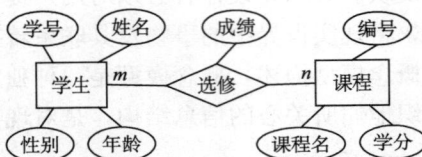

图 2-17　学生和选修课程的 E-R 图

3）数据模型

数据模型是从计算机系统的观点对数据建模，主要用于数据库管理系统的实现。常见的数据模型有层次模型、关系模型、网状模型和面向对象模型等。层次模型是指将数据库的数据按树结构的形式进行组织的模型；网状模型是指将数据库的数据按图结构的形式进行组织的模型；关系模型是指将数据库的数据按表结构的形式进行组织的模型。

关系模型是当今数据库中最主要的数据模型，它建立在严格的数学基础上。在关系模型中，数据逻辑结构是一张二维表，由行和列组成。一个关系对应通常所说的一张二维表；表中的一行称为一个元组；表中的一列称为一个属性；表中的某个属性或属性组的值可以唯一地确定一个元组，且属性组中不含多余的属性，这样的属性或属性组称为关系的主码；属性的取值范围称为域；元组中的一个属性值称为分量，如图 2-18 所示。通常，关系模型表示为关系名（属性 1，属性 2，…，属性 n）。

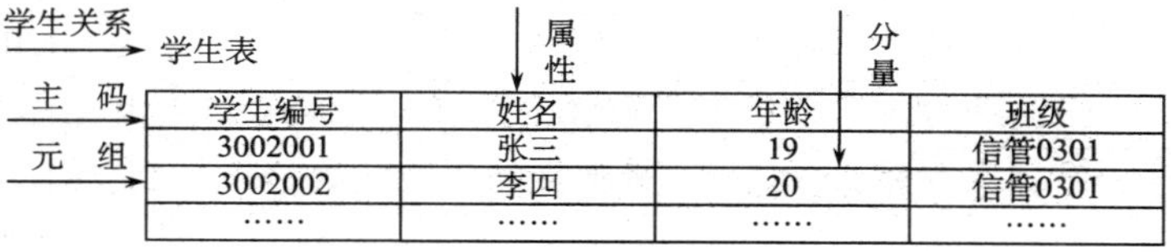

图 2-18　学生关系

4）E-R 图转化为关系

E-R 图转化为关系的规则如下：

（1）每一个实体，分别用它们建立一个"关系"，关系所包括的属性要涵盖对应实体所具有的全部属性。

（2）对于"联系集"，根据联系方式的不同，采取不同手段以使被它联系的实体所对应的关系彼此间实现某种联系。对于 $1:n$，分别让 1 方的关键字进入 n 方作为外部关键字。联系本身具有属性，也让它们进入 n 方作为外部关键字。对于 $m:n$ 联系，需要为这些联系建立一个"关系"，关系的属性要包括对应联系自身的全部属性。

例如，图 2-17 中的学生和选修课程 E-R 图转换为关系模型如下：

学生关系（学号，姓名，性别，年龄）；

课程关系（课程编号，课程名，学分）；

学生与课程关系（学号，课程编号，成绩）。

5）规范化设计理论

E. F. Codd 于 1971 年提出规范化理论，他定义了五种规范化模式（normal

form，NF），简称范式。范式表示的是关系模式的规范化程序，也即满足某种约束条件的关系模式，根据满足的约束条件的不同来确定范式。如满足最低要求，则为第一范式（first normal form，1NF）。符合 1NF 而又进一步满足一些约束条件的称为第二范式（2NF），等等。在五种范式中，通常只用到前三种。

第一范式（1NF）：元组中每一个分量都必须是不可分割的数据项。

第二范式（2NF）：不仅满足第一范式，而且所有非主属性完全依赖于其主码。

第三范式（3NF）：不仅满足第二范式，而且它的任何一个非主属性都不传递于任何主关键字。

例如，表 2-2 的关系不符合第一范式的关系。

表 2-2　不符合第一范式示例表

教师代码	教师姓名	职称	研究课题	
			课题号	课题名
001	张三	副教授	科 001	科协 001 课题
002	李四	副教授	自科 012	自科 012 课题
003	王五	教授	自科 020	自科 020 课题
001	张三	副教授	企 005	企业 005 课题

将其规范化为 1NF，如表 2-3 所示。

表 2-3　不符合第二范式示例表

教师代码	教师姓名	职称	研究课题号	研究课题名
001	张三	副教授	科 001	科协 001 课题
002	李四	副教授	自科 012	自科 012 课题
003	王五	教授	自科 020	自科 020 课题
001	张三	副教授	企 005	企业 005 课题

表 2-3 中关系满足 1NF，但不满足 2NF。在表中，"教师代码"和"研究课题号"共同组成主关键字，"姓名"、"职称"和"研究课题名"是非主属性。非主属性（姓名、职称、研究课题名）不完全依赖于由教师和课题代码组成的主关键字。其中，"姓名"和"职称"只依赖于主关键字的一个分量——"教师代码"，而"研究课题名"只依赖于主关键字的另一个分量——"研究课题号"。这种关系会引发下列问题：

（1）数据冗余。当某个教师有多项研究课题时，必须有多条记录，而在这多条记录中，该教师的姓名和职称数据项完全相同。

（2）插入异常。当新调入一个教师时，只有教师代码、姓名、职称的信息，没有研究课题的信息，而研究课题号是主关键字之一，在缺少时无法输入该教师的信息；反之，当插入一个新的研究课题时，也往往缺少相应的教师代码，以致无法插入。

（3）删除异常。当删除某个教师的信息时，常会丢失研究课题的信息。

解决的方法是将一个非 2NF 的关系模式分解为多个 2NF 的关系模式。在本例中，可分解为如下三个关系：

教师关系（教师代码，姓名，职称）；

课题关系（研究课题号，研究课题名）；

教师与课题关系（教师代码，研究课题号）。

请同学们思考，上述关系是否符合 3NF？

2.3.4　数据库技术的发展趋势

随着现代企业业务流程的重组，企业管理者对日常信息的需求更加广泛，要求更高；用户对信息的需求也从单维发展到多维；信息来源从内部向外部扩展；信息表现形式多样化。因此，除了发展数据仓库等技术外，目前数据库技术还有如下发展方向。

1. 分布式数据库

随着计算机通信网络的发展和应用，数据库系统越来越多地应用到网络环境中，数据库技术与分布处理技术的结合导致了分布式数据库的产生。

所谓分布式数据库是这样的一个数据集合，这些数据分布在一个计算机网络的不同计算机中，此网络的每个站点都具有独立性，即拥有自己的数据库系统，能够为本地的应用提供数据服务。同时，每个站点的数据库系统还能够通过网络与其他站点的数据库系统一道，为至少一个全局的应用提供数据服务。分布式数据库的一个主要目标是向用户屏蔽数据在物理上分布存储的细节，从而在用户看来，整个数据库系统仍然是一个集中式系统，即数据在物理上分布，而在逻辑上集中。对于用户来说，并不需要知道任何一块数据在物理上具体存储何处，分布的实现完全由数据库系统来完成。分布式数据库系统可以通过网络，将相关的数据库组合起来进行合理的数据分布，使处于不同地理位置的用户能够透明和方便地访问所需的数据，从而有效地提高系统效率，实现最大程度的共享数据。由此可见，分布式数据库既能实现不同地点的用户对数据库系统数据的共享，又能减少使用集中式数据库时难以避免的通信开销。

2. 面向对象数据库技术

面向对象的方法和技术的出现，对计算机的各个领域，包括程序设计语言、软件工程、信息系统设计，以及计算机硬件设计等都产生了深远的影响。因此，把面向对象的思想方法和数据库技术相结合，实现面向对象的数据库系统 OOD-BS，无疑是满足数据库各种新应用需求的最有希望的方法。

面向对象数据库管理系统提供给用户一种使用更加方便的技术，它能将各种媒体上的数据连接起来，还提供了开发应用程序的可重用技术，以更新对象及对象的应用。因此，这种高效率的技术已被越来越多的企业应用。

3. Web 数据库技术

Web 是 Internet 技术中发展最为迅速的一种，它极大地影响和推动了数据库技术的发展。Web 数据库系统是指以 HTML 为代表的 Web 页面与位于底层的数据库集成，Internet 用户可以通过 Web 页面来访问数据库中的数据，从而使得 WWW 上的数据资源得到充分利用。

➢ 知识拓展：当今社会的 IT 新技术——云计算

狭义云计算是指 IT 基础设施的交付和使用模式，指通过网络以按需、易扩展的方式获得所需的资源（硬件、平台、软件）。提供资源的网络被称为"云"。"云"中的资源在使用者看来是可以无限扩展的，并且可以随时获取，按需使用，随时扩展，按使用付费。这种特性经常被称为像水电一样使用 IT 基础设施。

广义云计算是指服务的交付和使用模式，指通过网络以按需、易扩展的方式获得所需的服务。这种服务既可以是与 IT 和软件、Internet 相关的，也可以是任意其他的服务。

"云"是一些可以自我维护和管理的虚拟计算资源，通常为一些大型服务器集群，包括计算服务器、存储服务器、宽带资源，等等。云计算将所有的计算资源集中起来，并由软件实现自动管理，无须人为参与。这使得应用提供者无须为烦琐的细节烦恼，能够更加专注于自己的业务，有利于创新和降低成本。

有人打了个比方：这就好比是从古老的单台发电机模式转向了电厂集中供电的模式。它意味着计算能力也可以作为一种商品进行流通，就像煤气、水电一样，取用方便，费用低廉。其中最大的不同在于，它是通过 Internet 进行传输的。

云计算是并行计算（parallel computing）、分布式计算（distributed computing）和网格计算（grid computing）的发展，或者说是这些计算机科学概念的商业实现。云计算是虚拟化（virtualization）、效用计算（utility computing）、IAAS（基础设施即服务）、PAAS（平台即服务）、SAAS（软件即服务）等概念混合演进并跃升的结果。

总的来说，云计算可以算作网格计算的一个商业演化版。早在 2002 年，我国的刘鹏就针对传统网格计算思路存在不实用性的问题，提出了计算池的概念：

"把分散在各地的高性能计算机用高速网络连接起来，用专门设计的中间件软件有机地黏合在一起，以 Web 界面接受各地科学工作者提出的计算请求，并将之分配到合适的结点上运行。计算池能大大提高资源的服务质量和利用率，同时避免跨结点划分应用程序所带来的低效性和复杂性，能够在目前条件下达到实用化要求。"如果将文中的"高性能计算机"换成"服务器集群"，将"科学工作者"换成"商业用户"，就与当前的云计算非常接近了。

云计算具有以下特点：

（1）超大规模。"云"具有相当的规模，Google 云计算已经拥有 100 多万台服务器，Amazon、IBM、微软、Yahoo 等的"云"均拥有几十万台服务器。企业私有云一般拥有数百上千台服务器。"云"能赋予用户前所未有的计算能力。

（2）虚拟化。云计算支持用户在任意位置、使用各种终端获取应用服务。所请求的资源来自"云"，而不是固定的有形实体。应用在"云"中某处运行，但实际上用户无须了解，也不用担心应用运行的具体位置，只需要一台笔记本电脑或者一部手机，就可以通过网络服务来实现我们需要的一切，甚至包括超级计算这样的任务。

（3）高可靠性。"云"使用了数据多副本容错、计算结点同构可互换等措施来保障服务的高可靠性，使用云计算比使用本地计算机可靠。

（4）通用性。云计算不针对特定的应用，在"云"的支撑下，可以构造出千变万化的应用，同一个"云"可以同时支撑不同的应用运行。

（5）高可扩展性。"云"的规模可以动态伸缩，满足应用和用户规模增长的需要。

（6）按需服务。"云"是一个庞大的资源池，可按需购买；云可以像自来水、电、煤气那样计费。

（7）极其廉价。由于"云"的特殊容错措施，可以采用极其廉价的结点来构成云，"云"的自动化集中式管理使大量企业无须负担日益高昂的数据中心管理成本，"云"的通用性使资源的利用率较传统系统有大幅提升。因此，用户可以充分享受"云"的低成本优势，经常只要花费几百美元、几天时间就能完成以前需要数万美元、数月时间才能完成的任务。

云计算可以彻底改变人们未来的生活，但同时也应重视环境问题，这样才能真正为人类进步作出贡献，而不是实现简单的技术提升。

云计算有如下几种形式：

（1）SAAS（软件即服务）。这种类型的云计算通过浏览器把程序传给成千上万的用户。从用户角度来看，会省去在服务器和软件授权上的开支；从供应商角度来看，只需要维持一个程序就够了，能够减少成本。Salesforce.com 是迄今为止这类服务最为出名的公司。SAAS 在人力资源管理程序和 ERP 中比较常用。

Google Apps 和 Zoho Office 也提供类似的服务。

（2）实用计算（utility computing）。这个想法很早就被提出了，但是直到最近才在 Amazon.com、Sun、IBM 和其他提供存储服务、虚拟服务器的公司中得到新生。这种云计算是为 IT 行业创造虚拟的数据中心，使得它能够把内存、I/O 设备、存储和计算能力集中起来成为一个虚拟的资源池，为整个网络提供服务。

（3）网络服务。同 SAAS 关系密切，网络服务提供者们能够提供 API，让开发者开发更多基于 Internet 的应用，而不是提供单机程序。

（4）平台即服务。另一种 SAAS，这种形式的云计算把开发环境作为一种服务来提供。你可以使用中间商的设备来开发自己的程序，并通过互联网和服务器传到用户手中。

（5）MSP（管理服务提供商）。最古老的云计算运用之一。这种应用更多的是面向 IT 行业而不是终端用户，常用于邮件病毒扫描、程序监控等。

（6）商业服务平台。SAAS 和 MSP 的混合应用，该类云计算为用户和提供商之间的互动提供了一个平台。比如，用户个人开支管理系统能够根据用户的设置来管理其开支，并协调订购的各种服务。

（7）互联网整合。将互联网上提供类似服务的公司整合起来，以便用户能够更方便地比较和选择自己的服务供应商。

云计算是个热度很高的新名词。由于它是多种技术混合演进的结果，成熟度较高，又有大公司推动，发展极为迅速。Amazon、Google、IBM、微软和 Yahoo 等大公司是云计算的先行者。云计算领域的众多成功公司还包括 Salesforce、Facebook、Youtube、Myspace 等。

思考题

1. 计算机系统由哪几部分组成？
2. 主存储器和辅助存储器的区别是什么？
3. 列出并说明主要的输入和输出设备。
4. 软件的主要类型有哪些？
5. 什么是系统软件？系统软件包括哪些软件？举例说明其用途。
6. 什么是操作系统？操作系统有哪些功能？
7. 第四代语言有什么特点？
8. 举例说明应用软件对企业信息化建设的重要性。
9. 简述计算机网络与信息系统的关系。
10. 什么是网络？网络有哪些功能？
11. 什么是网络的拓扑结构？常见的网络拓扑结构有哪几种？
12. 简述局域网的组成与模式。

第 2 章　管理信息系统的技术基础　61

13. 常用的通信介质、网络互联设备各有哪些？
14. 什么是网络操作系统？网络操作系统有哪些功能？
15. 计算机在数据处理各个阶段有哪些基本特点？
16. 什么是数据库管理系统？数据库管理系统有哪些功能？
17. 为什么说数据库系统具有程序和数据的独立性？
18. E-R 图的作用是什么？

上机作业题

1. 某图书馆业务中，现有如表 1～表 3 所示的三张表格。

借书证　　　　　　　　　　　　　表 1

借书证号	姓名	性别	电话	签发日期	是否有效
1001	张丽	女	12340019	1983-01-19	是
1002	李洋	男	12340020	1984-04-28	是
1003	王阳	男	12340021	1985-02-05	是
1004	赵蕊	女	12340023	1982-10-01	否
1005	刘莘	女	12340045	1987-03-22	是

图书　　　　　　　　　　　　　表 2

书号	书名	作者	单价/元
ENG01	英语精读	优秀	14.40
ENG02	英语听力	六级	23.00
CMP01	计算机文化	普及	34.43
CIN01	中国语文	休闲	12.70
CMP02	ACCESS 使用	高手	33.00

借阅登记　　　　　　　　　　　　表 3

借阅流水号	借书证号	书号	借阅日期	还书日期
1	1001	ENG01	1985-01-09	1985-02-09
2	1002	ENG01	1984-04-08	1984-05-08
3	1003	CMP01	1985-12-05	1985-13-05
4	1001	CMP02	1983-10-10	1983-11-10
⋮	⋮	⋮	⋮	⋮

要求：

(1) 将每张表作为一个实体，写出每个实体所包含的属性。

（2）指出每个实体的主关键字。

（3）画出这三个实体之间的 E-R 图，标出实体之间的关联。

2. 某汽车公司的配件信息一览表见表 4，请把它化为符合 3NF 的关系。

表 4

配件编号	配件名称	型号	供应商名称	供应商地址	单价	库存量

小组讨论题

1. 输入设备、输出设备和存储设备是如何影响信息系统性能的？

2. 选择微机软件时应该考虑哪些因素？

3. 有人说"数据库的环境不需要包括数据库管理软件"，请就这一看法进行讨论。

第3章

管理信息系统的结构与类型

管理信息系统是企业信息系统的核心，贯穿于企业管理的全过程，同时又覆盖管理业务的各个层面，因而也必然具有一个更加广泛的结构。本章从管理信息系统的功能结构和管理信息系统的空间分布结构出发，分别阐述管理信息系统的结构。

■3.1 管理信息系统的功能结构

3.1.1 信息处理的技术结构

从信息处理的角度看，管理信息系统由四大部件组成：信息源、信息处理器、信息用户和信息管理者，如图 3-1 所示。其中，信息源是信息产生基地；信息处理器担负信息的传输、加工、保存等任务；信息用户是信息的使用者，应用信息进行决策；信息管理者负责信息系统设计的实现，以及系统的运行和协调。

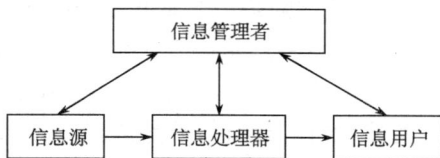

图 3-1　信息处理的技术结构

按照以上四大部件及其内部组织方式，我们可以把信息系统分为开环结构和闭环结构。开环结构是指系统在执行一个决策的过程中不收集外部信息，并不根据信息情况改变决策，直至产生本次决策的结果，事后的评价只供以后的决策作参考。闭环结构是系统在执行一个决策的过程中不断收集信息、不断提供给决策者、不断调整决策，如图 3-2 所示。一般来说，计算机实时处理的系统均属于闭环系统，而批处理系统均属于开环系统。但对于一些较长的决策过程来说，批处理系统也能构成闭环系统。

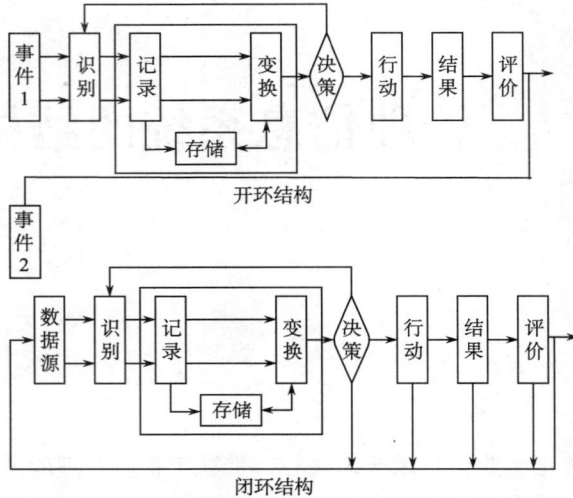

图 3-2   开环与闭环结构

随着信息技术特别是计算机网络技术的发展，现代的管理信息系统除了包含信息源、信息处理器、信息用户和信息管理者四大部件外，还必须以计算机网络、数据库管理系统，以及相关的组织机构和管理制度为基础条件，否则很难构成一个具有实用价值的管理信息系统。对管理信息系统而言，计算机网络是信息共享的基础，数据库是信息的战略储备和供给机构，而组织协调则为管理信息系统的有效运行提供了"一颗奔腾的芯"。

1. 计算机网络：信息共享的基础

管理信息系统是一个人机集成的信息系统，它以计算机为信息处理工具，以管理信息的收集、加工处理为主要目标，因此，构建一个管理信息系统至少要具备计算机硬件、软件及管理人员，三者缺一不可。在管理信息系统应用的早期，一个单位只要有一台微机、一个操作人员再辅以相应的软件，就基本上能够组建一个小规模的管理信息系统了。但这种管理信息系统多是一些简单的事务型数据处理系统，有些甚至只能称为"报表打印系统"或"自动制表系统"，而不能称作真正意义上的管理信息系统。

随着社会生产力的发展，知识经济时代已初见端倪，信息经济、信息社会已不是梦想，且伴随着信息高速公路的兴建，计算机网络已经进入社会的各个角落，国际互联网 Internet、企业内部网 Intranet、电子商务 EC 等技术方法日趋成熟并得到了广泛应用。在此种大环境下，如果再局限于一张办公桌、一台计算机、一个操作员的方式构建管理信息系统，不但有悖时代的发展，而且也不可能完成信息的采集、传送、储存、加工和维护。

管理信息系统的主要任务是从大量的数据中提炼有用的信息，以辅助各级管理者的决策。要完成这一任务，一个重要的途径就是使信息资源在不同部门、不同子系统间充分共享。从这个意义上讲，只有以计算机网络为基础，才可能实现现代企业中分工协作所需的信息流的及时性、准确性、一致性和可靠性，才能真正做到下情上达、上情下传，保持企业信息通道的通畅，以利于管理活动的顺利实施。

归纳起来，管理信息系统之所以要以计算机网络为基础，主要有以下几个原因：

（1）便于上下级间的信息交流。下级管理部门需要向上级主管部门汇报执行情况，上级主管部门需要向下级布置工作、传达命令，只有通过计算机网络才能真正实现"足不出户，万事皆知"。

（2）便于横向部门间的信息交流。这一方面可以避免信息的重复采集，不但节省了大量的人力物力，而且保证了信息的一致性、可靠性；另一方面有利于部门间的交流，充分发挥协同效应。

（3）节省投资。计算机网络的最大特点就是资源的共享，这意味着在资金有限的情况下，不必为每个人、每个部门均配备打印机、高档计算机，以及相互独立的软件和数据库系统，因为网络上的几乎所有资源均可在企业内得到充分共享。

（4）有利于信息的安全存储。信息是企业的生命，如果在物理介质上将信息集中存储在一台机器上，则将不利于信息资源的安全，一旦出现火灾或人为的破坏，后果可想而知。现代信息安全理论认为，将信息资源分散存储于多台计算机中便于信息的安全保密，但这样做的前提是必须以网络为依托，使企业信息互通互达，从逻辑上成为一体。

2. 数据库：信息的战略储备与供给

信息只有集中在一起才能成为可以利用的资源，但由于对随时随地访问任何信息的要求是永无止境的，因此就需要一个体系结构来容纳各种格式的内部和外部数据，其中必须包括经营数据、历史数据、现行数据、订阅数据及来自 Internet 服务商的数据，还必须包括易于访问的元数据。今天的企业要求访问并综合来自各种数据源的数据，能够对其进行复杂的数据分析，并创建代表业务分析员对数据看法的多维数据视图，而且还需要概括、细化展示、多层次/多视角查看跨主题和业务范围的信息。这就需要利用数据库将企业的内部和外部数据存储起来，以便于信息的加工、提炼。

3. 组织协调："一颗奔腾的芯"

从 20 世纪 80 年代初，我国一些企事业单位就开始着手管理信息系统的建设工作，取得了一些成绩，但也存在许多的问题。管理信息系统的开发道路曲折坎坷，其中的酸甜苦辣并非一句话就能说清楚。管理信息系统开发中遇到的问题基本上均与管理问题有关，具体可归结为以下几点：

（1）管理信息系统的开发多是模仿原有的人工流程，仅停留在简单的事务处理上，主要目的是减轻执行层管理人员的体力劳动，而没有真正做到为中高层管理者提供决策支持服务。例如，我国的会计管理信息系统已有 20 多年的历史，到目前为止，全国有一定规模的会计商品化软件有几百种之多，然而，这些软件多是为会计的财务处理、工资管理、固定资产管理、报表打印、成本核算等提供程序支持，用计算机替代手工劳动，即一般所说的电算化，除了界面风格、数据结构、数据库类型有所差别外，系统功能及流程基本上是大同小异。这些会计电算系统，对于减轻基本财务人员的工作强度所起的作用是值得肯定的，但对高层决策的支持程度却远远不够。大家知道，财会数据是企业最重要、最宝贵的基础信息，如果没有在此基础上开发资金预决算管理软件和实用的财务分析软件，就不可能体现现代化的管理方法，当然对企业改革及全面信息化工作也很难起到推动作用。

（2）企业领导层，尤其是厂长、经理等一把手对管理信息系统的作用和意义缺乏认识。国内外的统计资料表明，一个企业全面信息化至少需要 15 年的时间。管理信息系统的开发周期较长，期间经常会遇到领导换届。新领导上任后会碰到一系列有关企业生存的大事要去处理，往往会无暇顾及甚至冷落管理信息系统的开发，这不但会严重影响企业的全面信息化进程，而且还会使早已投入的资金成为沉落成本，不能充分发挥效益，造成人、财、物的浪费。

（3）开发经费有限。管理信息系统开发期间，需要投入大量的资金、设备、人力，运行期间则需要专职技术人员的日常维护、完善和升级。由于种种原因，一些企业技术力量不足，技术人员不受重视，待遇较低，这些均很难保障管理信息系统及企业全面信息化的进程。

归纳起来，管理信息系统开发过程中存在的问题主要是管理问题，而且核心是企业高层领导对管理信息系统的认识和重视程度不够。一句话，"组织管理"是管理信息系统工程启动和顺利实施的动力，是一颗"奔腾的芯"。

管理信息系统在技术上依靠计算机网络和数据库，但是它又不单纯是一个技术系统，而是一个一体化的"人-机"合成系统，需要在不同人之间协调，需要管理者的积极参与，需要强有力的组织领导，并制定合理的管理制度和考核办法，建立统一的信息标准。从管理信息系统的定义可以看出，这个系统是广大管理者所使用的工具，是为管理者尤其是决策层的管理者服务的。

国内外正反两方面的大量实践和经验证明，只有管理者包括各级领导进入角色，在管理信息系统的建设和使用中发挥主导作用，系统的建设才会成功。管理信息系统的建设，三分靠技术，七分靠管理，就是说计算机软硬件的开发调试、计算机网络和数据库的调试与实施，对管理信息系统的成功只起 30% 的作用，而管理、组织协调工作要起 70% 的作用。因此，在管理信息系统的建设过程中，要始终坚持"一把手"原则，即企业高层领导参与的原则。主要原因在于：一方面，企业管理过程存在着极其复杂的内部关系，而这种关系不是一般工作人员或系统开发人员能够协调、解决的；另一方面，管理信息系统的建设需要投入大量的资金、人力，而其收益是无法用简单的加减法衡量的。此外，管理信息系统建成并投入使用后，会使企业现有的人员、组织机构发生重组，一些管理人员可能会面临下岗或转岗的问题。因此，管理信息系统建设过程中会遇到来自各个方面的阻力，而这也不是一般工作人员或系统开发人员所能解决的，同样需要企业高层领导出面协调。

信息技术在管理工作中的应用范围非常广阔，如果没有强有力的领导、组织进行有效的管理，没有明确的通盘考虑和长远规划，就会造成项目开发周期长、水平低、效果差，在人力、物力、财力和时间上造成浪费。事实上，人们常常把企业信息化失败的主要原因归咎于企业的一把手，因而不少人把管理信息系统建设称为一把手工程。

在管理信息系统建设过程中坚持一把手原则是系统成功与否的关键所在，但这并不是说要企业的一把手亲自参与管理信息系统的组织管理，而是要经理、厂长等重视并推动这项工作，协调、处理副手们无法解决的问题，并在人、财、物方面给予充分的保证。

3.1.2　管理决策的层次结构

管理信息系统的层次结构来源于组织的管理层次。管理组织从纵向看是分层次的，因此相应的管理活动也可以划分为若干层次。一般将管理活动分为高层管理、中层管理、基层管理三个层次，即战略计划层、管理控制层和执行控制层，针对不同的管理层次建立不同的管理信息系统：战略计划子系统、管理控制子系统和执行控制子系统，如图 3-3 所示，这就构成了管理信息系统的层次结构。

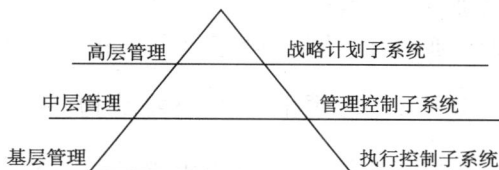

图 3-3　管理信息系统的层次结构

　　由于不同的管理层所需要的决策支持信息不相同，因此按这三个管理层次构成的管理信息系统的任务也是不一样的。下面我们针对这三个管理层次的系统分别作一介绍。

　　1. 战略计划子系统

　　战略计划子系统的主要任务是，为企业战略计划的制定和调整提供辅助决策功能。该子系统所需要的数据一般都是经过执行控制子系统或管理控制子系统加工处理的，还有一些来自企业外部，其中外部数据所占的比例较大。例如，企业当前和未来活动领域内的经济形势展望、未来市场预测、竞争对手的市场占有率和实力分析，等等。战略计划子系统所需数据的收集相对困难，而且也不可能很精确。另外，该子系统采用的数据处理方法，通常很难用简单的过程或程序来实现，需要采用模拟或概率模型等方法来近似实现。因此，战略计划子系统只能为高层管理者提供近似的参考信息，而企业战略计划的制定，在很大程度上仍取决于管理者长期积累的丰富经验。

　　2. 管理控制子系统

　　管理控制子系统的任务是为企业各职能部门管理人员，提供衡量企业效益、控制企业生产经营活动、制定企业资源分配方案等活动所需要的信息。它从执行控制子系统中取出信息进行汇总及其他处理。该子系统所需的数据有各项业务提供的资料，各种计划、标准和预算，以及成本指标等。该子系统的主要功能有：

　　（1）使用计划或预算模型来帮助管理人员编制和调整计划与预算执行情况。

　　（2）定期生成企业生产经营执行情况的综合报告。

　　（3）使用数学方法分析计划执行的偏差情况，并提供最佳的或满意的处理方案。

　　（4）为管理人员提供各种查询功能。

　　3. 执行控制子系统

　　执行控制子系统的任务是确保基层的生产经营活动正常、有效进行。在执行控制中，通常使用预定的过程和决策规则，其过程一般是很稳定的，即决策规则和处理过程都是程序化、结构化的，处理和决策的周期都比较短。支持执行控制的处理通常有三种，即事务处理、报表处理和查询处理。

　　3.1.3　管理业务的职能结构

　　从横向来看，一个组织或企业，其管理活动又是按职能分解的，因此任何一个企业都可以按照各个管理组织或机构的职能（如生产管理、销售管理、物资管理、财务管理和人力资源管理等）组成管理信息系统的横向结构。从横向分解，就构成了管理信息系统几个基于管理业务的职能子系统，如生产管理子系统、销售管理子系统、物资管理子系统、财务管理子系统和人力资源管理子系统等，如

图 3-4 所示,这就构成了管理信息系统的职能结构。

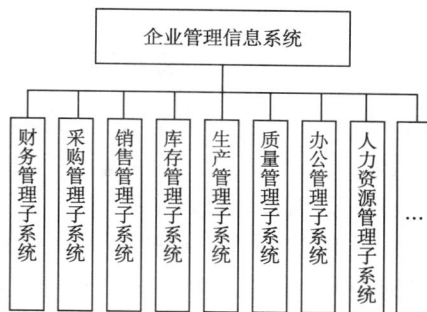

图 3-4　管理业务的职能结构

由于管理信息系统的职能结构是基于管理业务划分的,因此各子系统具有独特的目的和任务,下面选取部分子系统分别作一介绍。

1. 生产管理子系统

企业经营的目的是制造产品和提供服务,满足市场需要,因此生产是企业的主要活动之一。生产管理部门的主要职能是计划、调度和统计。根据市场预测的信息、企业目标和生产能力,对企业的人力、材料、设备、资金等进行全面、合理的安排,按产品的品种和规格制定生产进度计划,以及物资、人力、资金需求计划。进行每日的生产统计,如产品产值、质量物耗指标、设备运行情况的统计,并编制相应的报表,以实现对生产情况的检查和监督。

2. 销售管理子系统

市场销售部门是现代企业中一个十分重要的职能部门,这是因为企业必须强调市场观念,根据市场需要组织生产经营活动。销售管理子系统的功能通常包括产品的销售、推销以及售后服务的全部活动,其中业务处理包括销售订单的处理和推销订单的处理。运行控制活动包括雇用和培训销售人员、编制销售计划,以及按区域、产品、顾客的销售量定期分析。管理控制涉及总成果与市场计划的比较,它要用到有关客户、竞争者、竞争产品和销售力量等方面的数据。战略管理方面包括新市场的开拓和新市场的战略,它使用的信息有顾客分析、竞争者分析、顾客调查信息、收入预测和技术预测等。

3. 物资管理子系统

物资管理子系统包括采购、收货、库存控制、发放等管理活动。业务处理数据涉及购货申请、购货订单、收货报告、库存票、提货单等;运行控制要求把物资供应情况与计划进行比较,产生库存水平、采购成本和库存等分析报告。管理控制信息包括计划库存与实际库存的比较、外购项目的成本、缺货情况及库存周转率等。战略管理主要涉及新的物资供应战略、对供应商的新政策以及自制与外购的比较分析等,此外,可能还包括新供应方案等信息。

4. 财务管理子系统

财务部门的职能主要是以资金形式来反映企业的财务状况;对各类资金进行管理和控制,以加速流动资金周转,提高资金的使用效率;进行利润管理,为企业提供准确的利润信息;制定合理可行的财务收支计划,为企业资金的筹集和运用提供可靠依据。

财务管理子系统所需的数据来源很多，但主要是企业内部，并且大部分均可通过各种单据、票证获得，数据加工处理的方法比较规范，容易用计算机程序实现。因此，国内许多企业计算机管理信息系统的开发，往往首先从财务部门做起。

5. 人力资源管理子系统

企业把各种人员按照某种关系组织在一起从事生产经营活动，为社会提供产品或服务，为企业增加经济效益，为职工增加收入。作为一个现代企业的人事劳资部门，不仅要进行人事档案和劳动工资定额的日常管理，还应把合理使用人才资源、合理发挥人才资源的潜力作为目标，将一般传统意义上的人事管理上升到人力资源管理的高度上来。

6. 高层管理子系统

每个组织都有一个最高领导层，如由公司总经理和各职能领域的副总经理组成的委员会。高层管理子系统为高层领导服务，它的业务处理活动主要是信息的查询和决策的支持，处理的文件常常是信函、备忘录和高层领导向各职能部门发送的指示等。运行控制主要负责会议安排、信函管理和会晤记录文档。管理控制要求各功能子系统执行计划的当前综合报告。战略管理活动包括组织的经营方针和必要的资源计划等，它要综合外部和内部的信息。这里的外部信息可能包括竞争者信息、区域经济指数、顾客偏好，以及提供服务的质量等。

7. 信息处理子系统

信息处理子系统的作用是保证各职能部门获得必要的信息资源和信息处理服务。该子系统典型的业务处理工作包括工作请求、采集数据的请求、改变数据的请求、软硬件情况的报告以及设计方面的建议。信息处理的运行控制包括日常任务的调度、差错率和设备故障信息等。对于新项目的开发，还包括程序员的工作进展情况和调试时间的安排等。管理控制主要是对计划情况和实际情况进行比较，如对设备费用、程序员的能力、项目开发的实施计划等情况的比较。战略管理则主要关心功能的组织，如采用集中式还是分散式管理，制定信息系统的总体规划，确定硬件和软件的总体结构等。

管理信息系统的应用离不开办公自动化技术，该技术的主要作用是支持知识工作和文书工作，如字符处理、电子信件的收发、电子文件的制作等。办公自动化可以看做是与信息处理系统合一的子系统，也可以作为一个独立的子系统存在。

在实际工作中，一个企业或组织的管理职能远远不止这些，可能还有后勤管理、工程管理等职能。因此，在管理信息系统开发过程中，为了准确了解一个企业的管理职能，需要对企业的组织结构进行详细的调查分析。

3.1.4　信息的集成结构

以上从管理任务和组织职能两方面对管理信息系统的结构进行了描述。由于组织管理和决策支持的要求，往往需要对各子系统的信息进行集成，从而形成一个集成化的管理信息系统。具体有如下几种形式：

（1）横向综合。横向综合就是把同一管理层次的各种职能综合在一起，如运行控制层的人事、工资等子系统可以综合在一起，使基层的业务处理一体化。横向综合目前正朝资源综合的方向发展，如按人把人员的信息综合到一个系统，按物料把采购、进货、库存控制等信息综合到一起。

（2）纵向综合。纵向综合就是把不同层次的管理业务按职能综合起来。这种综合沟通了上下级之间的关系，便于决策者掌握情况，进行正确分析，如把各部门和总公司的各级财务系统综合起来，就构成了综合财务子系统。

（3）纵横综合。纵横综合也可以称为总的综合，它使一个完全一体化的系统得以形成，能够做到信息集中统一管理，程序模块共享，各子系统功能无缝集成。

通过对管理信息系统进行综合可知，管理信息系统是由各功能子系统组成的，每一个子系统又可以分为三个主要的信息处理部分：执行控制、管理控制和战略计划。管理信息系统的每个功能子系统都有自己的文件，还有为各子系统公用的数据所组成的数据库，由数据库管理系统进行管理。在系统中，除了有为每个子系统专门设计的应用程序外，还有为多个职能部门服务的公用程序，有关的子系统都与这些公用程序连接。此外，还有为多个应用程序共用的分析与决策模型，这些公用软件构成了信息系统的模型库，如图 3-5 所示。

图 3-5　信息的集成结构

图 3-5 中的每列表示按层次划分的管理活动，每行表示一种组织职能，行与列的交叉表示一种功能子系统。按照这种方式划分子系统，有时同一个职能部门

的业务就可能属于不同层次的子系统，但是每个子系统所考虑的问题是不同的。例如，库存控制问题在执行控制子系统中，最关心的是日常业务处理的正确性；在管理控制子系统中，需在总结执行控制数据的基础上确定安全库存水平和重订货频率；而在战略计划子系统中，则关心战略目标和竞争者的行为等。为了加深理解管理层次的子系统和管理职能子系统之间的关系，表3-1中列举了一些信息需求的例子。

表 3-1   管理层次与管理职能的子系统

管理层次 / 管理职能	基层（执行控制层）执行控制子系统	中层（管理控制层）管理控制子系统	高层（战略计划层）战略计划子系统
生产管理	未完成的生产订货	对现有订货安排的设备	设备的最优配置
销售管理	销售订单信息	精确的市场预测	新市场的长期预测
物资管理	现有库存量	周期性库存综合报表	减少库存量的模型
财务管理	成本记录	各部门周期财务报表	5年财务状况预测
人力资源管理	人事档案	人员结构安排	预测人员需求

3.2   管理信息系统的空间分布结构

3.2.1   集中式与分布式

集中式计算是指所有的处理均发生在单个位置或单个设备中，这种方法提供了最高程度的控制。例如，集中式处理对金融机构十分有用，因为金融机构需要高度的安全性。

集中式计算几乎完全依赖于一台大型的中心计算机的处理能力，这台中心机称为主机，和它相连的终端（用户设备）具有各不相同的智能程度。实际上，大多数终端完全不具有处理能力，仅仅作为一台输入输出设备使用。

与集中式计算正好相反，分布式计算是指计算机分布在各个远距离的位置，但相互之间通过远程通信设备连接。例如，一家集团公司，它的许多分公司和工厂都分布在其他省市，而总部在北京。每个地区的分公司或工厂都有自己的计算机系统，将这些计算机系统连接成一个大系统，就形成了一个分布式处理系统。

分布式计算中，主机处理的大多是内部任务，大量的任务由智能终端完成。网络上所有计算机都有处理能力，每个新加入的用户都对网络处理能力的提高有贡献，可以使用网上的多台计算机来完成一个共同的处理任务。如果某一台计算机脱离了网络（发生故障或关机），对网上的其他用户不会有大的影响。

协同式计算可以看做一种协作式的分布计算。在这种模式中，计算机之间不仅仅像在分布式计算中那样互相传递数据，实现信息共享，而且要进行更深层次的共享，也就是说，用两台或更多的计算机来共同完成一个处理任务。协同式计算是实现真正网络协同的重要一步。网络协同是指网络的处理能力要比网络中所有处理器处理能力直接相加的和更大。协同式计算的两个最重要的特征是对称处理和并行处理。对称处理是由多个处理器协同地进行某一过程，各处理器之间的负载是平衡的。当然，由于对称处理实现起来很困难，目前还没有哪一种网络可以完全实现对称处理。并行处理，即多任务处理，是指几个不同的任务在联网的处理器间同时地，即并行地进行处理。

3.2.2　客户机/服务器模式

随着计算机微型化的进一步发展，企业开始在整个组织中分布小型机和微型机，分布式处理逐渐取代分时处理成为主流方式。20 世纪 80 年代末以来，客户机/服务器模式（client/server，C/S）成为最流行的网络系统模式。客户机/服务器模式是将一个复杂的网络应用的用户交互界面、业务应用处理与数据库访问和处理相分离，服务器和客户端之间通过消息传递机制进行对话的一种模式。由客户端发出请求给服务器，服务器进行相应处理后经传递机制送回到客户端。这样就将信息处理工作分为两部分，一部分由服务器来实现，另一部分由客户机本身来完成，如图 3-6 所示。

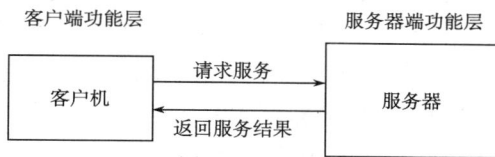

图 3-6　客户机/服务器模式

从物理上看，客户机/服务器系统是由服务端和客户端构成的一种异种机网络系统，计算机之间通过严格定义的标准程序接口和远程调用相互通信。在局域网中，客户端多为 PC 机，而服务端多为高档的 PC 机或专用的服务器，其硬件组成及网络拓扑结构与文件服务器系统完全一样。

从逻辑上看，客户机/服务器模式是指进程间的"请求"（client）和"服务"（server）的上下级关系，它将网络上的应用划分为服务端和客户端两大部分。客户端运行前端处理软件，服务端则运行后端处理软件，依据不同的用途提供不同的服务，如数据库服务（SQL Server）、邮件信息服务及传真服务等。客户机/服务器模式在逻辑上将数据管理与业务应用分离开来，从而在物理上可以将这两类程序在服务器与工作站间合理分布，充分发挥网络各组成部分的功能。

一般的客户机/服务器模式是指上面所说的两层结构，即在工作站上安装客户端软件，在服务器端安装数据库服务系统，但这种模式也可以扩展到多层，即通常所说的 N 层结构，其中每相邻两层互为"请求"和"服务"的关系。N 层结构中比较常见的是三层客户机/服务器模式，即将系统按逻辑分为应用层、业务层和数据层，如图 3-7 所示。

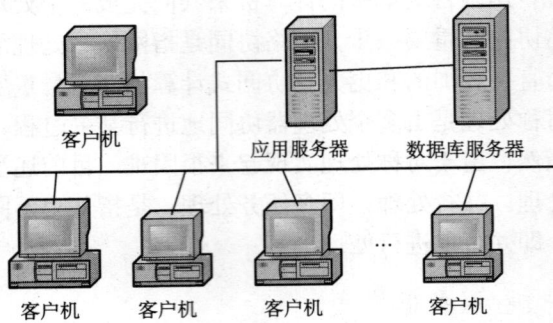

图 3-7　三层客户机/服务器模式

上述结构中，应用层为客户端服务，主要完成输入/输出界面，发出各种处理请求；业务层主要完成各种业务处理；数据层主要完成对共享数据的操作。因此，三层客户机/服务器模式的主要特点是：将客户端的应用程序分解成两个逻辑部分，一个是与业务规则无关的表示层，其主要内容是一些面向最终用户的可视化接口；另一个是执行业务处理的应用服务层，它是表示层和数据层之间的桥梁，对相应表示层用户发来的请求，执行某种业务任务，如果需要访问共享数据库，则再向数据层提出服务请求。

客户机/服务器模式的优点如下：

(1) 提高系统的安全性、可靠性。对共享数据进行了集中管理，增加了数据的安全性、可靠性、一致性，增强了系统的稳定性。

(2) 提高了系统的运行效率。在网络上只是传递请求服务和结构数据的信息，大大减轻了通信线路的负荷，提高了系统的运行效率。

(3) 较强的开放性。客户端和服务器可以选择不同的平台，具有较强的开放性。

客户机/服务器模式的缺点如下：

(1) 系统复杂性高。客户机/服务器模式采用分散的模式，每台客户机上都可能分布着不同的软件，系统由各自独立开发、制造和管理的各种硬件和软件组成，从而造成系统复杂性高，增大了管理的难度。

(2) 维护难度大，维护成本高。当客户端应用处理复杂或访问数据量增大时，容易造成网络瓶颈；在二层结构下，随着客户端功能的增大及配置的复杂化，系统的维护管理难度相应增大；当客户端增多时，系统维护成本会随之提高。

(3) 局限性大。在二层客户/服务器系统下，客户端配置复杂，随着功能的扩展，客户端越来越复杂，系统的维护管理越来越复杂。

3.2.3　浏览器/服务器模式

互联网的迅猛发展与广泛应用，为管理信息系统的建设与应用提供了新的机遇。愈来愈多的组织，特别是企业，利用互联网技术建设自己的管理信息系统，一种新的模式——浏览器/服务器模式（browser/server，B/S）随之产生并获得了飞速发展。这里的浏览器又称 Web 浏览器，是客户端用来访问 Web 服务器的通用软件。浏览器/服务器模式是随着 Internet 技术的兴起，对客户机/服务器模式的一种完善或改进。B/S 三层体系结构采用三层客户/服务器结构，在数据管理层（server）和用户界面层（client）增加了一层结构，称为中间件（middleware），使整个体系结构成为三层。三层结构是伴随着中间件技术的成熟而兴起的，其核心概念是利用中间件将应用分为表示层、业务逻辑层和数据存储层三个不同的处理层次。三个层次是按逻辑来划分的，具体的物理分法可以有多种组合。中间件作为构造三层结构应用系统的基础平台，提供了以下主要功能：负责客户机与服务器、服务器与服务器间的连接和通信；实现应用与数据库的高效连接；提供一个三层结构应用的开发、运行、部署和管理平台。这种三层结构在层与层之间相互独立，任何一层的改变都不会影响其他层的功能。浏览器/服务器模式如图 3-8 所示。

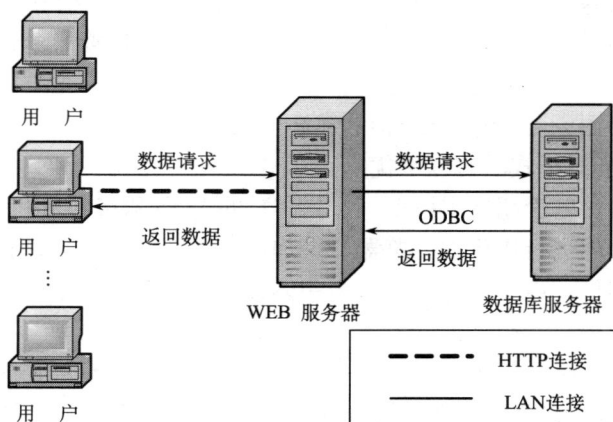

图 3-8　浏览器/服务器模式

浏览器/服务器模式将表示层和功能层分离成各自独立的程序，一般情况是只将表示层配置在客户机中，再将功能层和数据层分别放在不同的服务器中。由于在这种形态中，三个层次是分别放在各自不同的硬件系统上的，所以灵活性很高，能够适应客户机数目的增加和处理负荷的变动。因此，系统规模越大，这种形态的优点就越显著。

　　客户端由 PC 或 NC（网络计算机）承担，在浏览器/服务器模式下，客户端只承担浏览器的功能，这使得客户端无论从硬件还是软件上都变得简单易行。硬件上只需要具备输入输出功能，软件上只需要安装通信软件和浏览软件。由于浏览软件的普及性和简单性，用户几乎可以在任何具备网络条件的机器上实现系统的浏览功能。

　　服务器端承担功能层和数据层的任务，在浏览器/服务器模式下，又进一步把功能层和数据层分为两个独立的部分，在硬件上一般由不同的服务器承担。功能层包含系统的事务处理逻辑，这一层的服务器称为 Web 服务器端。它的任务是接受用户的请求，执行相应的扩展应用程序并与数据库进行连接，通过结构化查询语言等方式，向数据库服务器提出数据处理申请，再将数据处理的结果传送回客户端。数据层包含系统的数据处理逻辑，这一层的服务器称为数据库服务器。它的任务是接受 Web 服务器对数据库操作的请求，实现对数据库的查询、修改、更新等功能，并把运行结果提交给 Web 服务器。

　　浏览器/服务器模式是把二层客户机/服务器结构的事务处理逻辑模块从客户机的任务中分离出来，由单独组成的一层来承担其任务，这样客户机的压力就大大减轻了。把负荷均衡地分配给 Web 服务器，于是由原来的二层客户机服务器结构转变成三层的浏览器/服务器结构。

　　需要注意的是，三层浏览器/服务器结构各层间的通信效率若不高，即使分配给各层的硬件能力很强，作为整体来说，它也达不到所要求的性能。此外，设计时必须慎重考虑三层间的通信方法、通信频度及数据量，这与提高各层的独立性一样，是三层浏览器/服务器结构的关键问题。

　　浏览器/服务器模式具有以下优点：

　　（1）由于采用基于超文本协议（HTTP）的 Web 服务器和可以对 Web 服务器上的超文本文件进行操作的浏览器，管理信息系统在信息处理技术上实现了集格式化文本、图形、声音、视频信息为一体的高度交互式环境，使信息处理的广度和深度大为增加。

　　（2）由于 Internet 技术采用统一的与平台无关的跨平台通信协议，浏览器和 Web 服务器及相关的接口软件应用程序也独立于计算机的软、硬件平台，因此整个系统的开发性和可移植性好。在 Internet 网络环境下，既可以建立独立于 Internet 的为某个组织服务的管理信息系统，必要时又可以很方便地连接上 Internet，与 Internet 上的各站点实现通信。

　　（3）由于浏览器、Web 服务器及其有关接口软件都有现成的商品软件可供选择，并且在服务器端以及必要时在客户端进行应用系统开发所用的工具为 HTML 语言、JAVA 语言、C++语言等，使用方便、界面友好，可大大节省应用系统的开发成本，缩短开发周期。

（4）维护和升级方便。软件系统的改进和升级越来越频繁，浏览器/服务器模式架构的产品明显体现了更方便的特性。无论用户的规模有多大、有多少分支机构，都不会增加任何维护升级的工作量，所有操作只需要针对服务器进行。如果是异地，则只需要把服务器连接上网，就可立即进行维护和升级，这对人力、时间和费用的节省都是相当惊人的。

（5）面向电子商务时代的技术。将来所有的应用系统几乎都要在互联网上运行，企业发展电子商务也是不可避免的，而浏览器/服务器模式架构的软件则代表了未来的技术，只要连上互联网或内部广域网，就可以与全球的客户相连，与各地的分支机构相连。

（6）实现移动办公。在办公室内移动的时候可以使用任何一台计算机办公，而传统的办公自动化则是每台计算机对应指定的用户，别的用户不能使用该计算机，而且还需要安装调试软件，相当不方便。在浏览器/服务器模式下，回家、离开办公室或出差到其他地方，只要有可以上网的计算机，就可以使用办公系统。分公司也可以通过互联网、专线、电话网等连接使用共享资源，协同办公。

（7）实现系统整合。无论是办公自动化管理系统、人力资源管理系统、客户关系管理系统，还是企业资源计划，发展的趋势都是不断融合。采用统一的浏览器/服务器模式结构开发的产品，无论在现在还是将来，都将是最好的选择。

浏览器/服务器模式的缺点：数据的安全性问题、对服务器要求过高、数据传输速度慢、软件的个性化特点明显降低，这些缺点是有目共睹的，难以实现传统模式下的特殊功能要求。例如，通过浏览器进行大量的数据输入或进行报表的应答、专用性打印输出，都比较困难和不便。此外，实现复杂的应用构造有较大的困难。虽然可以用 ActiveX、Java 等技术开发较为复杂的应用，但是相对于发展已非常成熟的 C/S 的一系列应用工具来说，这些技术的开发复杂，并没有完全成熟的技术工具可供使用。

3.2.4　C/S 与 B/S 综合模式

由 C/S 和 B/S 计算模式可见，这两种计算模式各有利弊。C/S 技术是 20 年前的主流开发技术，它主要局限于内部局域网的需要。因此，它缺乏作为应用平台的一些特性，难以扩展到互联网这样的环境上去，而且要求开发者自己去处理事务管理、消息队列、数据的复制和同步、通信安全等系统级的问题。这就对应用开发者提出了较高的要求，而且迫使应用开发者投入很多精力来解决应用程序以外的问题，使得应用程序的维护、移植和互操作变得复杂，成为 C/S 技术的一大缺陷。但是，与 B/S 结构相比，C/S 技术的发展历史更为"悠久"。从技术成熟度及软件设计、开发人员的掌握水平看，C/S 技术更成熟、更可靠。在某些情况下，采用完全的 B/S 结构将造成系统响应速度慢、服务器开销大、通信带宽要求高、安全性差、总投资增加等问题。而且，对于一些复杂的应用，B/S结构目前尚没有合适的方式进行开发。客观地分析 C/S 和 B/S 的优劣，建立C/S与 B/S 结构相结合的网络构架已成为必然趋势。

下面以学校学生管理系统为例，说明这种设计方法。该系统采用 B/S + C/S 体系结构，结合了 ASP 技术，并将组件技术 COM＋和 ActiveX 分别应用在服务器端和客户端。该系统的实现主要分为三个部分：ASP 页面、COM＋组件、数据库，这是一个三层结构。表示层由 ASP 页面组成，用以实现 WEB 页面显示和调用 COM＋组件，业务逻辑和数据访问由一组用 VC 实现的 COM＋组件构成。为了便于维护、升级和实现分布式应用，在实现过程中，又将业务逻辑层和数据访问层分离开，ASP 页面不直接调用数据访问层，而是通过业务逻辑层调用数据库。一些需要用 WEB 处理的、满足大多数访问者请求的功能界面采用 B/S 结构。例如，任课教师可以通过浏览器查询所教班级学生的各种相关信息；学校管理人员可以通过浏览器对学校的学生、教师等信息进行管理、维护以及查询统计；领导层可通过浏览器进行数据的查询和决策。这样客户端比较灵活，后台只需少数人使用的功能则采用 C/S 结构，如数据库管理维护界面。如此处理，可充分发挥各种模式的优越性——避免了 B/S 结构在安全性、保密性和响应速度等方面的缺陷，以及 C/S 结构在维护和灵活性等方面的缺陷。COM＋的实现可分为三个步骤：COM＋组件的设计、COM＋应用程序的生成以及编程。COM＋组件位于 Web 应用程序中，客户端发出请求到 Web Server。Web Server 将请求传给 Web 应用程序。Web 应用程序将数据请求传送给数据库服务器，数据库服务器将数据返回 Web 应用程序。然后再由 Web Server 将数据传送给客户端。对于一些较难实现的功能，通过在页面中嵌入 ActiveX 控件来实现。

这种结构的优点如下：

（1）充分发挥了 B/S 与 C/S 体系结构的优势，弥补了二者的不足。充分考虑用户利益，在保证浏览查询者操作方便的同时也使得系统更新简单，维护简单灵活，易于操作。

（2）信息发布采用 B/S 结构，保持了瘦客户端的优点，装入客户机的软件可以采用统一的 WWW 浏览器。而且由于 WWW 浏览器和网络综合服务器都是基于工业标准的，可以在所有的平台上工作。

（3）数据库端采用 C/S 结构，通过 ODBC/JDBC 连接。这一部分只涉及系统维护、数据更新等，不存在完全采用 C/S 结构所带来的客户端维护工作量大等问题。并且，在客户端可以构造非常复杂的应用，界面友好灵活，易于操作，可解决许多 B/S 结构存在的固有缺陷。

（4）对于原有的基于 C/S 体系结构的应用，只需开发用于发布的 WWW 界面，就可非常容易地升级到这种体系结构，并保留原来的某些子系统。这样就可以充分利用现有系统的资源。

（5）通过在浏览器中嵌入 ActiveX 控件，可以实现在浏览器中不能实现或实现起来比较困难的功能。例如，通过浏览器进行报表的应答。

（6）将服务器端划分为 Web 服务器和 Web 应用程序两部分。Web 应用程序采用组件技术，实现三层体系结构中的逻辑部分，达到封装的目的。

B/S 结构与 C/S 结构各具优缺点，怎样将 B/S 与 C/S 开发系统相结合是开发管理信息系统普遍关注的问题。在应用过程中，应结合实际情况进行系统的选型与构建，从而开发出高效、安全的应用系统。

3.3　管理信息系统的类型

3.3.1　面向业务运作的系统

在企业运作中，应用最为广泛的就是业务处理系统（TPS）。所谓业务，指的是企业运作中发生的业务和交易，如产品的购买和销售。

举例来说，存货控制系统就是处理企业存货业务数据的信息系统，包括按照订单要求对货物装运或购买后货物收据信息的处理等。一个存货控制系统对企业仓库中现存的产品进行记录，这是系统的状态之一，当收到或装运某批次的货物时，这个状态就会改变，而此时该系统会对存货的原记录作修改。系统还将定期打印出本周期内装货和收货记录的清单，以及每种产品现存数量的统计报告。最后，当存货数量减到很少时（低于警戒线），系统会生成要求订货的货品清单，这也是业务的一种。

业务处理系统的目的主要有以下三点：一是跟踪记录系统的状态；二是处理这些相关的数据；三是生成并输出已经发生的业务报表、系统状态报告和业务发生的原因。业务处理系统可以存在于企业的各个领域，包括录入客户订单的系统及客户开单、存货跟踪和其他基本系统，也可用于几乎所有企业的日常数据处理，而这些系统构成了其他信息系统的基础。

与其他信息系统一样，业务处理系统主要有四个功能：输入、存储、处理和输出。输入功能是接收系统外的数据，然后在系统内处理；存储功能则指存储和补充用于处理过程中的数据；处理功能是使用某处理系统内输入和已存储的数据完成系统功能；输出功能则是将处理过程的结果送到系统外。下面具体分析这几种功能的特点。

1. 输入功能

在将数据引入 TPS 系统以前，必须从来源处获取这些数据，这个过程叫做数据捕获。一般地，这些数据都是由职员写在纸上或者来自源文档的。一旦数据被捕获，它将被输入系统，这个步骤称为数据录入，通常，这些数据都是由人员直接键入系统的。当资料输入系统时，会有一个程序检查输入是否有效，即进行数据有效性的检查，不正确的数据信息必须被排除在外。这个数据有效性检查囊括了所有在输入数据时可能出现的错误，每一项输入的数据都会被检查，这些数据资料包括数字、名称、代号、数量等。比如，在存货控制系统中，某项存货的数量输入就应只包括阿拉伯数字，或者输入的客户名称只能包含字母或文字；再如，在输入支付方式的代码时，系统会检查代号的正确性，或者输入数量时检查其是否在指定的范围内。所以，这些数据有效性的检查过程是用来确保数据的正确性和有效性。

2. 输出功能

业务处理系统中输出的大部分是报表，它们或是打印出的数据列表，或是只出现在计算机屏幕上的报表，几乎所有的业务处理系统都能生成几种不同的报表。一个详细报告不但可以列出处理结果的详细信息，而且可以包含某些数据的总值。比如，一个服装专卖店的存货控制系统生成的详细报告，不仅列出了上一周发生的某项商品库存的增加或减少的数量，同时也列出了各项的合计数字；一个综合报表则包含了各组数据的总计数目；一个特殊报表可能包含了关于超出某些标准的产品的数据，如某些库存已低于特定水平而需要增加订货的商品的报表，此时，其他有足够存货的商品则不被列入该报表，这类报表会引起其他相关业务的发生，如追加订货。

3. 存储功能

有时，在业务处理系统访问存储的数据之前，此系统必须要以另外的方法整理数据，这个以特定顺序整理数据的过程叫做数据资料排序。在存货控制系统中，当存货主数据并不是以操作者希望看到的顺序排列时，就会用到资料排序。例如，操作者也许会希望存货记录以字母顺序排列，如果记录在最开始并不是以此顺序排列的，那么在准备报表时，这些记录就会被以合适的顺序重新排列。

在数据库里或者数据文档里的数据资料会随着时间的流逝而失去时效性，因此，业务处理系统会定期修改这些数据，这个过程叫做资料更新。以服装专卖店的存货控制系统为例，当存货清单里增加或减少了存货时，存货主数据里每项产品的现有数据都会受到影响；当有一项新产品加入存货清单时，存货清单的主文档里就应该包括产品代码、名称、单位成本和现有数量；如果存货清单里有某项产品要取消，该项产品的所有资料就都必须从存货清单主文档里删除。

4. 处理功能

处理过程指的是在系统里对数据的操作。在某种意义上讲，业务处理系统的所有功能中都包括了数据的处理，但有一项是只包括数据处理而不包括其他任何过程的功能，即系统的计算功能。在业务处理系统生成计算结果之前，系统必须经历计算过程，为了输出所需要的结果，在计算过程中会用到输入和存储的资料。此外，另一个处理功能是决策。例如，一个系统必须就某项产品是否需要追加订货的问题作出决策，以生成并打印出存货追加订货的报表。

3.3.2　面向管理决策的系统

面向管理决策的系统包括决策支持系统和经理信息系统等。

决策支持系统是能参与、支持人的决策过程的一类管理信息系统。它通过与决策者的一系列对话过程，为决策者提供各种可行方案，检验决策者的要求和设想，从而达到支持决策的目的。这里强调的是支持，而不是决策自动化。决策支持系统所支持的决策可以是任何管理层次上的。

决策支持系统（decision support system，DSS）一词，最早由 Keen 和 Scott Morton 在 20 世纪 70 年代中期提出，到 70 年代末，DSS 大都由模型库、数据库以及人机交互系统三个部件组成。80 年代初，DSS 增加了知识库和方法库。DSS 的结构组成如图 3-9 所示，在某些具体的决策支持系统中，也可以没有单独的知识库及管理系统，但模型库和方法库通常是必需的。

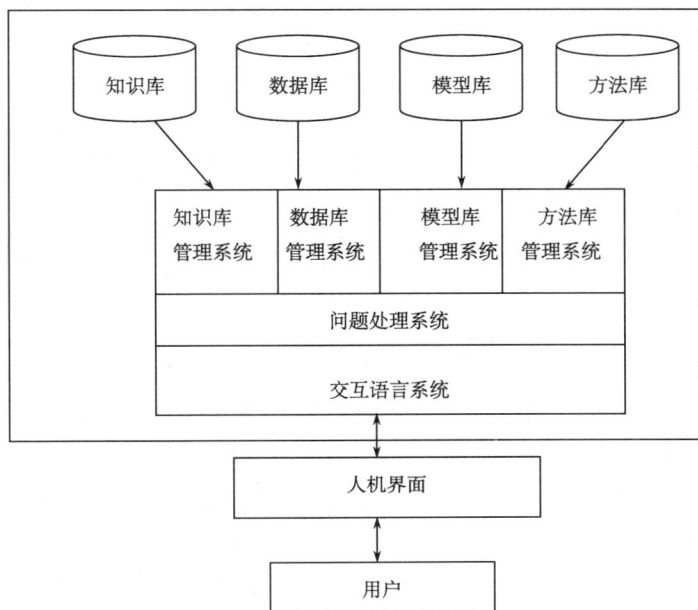

图 3-9　决策支持系统的结构组成

决策支持系统一般具有以下特点：

（1）系统只是支持用户而不是代替用户决策。因此，系统并不能提供所谓的

"最优"解，而是给出一类满意解，让用户自行决断。同时，系统并不要求用户给出一个预先定义好的决策过程。

（2）系统所支持的主要对象是半结构化的决策（即不能完全用数学模型、数学公式来求解的决策）。它的一部分分析可由计算机自动进行，但需要用户的监视和及时参与。

（3）采用人机对话的有效形式解决问题，充分利用人的丰富经验、计算机的高速处理及存储量大的特点，各取所长，有利于问题的解决。

经理信息系统（executive information system，EIS）是服务于组织的战略层，通过先进的图形技术和通信技术帮助高层管理人员对非结构化决策问题进行解决，并由高层管理人员亲自使用的计算机系统。EIS 除了需要从组织内部的 MIS 和 DSS 中抽取概括性数据外，还必须使用大量的外部环境中的数据，如税法的改变信息、竞争对手的信息等。

经理信息系统的开发是为了抽取、筛选和跟踪组织内部和外部环境中的关键信息，系统侧重于减少经理获得有用信息的时间和精力，能够将多个信息的数据和图形快速传送到经理办公室或董事的会议室。同时，系统还应能给经理的电子通信、日程安排等提供支持。此外，EIS 应具有非常友好的用户界面，以使经理不需培训或接受很少的培训就能直接使用系统。

经理信息系统一般具有以下几方面的功能：

（1）提供所需的外部信息。目前成功实现的 EIS 在取得内部数据和监测内部状态上已颇有成效，但对外部数据的取得十分有限。由于外部环境的复杂多变和外部数据的高度非结构化，因此，在现阶段的技术水平支持下，对外部的状态监测和数据访问比对内部的状态监测和数据访问更加难以实现。随着信息技术的发展和新的数据获取与处理技术，如数据仓库、数据挖掘和数据集市的出现，EIS 中数据外部化和智能化方面的能力将有所提高。

（2）提供灵活的结构。逐步提高组织信息系统的柔性及适应能力已经成为组织提升应变能力的必由之路，柔性是组织在剧变的环境中持续发展并立于不败之地的不可缺少的能力，而柔性的企业就需要柔性化的信息系统。EIS 集中于满足高层经理对战略决策信息的需求，侧重于对外部信息与内部信息的提炼以及对高层经理办公业务的辅助，其特点在于根据高层经理的需要和习惯裁剪信息产品并形成自己的视图，其处理的信息对象是高度非结构化的。由此可见，EIS 的本质决定了对该系统柔性化和灵活化的要求。

（3）提供系统协作功能。传统意义上的 EIS 因定义为仅供少数高层管理者使用的系统，所以目前其应用仅限于组织中的关键人物，由此导致的应用上的非经济性是显而易见的。因此，使这种面向少数组织成员的信息系统扩展到其他的知识工作者是十分必要的。在许多情况下，只要能使组织成员的工作表现有显著进步，EIS 就完全可以扩展到组织的较低层次。EIS 开发技术的成熟化将降低成本，从而扩大用户层面。在未来扁平化、网络化的组织结构中，EIS 的协作化和分部化将是必然趋势。

3.3.3　面向协作与交流的系统

面向协作与交流的系统有办公自动化系统、知识管理系统等。

办公自动化（office automation，OA）是指在办公室的职能中应用计算机和通信技术。办公自动化的初期主要解决秘书级事务，如用文字处理机提高打印、修改、编辑、复制和存储文件的效率；中期的标志是解决经理级事务，如信息检索、辅助决策等；再进一步则是发展各种现代化的办公设备，组合成办公自动化系统。目前，办公自动化已经取得了不少成果。例如，智能电话机可以记录电话内容、回答简单问题；电子邮件可以及时实现信息的沟通；电子会议系统可以通过卫星通信把不同城市甚至不同国家的会议室联结起来，出席会议的人都可在屏幕上显示，并相互自由交谈等。

知识管理系统（knowledge management system，KMS）为知识管理人员提供支持，虽然知识管理人员也广泛使用办公自动化系统，但办公自动化系统主要是为组织中的数据处理人员开发的。知识管理人员的工作主要是进行新知识和新信息的创造，知识管理系统帮助知识管理人员加快知识的创造，并保证新知识和技术经验正确地应用到组织中。相应地，数据处理人员的主要工作是进行信息的处理，而不是新信息的创造。

通常，知识管理系统一般具有以下功能：

（1）经验知识管理。在组织中，人才流动是不可避免的。但是，技术人才的流失可能会带走技术开发的方法、经验甚至成果；营销人才的流失则会带走客户信息、客户交流的方法和经验；管理人才的流失带走的则是管理的方法和经验。这些方法、经验、信息等的损失是企业经营的最主要风险之一。显然，管理和弱化这种风险就是要把人才在工作中掌握的经验、方法、信息都沉淀下来，管理起来，让大家共享，让新来的员工迅速掌握并成长为企业的人才。知识管理系统就是通过知识沉淀与共享的方式，用"案例管理"、"工作总结"、"知识文档"等形式来实现这些目标。

（2）规范协作管理。沉淀员工以往总结的经验、教训和办事方法等，优化工作流程并照此遵循，将会事半功倍；通过沟通及时发现障碍、暴露问题；通过协作跨越障碍、解决问题，这些都是提高工作效率的有效途径。知识管理系统通过规范协作管理，运用"规范制度"、"任务分派"、"审批流程"、"项目协作"等来实现这一目标。

（3）行政办公管理。新一代办公自动化的核心是知识。与传统 OA 相比，新一代 OA 不仅模拟和实现了工作流的自动化，更模拟和实现了工作流中每一个单元和每一个工作人员运用知识的过程。

（4）组织文化管理。以人为本的现代管理模式不仅仅是一句口号，更要落到实处，其实质就是从企业文化建设入手来切实提高员工的工作热情，实现共同目标。知识管理系统通过搭建企业文化管理平台，用"内部论坛"、"员工活动"、"文化窗口"、"电子期刊"等来营造良好的企业工作氛围。

（5）系统门户。知识管理系统提供了单一入口，输入一次用户名和密码就可以访问知识管理系统中的所有子系统，为各个部门提供个性化的知识管理工作平台，甚至可以做到针对个人的定制。通过该系统，管理员可以在一定程度上进行定制主页布局、挂接常用资料、备份主页、恢复主页等操作。系统可以动态发布文档的最新信息、显示论坛的最新主题和个人待办事宜等。公司员工可以通过主页导航进入各模块和相应的文档。

（6）其他扩展系统。系统还可以包括以下扩展系统，即短信与移动支持、团队协作、实时协作、竞争情报系统等。

➢ 知识拓展：面向需求的管理信息系统

在信息系统的开发中存在一对内在矛盾，即需求的变化性和流程的固定性之间的矛盾。这个矛盾是如何产生的呢？我们知道，信息系统的需求是经常变化的，这就要求信息系统具有一定的柔性来适应需求的变化。在信息系统的开发过程中，我们用了一系列的手段，如数据流程图、业务流程图来确保信息系统流程的固定性，并要求软件需求方在规格说明书或者合同上签字，以确认软件供应商对企业需求以及业务流程的正确描述。这是因为信息系统需求在开发过程中不但地位突出，而且往往是最艰难的过程，软件供应商开始往往不清楚需求方的业务，如果流程是变动的、不固定的，软件需求方和供应方就没有一个共同讨论的起点，供应商要理解需求就会难上加难。这些手段，从本质上讲，目的在于确认软件供应商和需求方对企业业务流程的理解达成了一致，其具体的表现形式就是我们画在图纸上的一系列流程图。然而，问题在于，这些表现在图纸上的流程图只是静态的，它仅仅代表供应商对需求方过去或者现在业务需求的理解，并不包含对企业将来的需求的描述，因而它只在某一时间段有效；对于软件需求方来说，他们不会因为这几张图纸放弃对企业的一系列或大或小的变革，这些变革会引起对信息系统需求的变化，需求的变化使得软件供应商必须重新设计流程。

要解决信息系统的这个矛盾，就要求信息系统必须具有一定的适应需求变化的能力。那么，适应需求变化对于信息系统开发来说处于什么位置？它重要吗？要回答这个问题，关键是弄清楚两个问题：①上面提到的需求和流程之间的矛盾是不是信息系统开发中的重要矛盾，还是只是个可以放在一边的小矛盾？②如果信息系统具有一定的适应需求变化的能力，那会给我们带来多大的好处？下面就这两个问题进行分析。

现代企业经营的外部环境有一个明显的趋势，技术变革速度将越来越快，消费者将越来越精明，新的技术既带来了无限的机会，促进了一批企业的成长，又残酷地淘汰了许多老的企业。Dell 和亚马逊书店利用互联网发展电子商务从而迅猛成长，而传统的计算机经销商、书店却面临着巨大的威胁。各大门户网站在网上免费提供的新闻报道，对传统报业、杂志也造成了巨大的冲击，电子竞技、计算机游戏的出现替代了街机、家用小游戏机。消费者是企业产品的需求市场，企业必须严密监视消费者的变化趋势，对消费者变化趋势的疏忽，极有可能引发企业的灾难。莲花公司的文字处理软件因为忽视了消费者的需求变化而惨败给微软公司的 Office，IBM 对计算机未来发展趋势的错误判断，让微软占领了个人计算机市场。现在，为了更加贴近消费者，企业纷纷建立公司主页，Apple 公司开辟了 BBS 让消费者对其产品 IPod 讨论。可以预见，企业所处的经营环境会越来越不稳定，"以变为发展"、"唯一不变的就是变化"，需求变化不仅像过去那样存在着，而且变化的速度将越来越快。为了在激烈的市场竞争中存活并追逐利润，就企业自身来说，必须不断发展、不断成长，需求变化是必然的。

这种需求持续而且迅速的变化将对信息系统造成巨大的压力，没有任何需求适应能力的系统很难在这种变化中生存，信息系统具有一定适应需求变化的能力将成为未来信息系统的一大发展趋势。

如果信息系统具有一定的适应需求变化的能力，会给我们带来多大的好处呢？关于软件工程的调查告诉我们，在软件开发过程中，软件维护阶段占据了绝大部分的开发费用，大约为 2/3，新的数据也验证了"维护"的一贯重要性。例如，1992 年在惠普公司，60%～80% 的研究和开发人员都投入到维护工作中，整个软件耗费 40%～60% 的费用用于支持软件维护。此外，有许多组织投入 80% 的时间和努力用于维护，我们可以发现，维护是软件生命周期中时间和金钱花费最昂贵的一个阶段。那么，软件维护和需求分析有什么关系呢？需求分析与软件维护有着异常紧密的联系。对软件进行的维护主要分为三种：纠错性维护、完善性维护和适应性维护，它们各自所占的比率为 17.5%、60.5% 和 18%。这三种维护都与需求分析紧密相关，完善性维护和适应性维护一般是由需求变化引起的。对于纠错性维护，在较大规模的开发项目所发现的错误中，60%～70% 都是规格说明错误和设计错误。

通过以上数据的分析，我们可以得出结论，维护阶段是需要花费时间和金钱最多的阶段，而完善性维护和适应性维护均由需求变化引起，如果信息系统能适应一定的需求变化，将大幅度降低维护阶段的花费。对于纠错性维护，如果能在需求分析阶段发现错误，也同样能大幅度降低维护阶段的耗费。由此，我们可以毫无疑问地说，需求分析是软件生命周期最重要的阶段。如果信息系统具有一定的适应需求变化的能力，将极大地降低整个软件开发的成本。

综合上面的分析，可以得出结论：具有一定的适应需求变化的能力是信息系统发展的一大趋势，如果信息系统具有此能力，将极大地降低整个软件开发的成本。因此，适应需求变化在信息系统的开发中是非常重要的。

虽然说信息系统是为企业服务的，应该配合企业需求的变化对信息系统进行一定的变更，但是并不是对所有需求变化，都应该变更信息系统。在信息系统的变更和需求变化之间存在着一个平衡。

如何衡量和决定何时变更信息系统以及如何变更，需要从两个方面来考虑：第一，变更之后的信息系统带来的效益是否大于变更信息系统所投入的成本；第二，比较变更信息系统和构造一个全新的信息系统哪一个更加经济。上面的分析基于成本分析，对于第一个方面，除了进行成本分析以外，还需要进行收益分析；对于第二个方面，则主要是对变更信息系统和构造一个全新的信息系统之间的成本进行比较。

思考题

1. 管理信息系统的信息处理结构如何？
2. 闭环结构和开环结构有何特点？试举例说明。
3. 组织中的信息系统有哪几个层次？各层次的信息系统包括哪些类型？
4. 支持 MIS 各种功能的子系统有哪些？
5. C/S 计算模式的优缺点各有哪些？
6. B/S 计算模式的优缺点各有哪些？

上机作业题

请上机调研 C/S 与 B/S 模式在企业管理信息系统中的应用情况。

小组讨论题

1. 对应不同层次的信息，MIS 的差别有哪些？
2. 集中式与分布式各有什么优缺点？
3. 有人说，"构建企业管理信息系统不是采用 C/S 结构，就是采用 B/S 结构"，就这一看法进行讨论。

第4章

管理信息系统的应用

4.1 企业资源计划（ERP）系统

企业资源计划（enterprise resource planning，ERP）这一概念最初是由美国的 Gartner Group 公司在 20 世纪 90 年代提出来的，该公司对其功能标准作出了界定。作为企业管理思想，企业资源计划是一种新型的管理模式；而作为一种管理工具，它同时又是一套先进的计算机管理系统。

4.1.1 ERP 的基本概念

ERP 是一种基于"供应链"的管理思想，它在 MRP、MRPII 的基础上扩展了管理范围，给出了新的结构，把客户需求、企业内部的制造活动以及供应商的制造资源整合在一起，以提高企业对各种资源的运作能力。

ERP 的基本思想是将企业的业务流程看做一个紧密连接的供应链，其中包括供应商、制造工厂、分销网络和客户等；并将企业内部划分成几个相互协同作业的支持子系统，如财务、市场营销、生产制造、质量控制、服务维护、工程技术等；还包括对竞争对手的监视管理。

理解 ERP 概念要注意以下几点：

（1）ERP 不只是一个软件系统，还是一个集组织模型、企业规范、信息技术、实施方法于一体的综合管理应用体系。

（2）ERP 使企业的管理核心从"在正确的时间制造和销售正确的产品"转

移到"在最佳的时间和地点获得企业的最大利润"。这种管理方法和手段的应用范围也从制造企业扩展到了其他行业。

（3）ERP从满足动态监控发展到引入商务智能，使得以往简单的事务处理系统变成为真正智能化的管理控制系统。

（4）对软件结构而言，是综合应用了客户机/服务器体系、关系数据库结构、面向对象技术、图形用户界面、第四代语言（4GL）、网络通信等信息产业成果，以ERP管理思想为灵魂的软件产品。

综上所述，我们现在所说的ERP，就是要通过信息技术等手段，实现企业内部资源的共享和协同，克服企业中的制约，使各业务流程无缝平滑地衔接，从而提高管理的效率和业务的精确程度，降低交易成本，提高企业的盈利能力。就本质而言，ERP是企业管理发展到一定阶段的核心理念和技术。

4.1.2　ERP系统的主要功能模块

ERP系统的主要功能包括财务管理、物流管理、生产计划和控制管理，以及人力资源管理。

1. 财务管理

一般财务管理功能包括会计核算和财务管理两部分。

1）会计核算

会计核算主要记录、核算、反映和分析资金在企业经济活动中的变动过程及结果，它由总账、应收账、应付款、现金管理、固定资产核算、多币制、工资核算、成本等部分构成。

（1）总账模块。该模块处理记账凭证输入、登记、输出日记账、一般明细账及总分类账，编制主要会计报表。它是整个会计核算的核心，应收账、应付账、固定资产核算、现金管理、工资核算、多币制等各模块都以其为中心来互相传递信息。

（2）应收账模块。该模块是指企业应收的由于商品赊欠而产生的正常客户欠款账，包括发票管理、客户管理、付款管理、账龄分析等功能。它和客户订单、发票处理业务相联系，同时将各项事件自动生成记账凭证，过入总账。

（3）应付款模块。会计里的应付款是企业应付购货款等账，包括发票管理、供应商管理、支票管理、账龄分析等。它能够和采购模块、库存模块完全集成以替代过去烦琐的手工操作，同时将各项事件自动生成记账凭证，过入总账。

（4）现金管理模块。该模块主要是对现金流入流出的控制以及对零用现金和银行存款的核算，包括对硬币、纸币、支票、汇票和银行存款的管理。在ERP中，提供票据维护、票据打印、付款维护、银行清单打印、付款查询和支票查询等与现金有关的功能。此外，它还和应收账、应付账、总账等模块集成，自动产生凭证，过入总账。

（5）固定资产核算模块。该模块完成对固定资产的增减变动以及折旧有关基金计提和分配的核算工作。它能够帮助管理者对目前固定资产的现状有所了解，并通过该模块提供的各种方法来管理资产，以及进行相应的会计处理。它的具体功能包括：登录固定资产卡片和明细账，计算折旧，编制报表，以及自动编制转账凭证，并过入总账。它和应付款、成本、总账模块集成。

（6）多币制模块。这是为适应当今企业的国际化经营对外币结算业务的要求增多而产生的模块。多币制将企业整个财务系统的各项功能以各种币制来表示和结算，而且客户订单、库存管理及采购管理等也能使用多币制进行交易管理。多币制和应收账、应付款、总账、客户订单、采购等模块都有接口，可自动生成所需数据。

（7）工资核算模块。该模块自动进行企业员工的工资结算、分配、核算以及各项相关经费的计提。它能够登录工资、打印工资清单及各类汇总报表，计算计提各项与工资有关的费用，自动作出凭证，过入总账。这一模块是与总账、成本模块集成的。

（8）成本模块。该模块依据产品结构、工作中心、工序、采购等信息进行产品的各种成本计算，以便进行成本分析和规划，它还能用标准成本或平均成本按地点维护成本。

2）财务管理

财务管理的功能主要是基于会计核算的数据，再加以分析，从而进行相应的预测、管理和控制活动。它侧重于财务计划、控制、分析和决策。

（1）财务计划。根据前期财务分析作出下期的财务计划、预算等。

（2）财务分析。提供查询功能和通过用户定义的差异数据的图形显示进行财务绩效评估、账户分析等。

（3）财务决策。它是财务管理的核心部分，中心内容是作出有关资金的决策，包括资金筹集、投放及管理。

2. 物流管理

1）销售管理

销售管理是从产品的销售计划开始，对其销售产品、销售地区、销售客户等各种信息的管理和统计，并可对销售数量、金额、利润、绩效、客户服务作出全面分析。在销售管理模块中，大致有以下几方面的功能：

（1）客户信息的管理和服务。建立客户信息档案，对其进行分类管理，进而进行针对性的客户服务，以达到最高效率地保留老客户、争取新客户的目的。

（2）销售订单的管理。销售订单是 ERP 的入口，所有的生产计划都是根据它下达并进行排产的。销售订单的管理贯穿了产品生产的整个流程，包括：①客户信用审核及查询；②产品库存查询；③产品报价；④订单输入、变更及跟踪；⑤交货期的确认及交货处理。

（3）销售的统计和分析。系统根据销售订单的完成情况，依据各种指标作出统计，如客户分类统计、销售代理分类统计，等等，然后就这些统计结果对企业的实际销售效果进行评价。

2）库存控制

用来控制存储物料的数量，以保证有稳定的物流支持正常的生产，但又最小限度地占用资本。它是一种相关的、动态的以及真实的库存控制系统。它能够结合、满足相关部门的需求，随时间变化动态地调整库存，精确地反映库存现状。

库存控制具体包括以下几方面的功能：①为所有的物料建立库存，决定何时订货采购，同时作为采购部门采购、生产部门作生产计划的依据；②收到订购物料，经过质量检验入库，生产的产品也同样要经过检验入库；③收发料的日常业务处理工作。

3）采购管理

用来确定合理的定货量、优秀的供应商和保持最佳的安全储备，并能够随时提供定购、验收的信息，跟踪和催促外购或委外加工的物料，保证货物及时到达。建立供应商的档案，用最新的成本信息来调整库存成本。具体包括：①供应商信息查询；②催货；③采购与委外加工统计；④价格分析。

3. 生产计划和控制管理

1）主生产计划

它是根据生产计划、预测和客户订单的输入安排未来各周期中提供的产品种类和数量，将生产计划转为产品计划，在平衡了物料和能力的需要后，精确到时间、数量的详细的进度计划，是企业在一段时期内总活动的安排，是一个稳定的计划，是根据生产计划、实际订单和对历史销售分析得来的预测产生的。

2）物料需求计划

在主生产计划决定生产多少最终产品后，再根据物料清单，把整个企业要生产的产品的数量转变为所需生产的零部件的数量，并对照现有的库存量，得到还需加工多少、采购多少的最终数量。这是整个部门真正依照的计划。

3）能力需求计划

这是在得出初步的物料需求计划之后，将所有工作中心的总工作负荷，在与工作中心的能力平衡后产生的详细工作计划，用以确定生成的物料需求计划是否是对企业生产能力而言可行的需求计划。能力需求计划是一种短期的、当前实际应用的计划。

4）车间控制

这是随时间变化的动态作业计划，是将作业分配到具体各个车间，再进行作业排序、作业管理、作业监控。

5）制造标准

在编制计划中，需要许多生产的基本信息，这些基本信息就是制造标准，包括零件、产品结构、工序和工作中心，都用唯一的代码在计算机中识别。

4. 人力资源管理

近年来，企业内部的人力资源越来越受到企业的关注，被视为企业的资源之本。于是，人力资源管理作为一个独立的模块，被加入到 ERP 系统，与 ERP 中的财务、生产系统共同组成一个高效的、具有高度集成性的企业资源系统。

1）人力资源规划的辅助决策

对于企业人员、组织结构编制的多种方案，进行模拟比较和运行分析，并辅之以图形的直观评估，辅助管理者作出最终决策。

制定职务模型，包括职位要求、升迁路径和培训计划，根据担任该职位员工的资格和条件，系统会提出针对该员工的一系列培训建议，一旦机构改组或职位变动，系统会提出一系列的职位变动或升迁建议。

进行人员成本分析，可以对过去、现在和将来的人员成本作出分析及预测，并通过 ERP 集成环境，为企业成本分析提供依据。

2）招聘管理

对招聘过程进行管理，优化招聘过程，减少业务工作量；对招聘成本进行科学管理，从而降低招聘成本；为选择聘用人员的岗位提供辅助信息，并有效地帮助企业进行人才资源的挖掘。

3）工资核算

根据公司跨地区、跨部门、跨工种的不同薪资结构及处理流程，制定与之相适应的薪资核算方法；与时间管理直接集成，能够及时更新，对员工的薪资核算动态化；通过与其他模块的集成，自动根据要求调整薪资结构及数据。

4）工时管理

根据本国或当地的日历，安排企业的运作时间以及劳动力的作息时间表；运用远程考勤系统，可以将员工的实际出勤状况记录到主系统中，并把与员工薪资、奖金有关的时间数据导入薪资系统和成本核算中。

5）差旅核算

系统能够自动控制从差旅申请、差旅批准到差旅报销的整个流程，并且通过集成环境将核算数据导入财务成本核算模块中去。

4.1.3　ERP 的主要特征

ERP 实现了广泛的管理功能，在环境上支持多种生产类型、多种经营方式、多种业务，在应用上采用图形、模拟、决策等多种方法，在技术上支持开放的客户机/服务器（C/S）系统。

ERP 的主要特征表现在以下几个方面：

（1）体现了供应链管理的思想。ERP 除了 MRP Ⅱ 系统的制造、分销、财务管理功能外，还支持整个供应链上物料流通体系中供、产、需各个环节之间的运输管理和仓库管理，支持生产保障体系的质量管理、实验室管理、设备维修和备品备件管理，支持对工作流的管理。

（2）扩充了生产方式的支持范围。一般可将企业归类为几种典型的生产方式进行管理，如重复制造、批量生产、按订单生产、按订单装配、按库存生产等，每一种类型都有一套相应的管理标准。而在 20 世纪 80 年代末期和 90 年代初期，为了适应市场的变化，多品种、小批量生产以及看板式生产等则成为企业采用的主要生产方式，由单一生产方式向混合型生产发展，而 ERP 则能很好地支持和管理混合型制造环境，满足了企业多元化经营的需求。

（3）加强对企业的控制。MRP Ⅱ 是通过计划的及时滚动来控制整个生产过程的，实时性较差，一般只能实现事中控制。而 ERP 系统则支持在线分析处理、售后服务及质量反馈，强调企业的事前控制能力，它可以通过对设计、制造、销售、运输等的集成来并行地进行各种相关作业，为企业提供对质量、市场变化、客户满意、绩效等关键问题的实时分析功能。

（4）实现跨国经营和管理。现在企业的发展，使得企业内部各个组织单元之间、企业与外部业务单元之间的协调越来越多、越来越重要。ERP 系统应用完整的组织架构，可以支持跨国经营多国家（地区）、多工厂、多语种、多币制的应用需求。

（5）使用先进的信息技术。随着 IT 技术的飞速发展和网络通信技术的应用，ERP 系统现已对整个供应链信息进行集成管理。ERP 系统采用客户机/服务器（C/S）体系结构和分布式数据处理技术，可以支持 Internet/Intranet/Extranet、电子商务、电子数据交换的应用。此外，它还能实现在不同平台上的交互操作。

■4.2　客户关系管理（CRM）系统

对企业来说，客户关系管理（customer relationship management，CRM）是一个既古老又充满新意的话题。作为一个古老的话题，实际上自人类有商务活动以来，客户关系就一直是商务活动中的一个核心问题，也是商务活动成功与否的关键因素之一。作为充满新意的话题，对企业来说，客户关系是现代企业商务活动的巨大信息资源，企业所有商务活动所需要的信息几乎都来自 CRM，同时，面对经济全球化的趋势，CRM 已经成为企业信息技术和管理技术的核心。

4.2.1　客户关系管理概念的提出

到底是谁提出了 CRM 这个概念，目前大家普遍接受的是 CRM 于 1997 年由美国著名研究咨询机构 Gartner Group 提出。但是，也有一些机构和个人提出了不同的看法：

（1）Aberdeen 公司的 Hugh Bishop 创立了 CRM 这个词。他现在还在这个领域进行研究和实践。

（2）这个名词是 20 世纪 80 年代初由很多商业学院的研究人员提出来的。如美国 Emory 大学 Goizueta 商业学院的 Jagdish Sheth 博士，他的网址是 http：//www. jagsheth. com/。

（3）匹兹堡的 Innovative Systems 公司已经用这个词 10 年了。作为数据质量方面的专业公司，该公司一直关注开发直接的客户关系，并将其作为全面客户关系管理的一部分。

（4）著名的 CRM 专家 Dick Lee 认为，CRM 是 DCI 在 1988 年赞助和举办的一次竞赛的产物。当时，他刚刚出版了自己的第一本书 *Sales Automation Survival Guide*，在这本书中，他用了"关系管理"（relationship management）一词。

（5）20 世纪 90 年代前期，有很多在销售自动化方面领先的企业（如 Brock Control System，现在已经更名为 First Wave）。90 年代中期，Siebel 加入了竞争行列，它在使得 CRM 成为一个术语和软件名词方面发挥了很大的作用。

4.2.2　客户关系管理的概念

自从 Gartner Group 提出 CRM 的概念以来，许多研究机构和生产厂商都基于自己的理解提出了对 CRM 的不同定义，比较典型的有 10 多种。

（1）CRM 的首创者 Gartner Group 认为，CRM 是迄今为止规模最大的 IT 概念，它将看待客户的概念从独立分散的单个部门提升到了企业的层面，虽然与每个客户的具体交互行为是由每个部门来完成的，但却由企业对客户负全面责任。为了实现 CRM，企业与客户联系的每一个环节都应实现自动化管理。营销自动化在此方面扮演着十分重要的角色，它是连接企业前台和后台办公以及企业间共享客户信息的最根本环节，它与销售、客户服务以及后台办公一起构成了企业的 CRM，从而为企业提供了全方位的管理视角，赋予企业更完善的客户交流能力，并使客户的收益率最大化。

（2）著名咨询机构 Hurwitz Group 认为，CRM 的焦点是自动化并改善与销售、市场营销、客户服务和支持等领域的客户关系有关的商业流程。CRM 既是一套原则制度，也是一套软件和技术。它的目标是缩减销售周期和销售成本、增加收入、寻找扩展业务所需的新的市场和渠道，以及提高客户的价值、满意度、便利性和忠实度。CRM 应用软件将最佳的实践具体化并使用先进的技术来协助各企业实现这些目标。CRM 在整个客户生命期中都以客户为中心，这意味着CRM 应用软件将客户当作企业运作的核心。CRM 应用软件简化协调了各类业务功能（如销售、市场营销、服务和支持）的过程，并将注意力集中于满足客户的需要上。CRM 应用还将多种与客户交流的渠道，如面对面、电话接洽以及Web 访问协调为一体，这样，企业就可以按客户的喜好使用适当的渠道与之进行交流。

（3）"蓝色巨人"IBM 对 CRM 的定义包括两个层面的内容。首先，CRM 是企业的商务目标。企业实施 CRM 的目的，就是通过一系列的技术手段了解客户目前的需求和潜在客户的需求。如果企业能牢牢抓住这两点，就能够适时地为客户提供产品和服务。CRM 不是一个"看上去很美"的空洞目标，它是有一系列技术手段作为支持的。其次，企业要整合各方面的信息，使企业对某一个客户的信息了解，达到完整性和一致性。企业应对分布于不同的部门、存在于客户所有接触点上的信息进行分析和挖掘，分析客户的所有行为，预测客户下一步对产品和服务的需求。分析的结果又反馈给企业内的相关部门，相关部门根据客户的需求，进行一对一的个性化服务。IBM 所理解的客户关系管理包括企业识别、挑选、获取、发展和保持客户的整个商业过程。IBM 把客户关系管理分为三类：关系管理、流程管理和接入管理。

（4）惠普公司认为，CRM 不仅仅是一个软件，对企业来讲，它首先是一个商业战略，是帮助企业实现管理理念变化的工具。很多人认为，CRM 就是销售自动化，或者是对市场活动的管理，或者说是呼叫中心，这些看法都是片面的。CRM 实际上是给企业提供了一种工具，通过这种工具，企业可以透过多种渠道为客户提供全方位的服务，这些渠道包括电话、电子邮件、无线通信（如手机、PDA）或者面对面的方式。所提供的活动既涉及市场部门、销售部门，同时还涉及技术支持和服务等部门。CRM 是一个复杂的系统集成工程，需要进行复杂的集成，需要与 ERP 系统集成，需要与财务系统集成，还需要与订单管理系统集成。实施 CRM 的最终目的是帮助企业增加收入，提高利润，提高客户满意度。

（5）Oracle 认为，CRM 是一种旨在改善企业与客户之间关系的新型管理机制，它实施于企业的市场营销、销售、服务与技术支持等与客户有关的领域。CRM 的目标是，一方面通过提供更快速和更周到的优质服务，吸引和保持更多的客户；另一方面通过对业务流程的全面管理降低企业的成本。CRM 既是一种概念，也是一套管理软件和技术。利用 CRM 系统，企业能搜集、追踪和分析每一个客户的信息，从而知道他们是谁、他们需要什么，并把客户想要的送到他们手中。CRM 还能观察和分析客户行为对企业收益的影响，使企业与客户的关系及企业盈利都得到最优化。

（6）数据仓库业务的全球领导者 NCR 认为，客户关系管理是企业的一种机制。企业通过与客户不断地互动，为客户提供信息并进行交流，以了解客户和影响客户的行为，进而留住客户，不断增加企业的利润。通过实施客户关系管理，能够分析和了解处于动态过程中的客户状况，从而搞清楚不同客户的利润贡献度，选择应该供应何种产品给何种客户，以便在合适的时间通过合适的渠道与客户进行交易。在客户关系管理中，管理机制是主要的，技术只是一个部分，是实现管理机制的手段而已。实施客户关系管理，主要在于企业的组织、流程以及企业文化方面的变革。

（7）美国艾克公司通过长期以来总结的经验认为，"客户关系管理，就是把'用心'和'科技'结合起来"。真正的 CRM 只有做到 CCPR，才能更好地维系客户关系。CCPR 即让客户更方便（convenient），对客户更亲切（care），个人化（personalized）与立即反应（real-time）。

（8）资源管理研究中心（AMT）的 CRM 研究小组认为，CRM 是通过采用信息技术，使企业的市场营销、销售管理、客户服务和支持等经营流程信息化，实现客户资源有效利用的管理软件系统。其核心思想是以"客户为中心"，提高客户满意度，改善客户关系，从而提高企业的竞争力。

（9）CRM 源于"以客户为中心"的商业模式，是一种旨在改善企业与客户之间关系的管理机制。它实施于企业的市场、销售、技术支持等与客户有关的工作部门。目的在于通过提供快速、周到、优质的服务来吸引和保持更多的客户，通过优化面对客户的工作流程，减少获取客户和保留客户的成本。

（10）还有学者从静态层面和动态层面两个角度定义 CRM。他们认为，在静态层面，可以将 CRM 概括为一种管理思想在管理软件系统中的体现。其目标是通过采用信息技术，使企业市场营销、销售管理、客户关怀、服务和支持等经营环节的信息有序地、充分地、及时地在企业内部和客户之间流动，实现客户资源的有效利用。其核心思想是将客户群体看做企业宝贵的外部资源，并第一次将客户的所有权提升到企业一级而不是单个部门。从动态的方面考察，CRM 的生命周期又包括数据集成、客户分析、面向客户的战略决策三个阶段，其中，CRM 实施成功与否的关键是第二步，即要用先进理念和精准模型对集成化数据进行模拟和分析，从而挖掘客户的潜在价值，发展潜在客户。

归纳上述国外著名机构、跨国公司以及国内学者对客户关系管理的诠释，我们可以认为：

CRM 始终强调以客户为中心，是一种顾客驱动的模式。它是通过将先进的计算机应用技术与优化的管理方法相结合，建立、收集、使用和分析客户信息的系统，这个系统的信息由企业各部门共享，以便统一对客户进行系统的研究。研究的中心不是建立模型，而是建立关系，使业务部门能够协同建立和维护一系列与客户之间卓有成效的"一对一关系"，建立有关老客户、新客户、潜在客户的档案，从中找出有价值的客户，并且不断挖掘客户的潜力，开拓企业的市场，以获得最大的利润。

CRM 是一个与客户交往、利用客户信息作出决策的动态的过程，包括三个阶段：①客户获取。即识别企业最有价值的客户，并考虑以适当的途径去吸引他们，而不是采用无差别策略对待每一个客户。②客户开发。即了解客户的需求，如他们喜欢什么、愿意用什么方式、什么时间得到，并根据企业的能力考虑怎样来满足他们的需求。③客户保持。即实际执行方案，为客户提供满意的服务，从而与客户建立起牢固的关系，维持和提升客户的忠诚度。在 CRM 中，客户信息的管理是实施 CRM 的基础内容。

同时，CRM 也是一种信息技术，它将数据挖掘、数据仓库、一对一营销、销售自动化以及其他信息技术与最佳的商业实践紧密结合在一起，为企业的销售、客户服务和决策支持等领域提供一个业务自动化的解决方案，使企业拥有一个基于电子商务的面对客户的前沿，从而顺利实现由传统企业模式向以电子商务为基础的现代企业模式的转化。

对于现代企业来说，CRM 不仅是一种改善企业与客户之间关系的管理机制，更是一种现代企业活动的管理机制。它用于企业的市场营销、销售、服务与支持等各个与客户有关的方面。这种管理机制能使企业在营销、销售、服务与支持各个方面形成一种协调的关系，通过信息共享和优化商业流程有效降低企业的经营成本。

CRM 本身是一种管理方法，它借助于信息技术，迅速地发展成为软件。CRM 软件体现、糅合了 CRM 的思想、观念和技术。CRM 所带来的效益的诱惑力和增强市场竞争力的良好前景，使 CRM 软件一经出现就得到各个行业的青睐，CRM 软件的应用遍及制造、金融、保险、软件、科技等各个行业。

4.2.3　客户关系管理系统的主要功能

客户关系管理系统具有销售管理、营销管理、客户服务与支持，以及商务智能等功能。

1. 销售管理

销售管理的主要功能包括商业机会和传递渠道管理、日程安排管理、客户账户管理、销售预测与目标管理、销售队伍及领域管理、商品信息及报价管理，以及费用和佣金管理等。

（1）商业机会和传递渠道管理。对潜在的机会进行测评分析和比较，将结果以开放的形式允许销售人员进行浏览——允许销售人员随时获得关于所有潜在客户的参与人、产品预期利润、价格，以及联络、交易历史和机会价值等信息。机会管理过滤掉潜在客户中小的机会价值，并对机会生命周期中的各个细节进行监控，从而提高了销售人员的工作有效性和经济性。

（2）日程安排管理。根据销售活动的具体信息，协助销售人员制定相应的计划，并通过业务流的形式对计划进行审批、执行跟踪、信息反馈和控制，而销售人员会得到具体的行动安排，以及完成销售活动的多项信息提示。系统还会根据对目标客户发布新产品信息和企业信息以及问候，密切企业与客户之间的关系，形成良性的、有价值的客户关系。

（3）客户账户管理。为每个客户及其他利益相关者建立账户档案，记录其详细信息供销售人员浏览，使销售人员及时掌握市场动态和客户资料，便于有针对性地开展销售活动。

（4）销售预测与目标管理。根据对以往销售数据信息及当前市场的统计分析，预测当年的销售情况，制定相应的销售额度。

（5）销售队伍及领域管理。对销售队伍的分派及区域的划分，对领域（省、市、邮编、地区、行业、相关客户、联系人等）进行划分、维护和重新设置。

（6）商品信息及报价管理。包括商品特性及价格维护、查询及组合报价，以统一企业的市场行为。销售人员通过该功能，可以了解产品，对多项产品进行组合报价，极大地减少了人工计算量。

（7）费用和佣金管理。根据销售计划中的预算计划，对销售活动费用进行总体控制和明细控制，实现远程财务结算。同时，该模块还创建和管理销售队伍的奖励和佣金计划，提高奖励和佣金的透明度。

典型功能模块是销售过程自动化（sales force automation，SFA）。SFA 主要用来提高专业销售人员大部分活动的自动化程度。它包含一系列功能，使销售过程自动化，并向销售人员提供工具，提高其工作效率。它的功能一般包括日历和日程安排、联系和账户管理、佣金管理、商业机会和传递渠道管理、销售预测、建议的产生和管理、定价、领域划分，以及费用报告等。

2. 营销管理

营销管理的主要功能包括项目管理、客户线索分配、自动客户追踪管理和市场分析报告。

（1）项目管理。用户可以对项目进行跟踪管理，从而能够很清楚地知道哪些活动是有效的，并及时调整那些无效的工作。还可通过图表分析了解哪些是最具价值的用户，从而进一步精确地制定市场计划。

（2）客户线索分配。用户制定规则，然后可以按照这个规则自动地将客户线索分配给市场人员，并可跟踪管理这条线索。如果发现市场人员并没有跟踪这条线索，则可以及时作出相应的调整。

（3）自动客户追踪管理。用户可以根据吸引用户注意的市场推广活动来制定自动的市场活动流程。如果客户购买了产品，则系统会自动将他添加到有价值的客户名单中，并在下次市场推广活动中将其列为重点对象。

（4）市场分析报告。根据综合的数据产生报告，分析获得这个客户的途径、所需成本及本次市场活动所产生的客户线索的数量，以便用户分析投入的回报率，为今后的市场决策提供支持。

典型功能模块是营销自动化（marketing automation，MA）。MA系统直接与客户进行通信，直接了解客户的需求。MA系统必须确保产生的客户数据和相关的支持资料能够以各种有效的形式散发到各种销售渠道。反过来，销售渠道也必须及时返回同客户交互操作的数据，以便系统及时对本次营销战役进行评估和改进。对于已经建立固定联系的客户，MA系统应该紧密地集成到销售和服务项目中去，从而实现下列目标：一是同具有特殊要求的客户进行交互操作（个性化营销）。二是在一个B to B模式的环境中，确保不同产品间关系的清晰；在一个B to C环境中，要尽可能发现B to C和B to B之间的可能关系。

3. 客户服务与支持

客户服务与支持的主要功能包括客户信息管理、安装产品的跟踪、服务合同管理、求助电话管理、退货和检修管理、投诉管理和知识库，以及客户关怀等。

（1）客户信息管理。它记录、集成和整合企业各部门、每个人所接触的所有客户相关资料，为业务流程运行和决策提供了基础信息和原始数据。包括：对客户类型的划分、客户基本信息；客户联系人信息；企业销售人员的跟踪记录；客户状态；客户购买行为特征；客户服务记录；客户维修记录；客户订单记录；客户对企业及竞争对手的产品服务评价；客户建议及意见，等等。

（2）安装产品的跟踪。服务与支持是根据产品发货，自动更新销售或保修产品记录以及购买者信息来进行管理的。它是按照保修项目规定的服务内容和条件进行服务的。

（3）服务合同管理。在客户服务与支持中，预设了各种服务合同的样本，规定了服务条件、服务方式（热线电话、现场维修等）、服务人员、产品费用及有效范围等各项内容，并协助缩短收账周期，还可以与销售管理的开发票作业线联系，开出发票。

（4）求助电话管理。求助电话是一种较为常见的服务方式。对于客户的求助电话，都应按照制定的优先权规则得到及时处理，并且及时进行服务人员的分派，以确保客户能尽快得到回音。求助电话管理可以记下求助所需的配件和人工，按配件价格和服务费用开出订单，可以为补充服务配件的储存量下订单，也可以根据预设的标准检修程序，记录配件和人员信息，开出发票。

（5）退货和检修管理。如果产品有问题需要退货，应利用物料审核功能进行退货审核。当收到退货时，可以发出替代物品，或者在检修之后入库。

（6）投诉管理和知识库。当客户提出投诉问题时，投诉接待员将投诉的有关内容记录在计算机中，同时这部分投诉内容将作为客户管理中客户信息的一部分。如果是常见的问题，可以通过知识库迅速找到常见问题的标准解决方案，这样就缩短了解决问题的时间，使客户满意度上升。如果投诉问题的解决过程比较长，投诉管理系统可以给相关人员分配任务，并跟踪投诉的处理过程。

（7）客户关怀。依据分析工具对客户的满意度、销售额、忠诚度、利润贡献进行分析，然后根据分析结果制定客户关怀计划。由于客户关怀和 CRM 的其他功能集成，所以制定的客户关怀计划可以自动执行，相应的任务步骤可以在其中进行描述和设置，并且自动分配给各个责任人。

4. 商务智能

当销售功能、营销功能和客户服务与支持三方面的功能实现之后，将会产生大量客户和潜在客户的各方面的信息。这些信息是宝贵的资源，利用这些信息可以进行各种分析，以便产生涉及客户关系方面的商务智能方案，供决策者及时作出正确的决策。因此，客户关系管理系统除了以上三方面功能之外，还有商务智能（business intelligence，BI）功能。

商务智能包括销售智能、营销智能、客户智能等内容。CRM 的商务智能是一种通过数据挖掘产生报表，并对报表进行分析和决策支持的工具。商务智能的概念由 IBM 公司提出。IBM 推出了帮助企业规划、执行、修正并跟踪企业市场营销活动的全新商业智能软件（decision edge for campaign management，DECM）。DECM 软件是端到端客户关系管理解决方案中的重要部分。它不但能够对来自事务处理系统、呼叫中心、网站的顾客信息进行处理，使公司的所有部门共享这些信息，而且可以通过顾客选择的渠道发送信息。这样，市场经理就可以更加全面地了解顾客的关系状况，并有效评价市场营销活动的结果。商务智能包括专家系统、神经网络、遗传算法和智能代理几个方面。

4.3　供应链管理（SCM）系统

4.3.1　供应链管理的概念

1. 供应链的概念

所谓供应链（supply chain）是一种业务流程模型，是指由产品在到达消费者手中之前所涉及的原材料供应商、生产商、批发商、零售商以及最终消费者组成的供需网络，它包括物料来源、产品生产、运输管理、仓库管理甚至需求管理，通过这些功能的集合，把产品和服务提供给最终消费者。它是围绕核心企业，通过对物流、资金流、信息流的控制，从采购原材料开始，到中间产品以及最终产品，最后由分销网络把产品送到消费者手中，全过程涉及供应商、制造商、分销商、零售商、最终消费者的一个功能网链结构模式。供应链的概念是从生产扩大化概念发展而来的，它将企业的生产经营活动进行了前伸和后延。前伸是指将供应商的活动视为生产经营活动的有机组成部分而加以控制和协调；后延是指将生产经营活动延伸至产品的销售和服务阶段。

供应链是一条需求链，因为它是企业之间为满足消费者的需求而进行的业务上的联合，通过计划、获得、存储、分销、服务等一系列活动，上游为下游供应物料，下游对上游产生物料需求。

同时，供应链又是一条增值链，因为从原材料加工、产品流通，直至产品送到消费者手中的整个过程，各相关企业可以提供附加的增值产品和增值服务，为供应链增加价值，物料在供应链上因加工、包装、运输等过程也增加了价值，给相关企业和消费者带来收益。所以，美国管理学家迈克尔·E. 波特又称之为价值链。

供应链一般分为内部供应链和外部供应链。内部供应链是指企业内部产品在生产和流通过程中所涉及的采购部门、生产部门、仓储部门、销售部门等组成的供需网络。外部供应链则是指涵盖企业的与企业相关产品的生产和流通过程中所涉及的供应商、生产商、储运商、零售商以及最终消费者组成的供需网络。

供应链经历了从初期单纯的企业内部供应链，发展为包含企业内部供应链，围绕核心企业，包括上游供应商的供应商、下游客户的客户的集成供应链两个阶段。

集成供应链（intergrated supply chain），是指把供应商、制造商、分销商、零售商等在一条网链上的所有环节都联系起来并进行优化，其实质在于企业与相关企业形成融会贯通的网络整体，对市场进行快速反应。供应链的集成，实质就是将上、下游企业有机地连在一起，形成同步的网络体系，使企业与其上、下游之间建立有形或无形的联系，对市场需求作出快速反应（quick response，QR）。供应链的集成，改变了过去仅仅在供应链中将费用从一个口袋转移到另一个口袋的做法，它优化了整个供应链的执行，给最终客户提供了最优的价值。另外，它还多方位地影响了市场，比如，形成了宽口径、短渠道的流通体系，大大提高了流通效率；促进了流通现代化和信息技术在各领域的广泛应用；使产品竞争压力由消费者通过流通体系向生产者快速传递，迫使生产者提高产品品质，降低成本，以满足市场需求。

2. 供应链管理的概念

"供应链管理"（supply chain management，SCM）一词在 20 世纪 80 年代中期的一些物流文献中开始使用时，着眼于削减在库产品流程，以及供给者与需求者之间的供需调整，特别是对于像零售业、食品行业等需要较多在库产品的产业，通过上游企业和下游企业的整合，集中管理整个流通渠道的物质流，可以获得强大的竞争优势。此后，供应链管理的观念逐渐向计算机、复印机等各种产业延伸。供应链管理兴起的原因，主要在于企业所面临的市场及竞争环境发生了巨大变化及其相应的战略调整的要求。进入 20 世纪 80 年代以来，顾客在买卖关系中基本占据了主导地位，市场由卖方市场转变为买方市场。为适应这种转变，许多企业开始实行由"以产品为中心"到"以顾客为中心"的转变，企业的生产方式变企业"推动"为顾客需求"拉动"，采取"敏捷制造"的方式。日本企业开始采用全面质量管理（TQC）、物料需求计划（MRP）、制造资源计划（MRPⅡ）、准时生产制（JIT）和柔性制造系统（FMS），提高了企业的应变能力，使日本的制造业得到迅猛发展，产品和资本向欧美大举挺进。欧美企业为应对这种国际化竞争，向日本学习精细生产方式，提出了"敏捷制造"（AM）的概念，以及基于敏捷制造的虚拟企业（VE）概念和供应链管理这一新的经营与运作模式。

供应链管理是指对整个供应链系统进行计划、协调、操作、控制和优化的各种活动和过程。其目标是将满足客户需要的产品在正确的时间，按照正确的数量、正确的质量和正确的状态送到正确的地点，并使总成本最小或总收益最大。它是一种集成的管理思想和方法，执行供应链中从供应商到最终消费者的物流的计划与控制等职能。它也是一种管理策略，主张把不同企业集成起来以增加供应链的效率，注重企业之间的合作，把供应链上的各个企业作为一个不可分割的整体，使供应链上各个企业分担的采购、分销和销售职能成为一个协调发展的有机体。供应链管理的范围包括从最初的原材料直到最终产品到达最终消费者手中的全过程，管理对象是在此过程中所有与物资流动及信息流动有关的活动和相互之间的关系。

要成功地构筑并实施供应链管理，使供应链管理真正成为有竞争力的武器，就要抛弃传统的管理思想，把企业内部以及结点企业的采购、生产、财务、市场营销、分销看做一个整体的功能过程，来开发集成化的供应链管理。通过信息、制造和现代管理技术，将企业生产经营过程中有关的人、技术、经营管理三要素有机地集成并优化运行。通过对生产经营过程的物料流、管理过程的信息流和决策过程的决策流进行有效的控制和协调，将企业内部的供应链与企业外部的供应链有机地集成起来进行管理，达到全局动态最优目标，以适应新的竞争环境中市场对生产和管理过程提出的高质量、高柔性、低成本要求。

供应链管理利用现代信息技术，通过改造和集成业务流程、与供应商以及客户建立协同的业务伙伴联盟、实施电子商务，简化了供应链或商务环节，缩短了工作时间，降低了管理成本，大大提高了企业的竞争力，使企业在复杂的市场环境中立于不败之地。从基础设施的角度看，传统的供应链管理一般是建立在私有专用网络上的，这需要投入大量的资金，只有一些大型的企业才有能力进行自己的供应链建设，并且这种供应链缺乏柔性。而电子商务使供应链可以共享全球化网络，使中小型企业以较低的成本加入到全球化供应链中。从通信的角度看，通过先进的电子商务技术（如 XML、OBI 等）和网络平台，可以灵活地建立起多种组织间的电子连接，如组织间的系统（inter-organization systems，IOS）、企业网站、企业外部网（Extranet）、电子化市场等，从而改善商务伙伴间的通信方式，将供应链上企业的各个业务环节孤岛连接在一起，使业务和信息实施集成和共享，使一些先进的供应链管理方法变得切实可行。根据有关资料统计，供应链管理的实施可以使企业总成本下降 10%，供应链上的结点企业按时交货率提高 15% 以上，订货-生产的周期时间缩短 25%～35%，供应链上的结点企业生产率增值提高 10% 以上，等等。这些数据说明，供应链企业在不同程度上都取得了发展，其中以"订货-生产的周期时间"的缩短最为明显。能够取得这样的成果，完全得益于供应链企业相互合作、相互利用对方资源的经营策略。

随着电子商务的推广，集成供应链管理（intergrated supply chain management）已成为供应链管理发展的新方向。所谓集成供应链管理，是指跨越供应链的多个环节或功能来协调计划的内在机制。具有这种内在机制的供应链管理系统称为集成供应链管理系统。它能够及时传递信息、准确协调决策者与系统的行为，与原来的供应链管理相比，具有敏捷性和灵活性。优化供应链管理系统的功能，使供应链的各环节、各功能实现最佳配合与协调，共同保证供应链目标的实现，这是集成供应链管理的目标。集成供应链管理系统研究的内容主要包括供应链的需求和资源预测、供应链的服务水平、供应链运作的多层次计划、供应链的控制机制、供应链的分析诊断咨询、供应链的设计开发和改进、供应链计划的执行、供应链活动的指挥协调、供应链的效益评价，以及供应链的竞争力分析等。基于电子商务的供应链管理信息组织与集成模式如图 4-1 所示。

4.3.2 供应链管理系统的功能

按照 SCM 的发展，可将 SCM 系统的功能分为两种情况：一种是初期的 SCM 系统的功能；另一种是集成的 SCM 系统的功能。

1. 初期的 SCM 功能

1）供需管理

供需管理是 SCM 的重要功能，包括供应商与客户的信息和进度管理（图 4-2）。从图 4-2 中可以看出，供应链的需求是由客户、分销中心、仓库、工厂B、工厂A 流向供应商的，也可以直接由客户、公司流向供应商。供应链的供应是由供应商、工厂A 或 B、仓库、分销中心流向客户的。

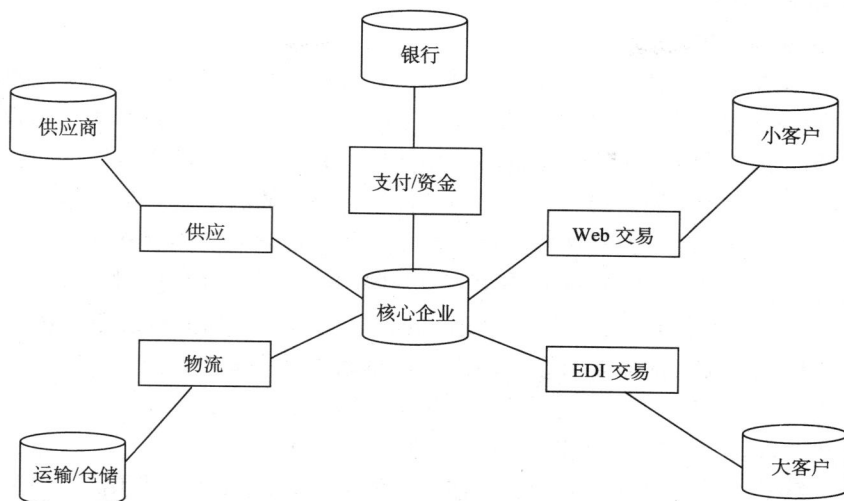

图 4-1　基于电子商务的供应链管理信息组织与集成模式

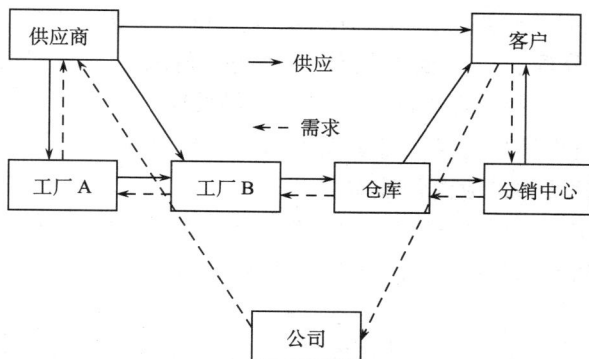

图 4-2　供应链的供需管理

供应商的信息和进度由采购功能来管理，客户信息和进度由销售功能来管理，企业内部供应与需求由制造、库存、运输功能模块来管理。所有的供需信息可以通过不同的结点来进行收集，供需信息自动在数据库之间传递。

2）物料管理

在具备了供需信息之后，可以根据这些信息来编制计划和执行计划。制造工厂可以通过物料清单、库存控制、加工单、质量管理等来管理自身的生产过程。

3）财务管理

供应链的财务管理主要是管理供应商、制造商和客户之间的资金往来情况，即应收款与应付款。同时，制造商也要对内部资金的往来情况进行管理，控制现金流量和降低成本。

2. 集成的 SCM 功能

到了 SCM 的发展阶段，SCM 的内容更为深入和广泛。不仅供应链管理的短期计划得到重视，供应链管理的长期计划也引起了管理者的重视。从短期看，管理者们关心的是何时采购何种原材料，如何充分利用生产资源安排好生产，怎样合理安排运输路线，如何编制履行合同的计划，怎样履行对客户的承诺……从长期来看，管理者们关心的是选用怎样的策略与供应商建立关系，在何处设立工厂为宜，怎样才能建立国际运输网络，如何开展网络营销，如何应对产品供不应求的局面……这一切都是 SCM 需要解决的问题，而这些问题的解决不仅依赖于企业之间的信息系统，还需要有企业内部的信息系统和决策支持系统 DSS 的支持。供应链中的 DSS 又称高级计划排程（advanced planning and scheduling，APS）。利用 APS 可以帮助进行物流网络设计、存货的配置、配送中心选址、库存产品管理、运输的调度、资源的分配、运输路线的安排、需求计划的预测、供应计划的制定、产品产量的确定、仓库的数量及大小的决定等各项工作。

1）采购管理

集成 SCM 的采购管理，即 Internet 采购，包含采购自助服务、采购内容管理、供货来源的分配、供应商的协作、收货及付款、采购智能等功能。集成 SCM 的采购与传统采购管理不同，它是由交易关系转变为合作伙伴关系，由为避免缺料的采购管理转变为满足订货而采购，由被动供应链转变为主动供应，由制造商管理库存转变为供应商管理库存。

在采购管理中，可以运用及时系统的原理，做到及时采购，实现零库存，以最低的价格获得所有的物料，以最大限度地降低成本。

2）销售管理

集成 SCM 的销售订单管理具有客户自助服务、订单配置、需求获取、订单履行、开票以及销售智能等功能。集成 SCM 的销售与传统销售管理不同，它是由推式市场模式转变为拉式市场模式，由以制造商为中心转变为以客户为中心，由等待型销售转变为创造性销售，由一般渠道销售转变为网络营销。

在销售订单管理中，运用客户价值的管理，利用由传统的虚拟的信息源所获得的需求信息，对客户的要求迅速作出反应，以达到扩大销售、提高利润的目标。

3）高级计划排程（APS）

高级计划排程是实现集成 SCM 的重要部分，包括综合预测、供应链计划、需求计划、制造计划和排程、供应链智能等功能。高级计划排程是传统管理中所缺少的功能，它的功能是可以发展多设备分布和生产计划，利用 Internet 优化企业在全球的供应链业务，通过分销需求计划（DPR）和供应链计划（SCP）帮助企业得到快捷无缝的计划系统。没有 APS，SCM 只能作为一种管理理念，而不能成为计划和协同的工具，更不可能成为可推广的软件。

SCM 的敏捷制造是集成化 SCM 的一部分，它拥有多模式制造、混合制造、国际化、质量与成本管理以及运作智能等功能。敏捷制造使用最佳的制造方案来提高运营效率和加速业务周转。

4）交易平台

除了以上功能之外，集成 SCM 还为用户提供交易平台，具有订单目录、现货购买、来源分配、拍卖、付款、后勤管理、协作计划与排程、关键绩效指标等功能。

在集成 SCM 中，有各种形式的交易平台，包括：一对一模式，即一个企业与另一个企业相链接，它们的信息系统也链接起来；一对多模式，即一个企业通过交易平台与多个企业链接，从信息系统的角度来看，可以是一个企业的一个或多个应用系统通过交易平台与多个企业链接；多对多模式，即多个企业与多个企业通过交易平台链接。无论是一对一模式或是一对多模式，还是多对多模式，在交易平台中，企业与客户、供应商交换的都是制造、财务、需求计划、服务等信息。

通过交易平台可以建立一种会员制，各企业以会员身份支付一定会费来参加交易活动。供应链上需要增加何种功能、什么时间增加，都由会员企业投票来决定。

4.3.3　供应链管理的实施

SCM 的实施与 ERP 的实施不一样，实施 SCM 的难度比较高。这是因为 ERP 的实施只涉及一个企业，而 SCM 的实施涉及企业外部，它包含上游及下游的许多企业。因此，这是一个需要有较高的集成度才能完成的事业。因此，建立一套切实可行且完美的实施方案就是一项必不可少的工作了。SCM 的实施包括以下环节。

1. 明确企业自身在供应链中的定位

供应链由原材料供应商、制造商、分销商、零售商、物流与配送商及消费者组成。一条富于竞争力的供应链要求组成供应链的各成员都具有较强的竞争力，不管每个成员为整个供应链做什么，都应该是专业化的，而专业化就是优势。在供应链中，总会有处于从属地位的企业。任何企业都不可能包揽供应链的所有环节，它必须根据自身的优势来确定自身的位置，制定相关的发展战略。比如，对自己的业务活动进行调整和取舍，着重培养自己的业务优势等。

2. 分析业务目标

供应链上的成员是为了共同的目标而走到一起来的，这个共同的目标就是降低成本，提高利润，加强竞争力。为了达到这个目标，必须研究销售、产品等各方面的问题，如供需信息如何快速传递，新产品开发速度如何掌握，怎样联合控制成本，如何共同参与质量的控制，准时交货如何做到……可以将各种目标按照重要程度进行排列。

3. 分析现有供应链

从计划、约束条件、运作以及业绩等方面来分析现有供应链中各结点所存在的问题。这些问题可以分为企业内部的、供应链方面的，以及与其他供应链竞争方面的。

在以上分析的基础上，可以确定 SCM 的战略目标、决定改革的方案，以及拟定 SCM 的设想。

4. 组建实施团队

实施团队由 SCM 的有关人员组成。他们是掌握一定产品知识的技术人员、管理部门和供应商之间联系的组织人员，以及具有决策权力的企业高层管理者。这个团队需要有一位充分了解各企业和供应链的领导者，他应该具有一定的组织能力和协调能力，能够处理好各方面的关系。

5. 选择合作伙伴

合作伙伴的选择也是 SCM 设计的首要工作。因为合作伙伴选择得是否恰当将会对 SCM 产生很大的影响。合作伙伴的选择是有原则的，那就是合作伙伴能增加产品的价值，提高销售水平，有效利用资源，加速运转过程，具有互补作用，增进技术合作。在选择供应商时，还可以对以上原则进一步具体化。如供应商是否能长期合作，供应的产品质量如何，供应商在行业中的经验如何，供应商的服务水平如何，供应商的信息系统是否建立，等等，可以通过调查研究选择理想的合作伙伴。

6. 广泛采用信息技术

目前，我国大量的生产企业处于由消费者引导生产的阶段，因此应该尽可能全面地收集消费信息。零售店铺的 POS 系统可以收集一部分信息，物流、配送环节的信息就比较难收集，这时可以通过应用条形码及其他一些自动数据采集系统进行采集，而且应该建立整个供应链管理的信息系统。

7. 建立物流、配送网络，组建供应链

企业的产品能否通过供应链快速地分销到目标市场上，取决于供应链上物流、配送网络的健全程度及市场开发状况等，物流、配送网络是供应链存在的基础。一个供应链在组建物流、配送网络时，应该最大限度地谋求专业化。当供应链各伙伴统一了认识、愿意建立合作关系之后，建立供应链的条件也就成熟了，接下来就可以组织组建供应链的各方签订协议。协议中要强调目标一致、信息共享和利益分享。

8. 对供应链进行绩效评价

国内许多实例证明：建立并控制一个包括广泛销售渠道在内的供应链不容易，而维护对整个供应链长久的领导力量更不容易。因此，需要对供应链进行绩效评价，包括三个方面：①对整个供应链的运行效果作出评价。主要考虑到供应链之间的竞争，为供应链在市场中的生存、组建、运行、撤销的决策提供客观依据。目的是通过绩效评价获得对整个供应链运行状况的了解，找出供应链运营中存在的问题，及时给予纠正。②对供应链内各企业作出评价。主要考虑供应链对企业的激励，吸收优秀企业加盟，剔除不良企业。③对供应链内企业之间的合作关系作出评价。主要评价上、下游企业之间的合作伙伴关系。

■ 4.4　电子商务与电子政务

4.4.1　电子商务的概念

互联网尽管在 20 世纪 70 年代已经用于科学研究，但真正普及还是在 90 年代。自 1995 年以后，随着 Internet 的使用，互联网开始被应用于企业内部的信息共享和沟通，后来又被广泛应用于企业与企业的联系、企业与顾客的联系等方面，由此发展成为电子商务。因此，电子商务是信息化社会的商务模式，是商务的未来。那么，什么是电子商务呢？

事实上，到今天为止，还没有一个较为全面、具有权威性的、能够为大多数人接受的电子商务的定义。各种组织、政府、公司、学术团体……都是依据自己的理解和需要为电子商务定义的。下面是一些具有代表性的定义，供大家参考。

（1）《中国电子商务蓝皮书：2001 年度》认为，电子商务指通过 Internet 完成的商务交易。交易的内容可分为商品交易和服务交易，交易是指货币和商品的易位，交易要有信息流、资金流和物流的支持。

（2）经济合作与发展组织（OECD）对电子商务的定义：电子商务是发生在开放网络上的包含企业之间（business to business）、企业和消费者之间（business to customer）的商业交易。

（3）世界贸易组织（WTO）认为，电子商务是通过电子方式进行货物和服务的生产、销售、买卖和传递。这一定义奠定了审查与贸易有关的电子商务的基础，也就是继承关贸总协定（GATT）的多边贸易体系框架。

（4）全球信息基础设施委员会（GIIC）电子商务工作委员会报告草案中对电子商务定义如下：电子商务是运用电子通信作为手段的经济活动，通过这种方式，人们可以对带有经济价值的产品和服务进行宣传、购买和结算。这种交易的方式不受地理位置、资金多少或零售渠道的所有权影响，是公有私有企业、公司、政府组织、各种社会团体、一般公民、企业家都能自由参加的广泛的经济活动，其中包括农业、林业、渔业、工业、私营和政府的服务业。电子商务能使产品在世界范围内进行交易，并向消费者提供多种多样的选择。

（5）欧洲经济委员会在比利时举办的全球信息社会标准大会上明确提出电子商务的定义是：电子商务是各参与方之间以电子方式而不是以物理交换或直接物理接触方式完成任何形式的业务交易。这里的"电子方式"包括电子数据交换（EDI）、电子支付手段、电子订货系统、电子邮件、传真、网络、电子公告系统条码、图像处理、智能卡等。

（6）加拿大电子商务协会给出的定义为：电子商务是通过数字通信进行商品和服务的买卖以及资金的转账，它还包括公司间和公司内利用 E-mail、EDI、文件传输、传真、电视会议、远程计算机联网所能实现的全部功能（如市场营销、金融结算、销售以及商务谈判）。

（7）美国政府在其《全球电子商务纲要》中比较笼统地指出：电子商务是通过 Internet 进行的各项商务活动，包括广告、交易、支付、服务等活动，全球电子商务将会涉及各个国家。

（8）IBM 公司的电子商务（E-business）概念包括三个部分：企业内部网（Intranet）、企业外部网（Extranet）和电子商务（E-commerce）。它所强调的是在网络计算环境下的商业化应用，不仅仅是硬件和软件的结合，也不仅仅是通常意义上的强调交易的狭义的电子商务（E-commerce），而是把买方、卖方、厂商及其合作伙伴在因特网、企业内部网和企业外部网结合起来的应用。它同时强调这三部分是有层次的：只有先建立良好的 Intranet，建立比较完善的标准和各种信息基础设施，才能扩展到 Extranet，最后扩展到 E-commerce。

（9）HP 公司提出电子商务（E-commerce）、电子业务（E-business）、电子消费（E-consumer）和电子化世界的概念。它对电子商务的定义是：通过电子化手段来完成商务贸易活动的一种方式。电子商务使我们能够以电子交易为手段完成物品和服务等的交换，是商家和客户之间的联系纽带。它包括两种基本形式：商家之间的电子商务，以及商界与最终消费者之间的电子商务。对电子业务的定义是：一种新型的业务开展手段。通过基于 Internet 的信息结构，公司、供应商、合作伙伴和客户之间，可以利用电子业务共享信息，E-business 不仅能够有效地增强现有业务进程的实施，而且能够对市场等动态因素作出快速响应并及时调整当前的业务进程。更重要的是，E-business 本身也为企业创造出了更多、更新的业务运作模式。对电子消费的定义是：人们使用信息技术进行娱乐、学习、工作、购物等一系列活动，使家庭的娱乐方式越来越多地从传统电视向 Internet 转变。

（10）通用电气公司（GE）对电子商务的定义是：电子商务是通过电子方式进行商业交易，分为企业与企业间的电子商务和企业与消费者之间的电子商务。

企业与企业间的电子商务：以电子数据交换 EDI 为核心技术，以增值网（VAN）和互联网（Internet）为主要手段，实现企业间业务流程的电子化，配合企业内部的电子化生产管理系统，提高企业从生产、库存到流通（包括物资和资金）的各个环节的效率。企业与消费者之间的电子商务：以 Internet 为主要服务提供手段，实现公众消费和服务提供方式以及相关的付款方式的电子化。

上述定义以不同角度，从广义和狭义上各抒己见，其中 GIIC 和 HP 给出的概念最广，它们强调电子商务包括一切使用电子手段进行的商业活动。但大多数定义还是将电子商务限制在使用计算机网络进行的商业活动。因为计算机网络特别是 Internet 的普及，使电子商务的应用十分广泛，也使得商业模式发生了根本性的改变。因此可以说，从宏观角度讲，电子商务是计算机网络带来的又一次革命，旨在通过电子手段建立一种新的经济秩序。它不仅涉及电子技术和商业交易本身，而且涉及诸如金融、税务、教育等其他社会层面；从微观角度来说，电子商务是指各种具有商业活动能力的实体（生产企业、商贸企业、金融机构、政府机构、个人消费者等）利用网络和先进的数字化传媒技术进行的各项商业贸易活动。

4.4.2　电子商务的基本模式

按照交易主体的不同，可以将电子商务划分为以下几种模式。

1. 企业-企业模式（B to B 模式）

企业对企业（business to business）的电子商务，指的是企业与企业之间依托 Internet 等现代信息技术手段进行的商务活动。例如，工商企业利用 Internet 等向供应商采购或利用网络付款等。对一个生产领域的企业来说，它的商务过程大致可以描述为：需求调查→材料采购→生产→商品销售→收款→货币结算→商品交割。当引入电子商务时，这个过程可描述为电子查询→进行需求调查→以电子单证的形式调查原材料信息→确定采购方案→生产→通过电子广告促进商品销售→以电子货币的形式进行资金接收→同电子银行进行货币结算→商品交割。而对于一个流通领域的商贸企业来说，由于它没有生产环节，电子商务活动几乎涵盖了企业的整个经营管理活动，因此它是利用电子商务最多的一类企业。通过电子商务，商贸企业可以更及时、准确地获取消费者信息，从而准确订货、减少库存，并通过网络进行促销活动，以提高效率、降低成本、获得更大利润。

2. 企业-消费者模式（B to C 模式）

企业对消费者（business to consumer）的电子商务，指的是企业与消费者之间依托 Internet 等现代信息技术手段进行的商务活动。也可以这样说，"它是以 Internet 为手段，实现公众消费及提供服务，并保证与其相关的付款方式的电子化。它是随着 WWW 的出现而迅速发展的，可以将其看做是一种电子化的零售"。目前，在 Internet 上遍布各种类型的商业中心，提供从鲜花、书籍、食品、饮料、玩具到计算机、汽车等各种消费商品和服务，几乎包括了所有的消费品。目前，在 Internet 的 WWW 网上有很多这一类型电子商务成功应用的例子，如全球最大的虚拟书店 Amazon，顾客可以自己管理和跟踪货物的快递公司 Federal Express，网上预订外卖食品的 Pizza Hut，等等。

3. 企业-政府模式（B to G 模式）

企业对政府（business to government）的电子商务，指的是企业与政府机构之间依托 Internet 等现代信息技术手段进行的商务和业务活动。政府与企业之间的各项事务都可以涵盖在此模式中，如电子采购与招投标系统、电子税务系统、电子工商行政管理系统、综合信息服务系统等内容。

4. 消费者-政府模式（C to G 模式）

消费者对政府（consumer-to-government）的电子商务，指的是政府与个人之间依托 Internet 等现代信息技术手段进行的商务和业务活动。这类电子商务活动目前还不多，但应用前景十分广阔，如电子身份认证、电子社会保障服务、电子民主管理、电子就业市场、电子医疗服务，等等。

5. 消费者-消费者模式（C to C 模式）

消费者对消费者（consumer-to-consumer）的电子商务，指的是个人之间依托 Internet 等现代信息技术手段进行的商务和业务活动。Internet 为个人经商提供了便利，任何人都可以"过把瘾"，各种个人拍卖网站层出不穷，形式类似西方的"跳蚤市场"——旧货市场。其中，最成功、影响最大的应该算是"伊贝"（eBay）。

6. 政府部门-政府部门模式（G to G 模式）

政府对政府（government to government）的电子商务，指的是政府与政府（包括政府内部、政府上下级之间、不同地区和不同职能部门之间）依托 Internet 等现代信息技术手段进行的商务和业务活动。政府与政府之间的各项事务都可以涵盖在此模式中，如政府内部办公自动化、垂直网络化管理系统、横向协调系统、电子政策法规系统、电子公文系统、电子财政管理系统、电子司法档案系统、电子培训系统、业绩评价系统等内容。

4.4.3　电子商务的功能

1. 网上电子邮件

商家企业在网上可以和客户进行网上电子邮件（E-mail）的收发。商家和企业利用电子邮件可以在用户或用户组之间通过计算机网络进行收发信息的服务，也就是在客户计算机、商家和企业计算机之间传送电子消息。

2. 网上订购

电子商务可借助 Web 中的邮件或表单交互传递实现网上的订购。企业可以在产品介绍的页面上提供友好的订购提示信息和订购交互格式框，当客户填完订购单后，通常系统会回复确认以保证订购信息得到收悉和处理。订购信息也可采用加密的方式使客户和商家的商业信息不致泄漏。

3. 网上营销

商家和企业一上网立即就可以进行网上营销。商家和企业开展联机售前和售后服务，在电子商务的实际业务中非常重要。电子商务在线交易系统为商家和企业提供了有效获取交易活动的全部历史信息，向购买者提供联机顾客（消费者）服务的信息，方便快捷地进行顾客（消费者）服务管理，降低系统负荷，增强处理和解决电子商务系统中出现的各种问题的能力。网上订购和网上营销是密切相关的。

4. 服务传递

对于已付款的客户，应将其订购的货物尽快传递到他们手中。若有些货物在本地，有些货物在异地，电子邮件和其他电子工具可以在网络中进行物流的调配，而适合在网上直接传递的信息产品，如软件、电子读物、信息服务等，则可以直接从电子仓库发到用户端。

5. 咨询洽谈

电子商务可借助非实时的电子邮件、新闻组和实时的讨论组来了解市场和商品信息，洽谈交易事务，如有进一步的需求，还可用网上的白板会议来互动交流有关图形信息。网络上的咨询和洽谈能降低交易成本，而且往往能突破人们面对面洽谈所受到的一些局限，网络还能提供多种方便的异地交谈形式，如三地、四地参加的多方洽谈。

6. 网上支付

电子商务要成为一个完整的过程，网上支付是重要的环节。客户和商家之间可采用多种支付方式，以保证交易的可靠性，节省费用，加快资金周转。网上支付需要更可靠的信息传输安全性控制，以防止诈骗、窃听、冒用等非法行为。网上支付必须要有电子金融中介的支持，如网络银行、信用卡公司等提供网上操作的金融服务。

7. 网络银行与网上电子账户

网络银行的突出特点是银行业务虚拟化和金融业务虚拟化。企业上网即可与网络银行联系，建立网上电子账户。在当今瞬息万变的商业贸易社会中，商家和企业必须不断适应新的市场、新的竞争，利用新的技术，提供新的吸引顾客（消费者）的方法，以保证自己的生存和发展。建立网上电子账户可以提高企业的品牌形象，密切客户关系，提高支付效率。

8. 网上广告

电子商务可凭借企业的 Web 服务器,在 Internet 上发布各类商业信息,利用网页和电子邮件在全球范围内做广告宣传。客户也可借助网上的检索工具迅速地找到所需商品信息。与以往的各类广告方式相比,网上广告成本最为低廉,但为顾客提供的信息量却相当丰富。

9. 意见征询

电子商务能够方便地采用网页上的"选择"、"填空"等格式文件来收集用户对销售商品或服务的反馈意见,使企业的市场运营形成一个快速有效的信息回路。客户的反馈意见不仅能提高企业售后服务水平,更能使企业获得改进产品的宝贵信息,发现新的商业机会。

10. 业务管理

企业或政府机构的业务管理包括人、财、物等多个方面,涉及与相关部门和单位、个人的复杂关系,如企业和企业、企业和消费者及企业内部等各方面的协调和管理。电子商务技术为提高各项业务管理的效率创造了重要的基础条件。

4.4.4 电子政务的含义与内容

1. 电子政务的含义

电子政务是一个系统工程,包含以下几个方面的含义:

(1)电子政务是必须借助于电子信息化硬件系统、数字网络技术和相关软件技术的综合服务系统。其中,硬件部分包括内部局域网、外部互联网、系统通信系统和专用网路等;软件部分包括大型数据库管理系统、信息传输平台、权限管理平台、文件形成和审批上传系统、新闻发布系统、服务管理系统、政策法规发布系统、用户服务和管理系统、人事及档案管理系统、福利及住房公积金管理系统等数十个系统。

(2)电子政务是指处理与政府有关的公开事务、内部事务以及其他一些公共组织的管理事务,如检务、审务、社区事务等。

(3)电子政务是新型的、先进的、革命性的政务管理系统。电子政务并不是简单地将传统的政府管理事务原封不动地搬到互联网上,而是要对其进行组织结构的重组和业务流程的再造。因此,电子政务在管理方面与传统政府管理之间存在显著区别。

2. 电子政务的内容

电子政务的内容非常广泛,国内外也有不同的内容规范。从国家政府所规划的项目来看,电子政务主要包括这样几个方面:政府间的电子政务、政府对企业的电子政务、政府对公民的电子政务。

1）政府间的电子政务

政府间的电子政务是上下级政府、不同地方政府、不同政府部门之间的电子政务。它主要包括以下内容：

（1）电子法规政策系统。对所有政府部门和工作人员提供相关的现行有效的各项法律、法规、规章、行政命令和政策规范，使所有政府机关和工作人员真正做到有法可依、有法必依。

（2）电子公文系统。在保证信息安全的前提下，在政府上下级、部门之间传送有关的政府公文，如报告、请示、批复、公告、通知、通报等，使政务信息十分快捷地在政府间和政府内流转，提高政府公文的处理速度。

（3）电子司法档案系统。在政府司法机关之间共享司法信息，如公安机关的刑事犯罪记录、审判机关的审判案例、检察机关的检察案例等，通过信息共享来改善司法工作效率，并提高司法人员的综合能力。

（4）电子政务管理系统。向各级国家权力机关、审计部门和相关机构提供分级、分部门历年的政府财政预算及其执行情况，包括从明细到汇总的财政收入、开支、拨付款数据以及相关的文字说明和图表，便于有关领导和部门及时掌握和监控财政状况。

（5）电子办公系统。通过电子网络完成机关工作人员的许多事务性的工作，节约时间和费用，提高工作效率，如工作人员通过网络申请出差、请假、文件复制、使用办公设施和设备、下载政府机关经常使用的各种表格、报销出差费用等。

（6）电子培训系统。对政府工作人员提供各种综合性和专业性的网络教育课程，特别是适应信息时代对政府的要求，加强对员工与信息技术有关的专业培训，员工可以通过网络随时随地注册参加培训课程、接受培训或参加考试等。

（7）业绩评价系统。按照设定的任务目标、工作标准和完成情况，对政府各部门业绩进行科学的测量和评估。

2）政府对企业的电子政务

政府对企业的电子政务是指政府通过电子网络系统进行电子采购与招标，精简管理业务流程，快捷、迅速地为企业提供各种信息服务。它主要包括以下几项：

（1）电子采购与招标。通过网络公布政府采购的有关政策和程序，政府采购成为阳光作业，减少徇私舞弊和暗箱操作，降低企业的交易成本，节约政府的采购支出。

（2）电子税务。企业通过政府税务网络系统，在家里或企业办公室就能完成税务登记、税务申报、税款划拨、查询税收公报、了解税收政策等业务，既方便了企业，也减少了政府开支。

（3）电子证照办理。让企业通过 Internet 申请办理各种证件和执照，缩短办证周期，减轻企业负担，如企业营业执照的申请、受理、审核、发放、年检、登记项目变更、核销，以及统计证、土地和房产证、建筑许可证、环境评估报告等证件、执照和审批事项的办理。

（4）信息咨询服务。政府将拥有的各种数据库信息向企业开放，以方便企业利用，如法律、法规规章政策数据库，政府经济白皮书，国际贸易统计资料等信息。

（5）中小企业电子服务。政府利用宏观管理优势和集合优势，为提高中小企业的国际竞争力和知名度提供各种帮助，包括为中小企业提供统一的政府网站入口，帮助中小企业同电子商务供应商争取有利的能够负担的电子商务应用解决方案。

3）政府对公民的电子政务

政府对公民的电子政务是指政府通过电子网络系统为公民提供的各种服务。主要包括以下几项：

（1）教育培训服务。建立全国性的教育平台，并资助所有的学校和图书馆接入互联网和政府教育平台；政府出资购买教育资源然后提供给学校和学生；重点加强对信息技术能力的教育和培训，以应对信息时代的挑战。

（2）就业服务。通过电话、互联网或其他媒体向公民提供工作机会和就业培训，促进就业。如开设网上人才市场或劳动市场，提供与就业有关的工作职位缺口数据库和求职数据库信息；在就业管理和劳动部门所在地或其他公共场所建立网站入口，为没有计算机的公民提供接入互联网寻找工作职位的机会；为求职者提供网上就业培训和就业形势分析，指导就业方向。

（3）电子医疗服务。通过政府网站提供医疗保险政策信息、医药信息和职业医生信息，为公民提供全面的医疗服务，公民可通过网络查询自己的医疗保险个人账户余额和当地公共医疗账户的情况；查询国家新审批的药品的成分、功效、试验数据、使用方法及其他详细数据，提高自我保健能力；查询当地医院的级别和执业医生的资格情况，选择合适的医生和医院。

（4）社会保险网络服务。通过电子网络建立覆盖地区甚至国家的社会保险网络，公民可以及时全面地了解自己的养老、失业、工伤、医疗等社会保险账户的明细情况，有利于加深社会保障体系的建立和普及；通过网络公布最低收入家庭补助，增加透明度；还可以通过网络直接办理有关的社会保障理赔手续。

（5）公民信息服务。公民得以方便、容易、费用低廉地进入政府法律、法规规章数据库；通过网络提供被选举人的背景资料，促进公民对被选举人的了解；通过在线评论和意见反馈，了解公民对政府工作的意见，改进政府工作。

（6）交通管理服务。通过建立电子交通网站，提供对交通工具和司机的管理与服务。

　　（7）公民电子税务。允许公民通过电子报税系统申报个人所得税、财产税等个人税务。

　　（8）电子证件服务。允许居民通过网络办理结婚证、离婚证、出生证、死亡证明等有效证书。

➢ 知识拓展：地理信息系统在军事领域中的应用

　　地理信息系统（geographic information system，GIS）是一种采集、储存、管理、分析和描述整个或部分地球表面与空间地理分布的有关数据的空间信息系统。从 1971 年第一个功能较完善、技术较先进的 GIS 系统——加拿大地理信息系统（Canadian GIS，CGIS）诞生到现在，GIS 的发展走过了 30 多年的历程。GIS 系统功能结构的发展重点已由以往的侧重于数据获取、存储、数据检索与统计分析及空间分析等操作，逐步向模型模拟、预报与预测和智能化决策分析发展，进入多样化发展阶段，使 GIS 逐步从原来单纯意义上的 GIS 软件技术发展到内涵丰富的 GTS 产业。

　　从计算机的角度看，地理信息系统由计算机硬件、软件、数据和用户四大要素组成。硬件包括各类计算机及输入输出和网络设备；软件是支持信息的采集、处理、存储管理和可视化输出的计算机程序系统；数据则包括图形和非图形数据、定性和定量数据、影像数据和多媒体数据等；用户是地理信息系统所服务的对象，用户一般分为普通用户和从事系统的建立、维护、管理和更新的高级用户。

　　地理信息系统有着自身的一些特征：①地理信息系统处理的数据包括非结构化的空间数据（结点、弧段、多边形等）和与之对应的结构化属性数据，并通过一定的方式将二者有机地联系在一起，共同管理、分析和应用。而一般的管理信息系统只需要处理结构化的属性数据，不需要涉及空间数据的查询、存储、检索等比较复杂的问题。②地理信息系统强调空间的拓扑关系，即利用空间解析式模型来分析空间几何位置的结点、弧段和多边形诸元素相互之间的邻接、关联与包含关系。一旦建立了拓扑关系，数据的分析和查询就变得十分方便了。

　　军事地理信息系统在海湾战争及之后的战争中发挥了重要的作用，受到各国军方的普遍重视。世界上大部分国家都建立了用途不同、规模大小不等的军事地理信息系统。资料显示较多的是美国、俄罗斯、英国、澳大利亚等国的军事地理信息系统。

　　军事地理信息系统在国外军队中的应用领域主要包括：①基础地理信息，包括地形图、DEM、DTM 等；②航海、航空管理，包括航海图、制定计划航线、障碍物、禁区、助航设施、导航管理、空中交通控制等；③地形分析，包括战场模拟、行军路线、应急线路分析、越野机动、涉水分析、通视点分析、距离测量、面积测量、轨迹分析等；④任务规划（战略层次），包括军事基地规划、军事基础设施管理、打击效果评估、巡航导弹支持、战区规划、入侵应急规划、目标分析、轨道建模等；⑤战争管理（战术层次），包括战场监测、战场管理、小战区规划、登陆计划、战术模拟、后勤保障规划、交通规划等；⑥基础作业支持，包括拦截应用、环境应用、军事设施分类规划等；⑦边界控制，包括边界巡逻和交叉分析、毒品禁运、移民控制等；⑧情报，包括反毒品活动、反恐怖主义活动、武器监视与跟踪、情报收集等。

海湾战争的实践证明，将军事地理信息系统技术和遥感技术相结合，可为战时提供实时的地理信息保障。美国国防制图局（DEA）在海湾战争战场上的军事地理信息系统实时服务，主要包括利用自动影像匹配、自动目标识别技术处理卫星和高低空侦察机实时获得的数字影像，及时为军事决策提供 24 小时的实时服务。对于冲突地区，最基本的地理信息保障是为作战部队提供作战地图。与传统的地图制图技术相比，军事地理信息系统的制图功能无疑是最出色的，它既可以提供数字地图，也可以输出精美的印刷地图，其生产速度比传统的制图方法要快得多，特别是在遥感技术的支持下，可实时获得制图数据。在海湾战争期间，美国国防制图局进入一天 24 小时的生产状态，共开发了 12 000 套新的地图产品，其中有 600 套数字地图，印刷了 100 万幅战地地图，这些地图覆盖科威特、沙特阿拉伯、伊拉克、叙利亚等国家和地区，比例尺为 1∶50 000 不等。由于对这些战地地图的迫切需要，多国部队在这次战争中使用 C130 远程运输机运送军事地图到沙特阿拉伯，优先于药品的运输，仅次于爱国者导弹发射架部件的运输。由此可见，战时的实时地理信息保障是何等重要。

除上述地图产品外，美国国防制图局和工程地形实验室还使用了数字地形高程数据、栅格图形数据、地名字典等。在没有现成地图资料的地区，利用军事地理信息系统处理 SPOT 和 LANDSAT 影像及机载雷达影像，可得到可直接应用的影像地图。因此，军事地理信息系统和 RS 相结合，可较好地完成战时的实时地理信息保障任务。

思考题

1. ERP 系统的主要特点是什么？它与企业管理之间有什么关系？
2. ERP 系统的主要功能是什么？
3. 客户关系管理产生的背景是什么？有哪些重要的因素？
4. CRM 系统的主要功能有哪些？
5. SCM 系统的主要功能有哪些？
6. 实施 SCM 的主要因素有哪些？

7. 什么是电子商务？电子商务的基本模式有哪些？

8. 什么是电子政务？电子政务包含哪些内容？

上机作业题

1. 上网调研当前市场上 ERP 软件的主要厂商和产品以及市场占有率，并比较它们的联系与区别。

2. 上网调研当前市场上 CRM 软件的主要厂商和产品以及市场占有率，并比较它们的联系与区别。

3. 上网调研当前市场上 SCM 软件的主要厂商和产品以及市场占有率，并比较它们的联系与区别。

4. 上网选择典型的 B to B 模式与 B to C 模式网站，比较二者功能的差异。

小组讨论题

1. ERP、CRM、SCM 三种软件功能之间有哪些联系？如何集成？

2. 开发电子商务和电子政府网站会用到哪些信息技术？

第 5 章

管理信息系统的开发

5.1.1 系统开发的条件

管理信息系统的开发，必须在具备一定条件的基础上才能着手进行，否则，盲目开发将会浪费大量的人力和物力，系统也难以开发成功。一般来说，开发管理信息系统之前，企业应该具备以下基本条件。

1）企业高层领导应重视和介入

用户企业高层领导是否重视，对管理信息系统开发和使用的成败起着决定性的作用。由于管理信息系统是一个涉及整个企业的管理体制、管理方法和人员安排等诸多因素的全局性问题，这一切单靠系统开发人员是无法统一协调和解决的。此外，在系统开发的各个时期和系统投入运行以后，都需要投入相应的人力、资金和物力等资源，这些问题都必须在高层领导的重视下，才能得以顺利解决。

企业高层领导仅仅对管理信息系统的开发给予一般性的支持是不够的，而应该亲自介入系统开发过程中，及时解决所遇到的问题和困难。要做到这一点，就要求企业高层领导对于即将开发的管理信息系统，从总体规划到基本内容都有明确的意图和要求。企业高层领导重视和介入的主要意义在于，只有企业最高层领导才有权力和权威在企业宣布建立管理信息系统的决定以及落实组织机构，动员全企业支持系统开发。

2）企业业务人员要有积极性

开发管理信息系统时，业务人员的积极性是不容忽视的因素，在系统开发过程中，需要由他们积极配合并提供有关数据。在系统建成投入使用后，他们是系统的直接操作者，系统运行效果的好坏，很大程度上取决于他们的使用和配合。

3）企业要有一定的科学管理基础

在企业中，没有科学管理的基础，就无法建成有效的计算机管理信息系统。计算机能将大批数据高速、准确地进行各种加工处理，产生对企业管理有用的信息，但是它的前提是输入的数据必须准确、完整，否则便成了"假数真算"，根本不可能得到具有指导意义的信息。

4）要有一定的投资保证

管理信息系统的建立是一项资金耗费较大的工程项目，计算机设备、管理信息系统的软件、机房设备等都需要投入不少资金。从国内来看，设备的投资通常占了主要部分，投资额也随着设备档次和规模的增长而增加。从某种意义上来看，管理信息系统的规模较大程度地取决于企业的投资额。当然，系统的规模也必须根据实际需求而定，并非越大越好。

在管理信息系统投入使用以后，系统的维护工作将是一项长期而重要的任务，因而系统的维护费用也要占总投资的重要部分，这一点必须预先加以考虑。

管理信息系统的投资通常可在统一规划的基础上分期进行，在开发过程和运行期间不断投入，也只有在逐渐取得阶段性成果的基础上，才能得到更多的补充资源。

5.1.2　系统开发的原则

为保证 MIS 的成功开发，在开发中应遵循如下一些原则。

1）完整性

MIS 是由各子系统组成的整体，具有系统的整体性特征。手工方式下，由于处理手段的限制，信息处理采用各职能部门分别收集和保存信息、分散处理信息的形式。计算机化的 MIS 必须从系统总体出发，克服手工信息分散处理的弊病，各子系统的功能要尽可能规范，数据采集要统一，语言描述要一致，信息资源要共享。保证各子系统协调一致地工作，避免信息的大量重复（冗余），寻求系统的整体优化。

2）相关性

组成 MIS 的各子系统各有其独立功能，同时又相互联系、相互作用。通过信息流把它们的功能联系起来，某一子系统发生了变化，其他子系统也要相应地进行调整和改变。因此，在 MIS 开发中，不能不考虑系统的相关性，即不能不考虑其他子系统而孤立地设计某一子系统。

3）适应性

MIS 应对外界条件的变化有较强的适应能力，不能适应环境变化的系统是没有生命力的。由于 MIS 是一个很复杂的系统工程，故要求系统的结构具有较好的灵活性和可塑性。这样，当组织管理模式或计算机软硬件等发生变化时，系统易于进行修改、扩充等。

4）可靠性

只有可靠的系统才能得到用户的信任。因此在设计系统时，要保证系统软硬件设备的稳定性，要保证数据采集的质量，要有数据校验功能，要有一套系统的安全措施。只有这样，系统的可靠性才能得到充分保证。系统的可靠性是检验系统成败的主要指标之一。

5）经济性

经济性是衡量系统是否值得开发的重要依据。在开发过程中，要尽可能地节省开支和缩短开发周期。新系统投入运行后，应尽快回收投资，以提高系统的经济效益和社会效益。

5.2 系统开发的方式

5.2.1 自行开发

自行开发方式是一种完全依靠用户单位自身的开发力量，由用户单位自身的员工组成项目组，根据用户单位的特点来开发管理信息系统。

采取此开发方式的企业需具有较强的信息技术队伍。自主开发有开发费用少、开发的系统能够适应本单位的需求且满意度较高、便于维护的优点；缺点是由于不是专业开发队伍，容易受业务工作的限制，系统优化不够，开发水平较低，且由于开发人员是临时从下属各单位抽调出来进行信息系统的开发工作，这些人员在原部门还有其他工作，所以精力有限，容易造成系统开发时间长、系统整体优化较弱、开发人员调动后系统维护工作没有保证的情况。因此，一方面可向专业开发人士或公司进行咨询，或聘请他们做开发顾问；另一方面需要大力加强领导，实行"一把手"原则。

专门的第四代软件工具和信息系统生成器的发展使越来越多的企业进行自行开发成为可能，尽管这些工具与常规的编程语言相比，运行速度较慢，但由于目前硬件的成本越来越低，完全可以弥补软件运行速度的不足，从而使该方法在经济上是可行的。但是这种开发方式需要用户自身具有知识结构完整的、具有系统开发经验的专业人才，而大多数用户还不具备这样的条件。即使用户单位有过自行开发的经历，但是可能会由于自身经历太有限，很难有经验丰富的系统分析员，系统开发缺乏全面的系统分析，大多数的资源消耗在程序的反复修改过程中，从而导致开发时间较长。

这种方式一般适合系统不大的开发，或者是满足用户特有需求的系统开发。

5.2.2　委托开发

委托开发方式适合于资金较为充足但物流信息系统的开发队伍力量薄弱的单位。委托开发方式具有省时、省事、开发的系统技术水平较高的优点。其缺点是费用高，系统维护需要开发单位的长期支持；需要企业的业务骨干参与系统的论证工作；开发过程中需要企业和开发单位双方经常沟通，及时进行协调和检查。

业务外包是委托开发的形式，这种方式不需依靠企业内部资源建立信息系统，可以聘请专门从事开发服务的外部开发商负责信息系统的建设，甚至日常管理。可见，委托开发多是就一次性项目来签订委托合同，而业务外包则有可能是签订一个长期的服务合同，对企业有关信息技术的业务进行日常支持。

业务外包的流行，是因为有些企业发现利用业务外包方式建立信息系统比企业维持内部计算机中心和信息系统工作人员更能控制成本，因为负责系统开发服务的外部开发商能从规模经济中（相同的知识、技能和能力有许多不同的用户共享）降低成本，从而获得收益，并能以具有竞争力的价格收费。因为一些企业内部的信息系统人员对知识的掌握无法与技术变化同步，所以企业可以借助业务外包进行开发。但是，也不是所有企业都能从资源外包中获得好处，一旦不能对系统很好地理解和管理，业务外包的缺点就有可能给组织带来严重的问题。

5.2.3　联合开发

联合开发由用户单位与用户单位外的单位共同组成系统开发小组，由对方负责，针对企业的具体情况和要求，共同完成系统开发任务。

该方式开发出的系统不仅能满足企业的特定要求，而且用户单位的参加者还掌握了系统的各阶段模型，因此易于维护，能满足经常变化的需求。在系统开发初期，用户单位可以不具备一支完整的开发队伍。通过联合开发，可以使企业在较短的时间内，培养自己的专业人员。

采用该方式，需要支付对方的开发费用，因此与自行开发相比较，费用要高些，但是开发时间要短许多。由于联合伙伴具有知识结构完整、经验丰富的专业人才，因此可以保证所开发的系统不仅从功能上能满足企业现行的需要，而且还具有良好的结构，当出现新需求时，所构建的系统结构不作修改或稍作修改就能满足。系统不仅能"基于原系统"，还能更好地做到"高于原系统"。

采用联合开发，要选择合适的合作伙伴，加强双方的合作。选择合作伙伴时，不仅要考察其信息技术的知识与能力，如程序员如何、是否组建过计算机网络等，更重要的是，还要考察合作伙伴是否具有管理的理论知识以及知晓企业实际运作与管理的人员。在开发过程中，要注意任务分工明确，责任明确，注意双方人员之间的协调与配合，尤其是各种文档的交流。

该方法一般适合期望建立自身管理信息系统开发队伍的用户单位。

5.2.4 直接购买软件包

具有不同功能的管理信息系统作为一种商品越来越多，用户单位可以像购买其他物品一样，到市场购买所需要的管理信息系统，这就要采取采购方式。采取这种方式获得管理信息系统的主要优势是时间短、费用低，且系统可靠性高，但是不能满足用户单位的特有需求，系统应用软件部分的维护困难较大（一般供应商不会提供系统的源程序、数据字典等文档）。买来的软件产品一般是通用型的，不可能全部满足用户的要求，有的可能需要做些接口，有的要做二次开发，才能与企业内的其他信息系统相连。但是，具有竞争力的管理信息系统在货架上是买不到的。

直接购买方式只是获得管理信息系统的时间短，其实施时间不可能很短。这是因为用户单位要通过各种各样参数的设置，使其实例化，系统才能成为满足需要的系统，即用户单位的运作平台。

一般管理信息系统的商品软件都比较庞大，因此除了基本功能外，供应商是以菜单的方式让用户单位购买系统的可选功能。购买管理信息系统不同于购买其他商品，不仅要看系统的功能，更重要的是要考察系统蕴涵了什么管理思想/理念，支持哪些流程，包含哪些运作与管理规则，其内部的结构（数据模型、编码模型）如何等，不能将其视为操作系统、数据库管理系统类软件。因此，用户单位应该派精通业务的人员、系统分析人员来选购市场上的软件商品。

各种开发方式的比较如表 5-1 所示。

表 5-1   各种开发方式比较

要求及说明	独立开发	委托开发	联合开发	直接购买软件包
开发费用	少	多	较少	较少
分析设计能力的要求	较高	一般	逐渐培养	较低
编程能力的要求	较高	不需要	需要	较低
系统维护难易程度	容易	较困难	较容易	较困难
注意事项	可得到适合本企业的系统，并培养了自己的系统开发人员，但开发时间较长。该方式需要强有力的领导及进行一定的咨询	开发费用高，省事，但必须配备精通业务的人员，需要经常进行监督、检查和协调	双方的沟通非常重要。通常在具有一定编程力量的基础上进行联合开发，合作方有培训义务且成果共享	现成软件即使完全符合本企业的业务处理要求，仍需要编制一定的接口软件。因此，要有鉴别与校验软件包功能及适应条件的能力

5.2.5　选择开发方式需要考虑的因素

不同的开发方式有不同的优势和劣势，也有各自适应的场合。企业的管理信息系统是一个庞大的系统，覆盖企业的各个方面。尽管其主要运行在操作层，但是功能可能向战术层、战略层拓展，从而覆盖企业的各个层次。对于企业来说，管理信息系统是一个覆盖企业各部门、各层次、功能复杂的大系统。企业的管理信息系统由多个子系统组成，不同的子系统解决的问题又不同，因此，企业的管理信息系统并不只限于一种开发方式。在选择开发方式时，应综合考虑企业的资源、技术力量、环境条件，信息处理技术的发展水平，以及技术人员的合理配置等因素。开发方式的选择应该考虑如下主要因素。

1）企业自身对管理信息系统采取的战略

信息是企业的一种重要战略资源，而管理信息系统又是完成信息处理的重要系统，因此企业必定要对信息的管理、信息的利用以及管理信息系统的开发制定相应的战略。例如，是以企业自身为主还是全部依赖外部资源等，若是前者，则应更多地考虑联合开发和自行开发；若是后者，则应更多地考虑委托开发或直接购买软件包。

2）需要解决问题的特点

企业管理信息系统中各子系统解决的涉及企业运作与管理的问题有所不同，如会计管理、基于 ERP 的制造资源管理等。企业运作与管理有较为规范或者相同的，也有不规范或者个性化的。例如，我国相关部门对企业的会计工作有严格的要求，不同的企业应该遵循同样的会计规则，而对成本核算不同的企业所作的要求差异则很大。从业务运作平台来分析，支持的层次不同，企业运作与管理中的信息处理有的是相同的，有的则是不同的。再如，进、销、存是企业物品管理中的重要业务，若信息处理只是简单地将相关的数据收集和存储，那么系统的功能是很相似的，但是若考虑到要真正实现物品的进、销、存流程，不同的企业则可能有较大的差异。因为在物品的进、销、存流程中，不同的企业有不同的规则。

因此，若要开发的系统所包括的运作与管理具有较强的一般性，可以考虑采取采购方式；若不然，则可以考虑采取其他开发方式。企业所用的会计管理信息系统一般是由采购获得的，但是要通过采购获得真正意义上的客户关系管理系统却很难。

3）相应的专业人才

不同的开发方式需要不同的专业人员，因此在决定采用何种开发方式时，企业要考虑能否用合适的成本获得需要的专业人才。

不论选用哪种方式，都必须有本企业的领导和业务人员参加。有目标的、真正主动地利用管理信息系统，对于企业 CIO、系统分析员以及系统维护人员都是不可缺少的。随着信息新技术在企业运作与管理中的应用向广度和深度发展，企业的信息系统必由数据管理向信息管理发展，并逐步实现知识管理，同时，企业还需要信息分析的专业人员。

5.3　系统开发的方法

5.3.1　生命周期法

正如一个生物体从胚胎形成到发育成熟、死亡的生长过程一样，管理信息系统乃至任何一个系统都有其产生、发展和报废的"生命"历程，这个过程符合自然界中事物发展的客观规律，被称作系统的生命周期。

为了有效地进行系统开发与管理，我们将管理信息系统的生命周期划分为总体规划、系统分析、系统设计、系统实施和运行维护等五个阶段，其中，每个阶段都有明确的任务，并需产生一定规格的文档资料交付给下一阶段，而下阶段则在上阶段所交付的文档的基础上继续进行开发过程。对于每个阶段的工作，都有明确的进度安排和工作的截止日期，一旦在某个阶段发现问题就转入上一个阶段进行修正。

生命周期法又称为结构化开发方法，是一种传统的信息系统开发方法。

1. 结构化开发思想

结构化方法是"结构化分析"（structured analysis，SA）和"结构化设计"（structured design，SD）的统称。

1）结构化分析

结构化分析方法是 20 世纪 70 年代由美国 Yourdon 公司提出的，是一个简单明了且使用很广泛的方法，适用于分析各种大型管理信息系统。其基本思想可以概括为一句话："自顶向下，由粗到细，逐步求精"，也有些学者称之为"自顶向下，逐层分解"。

"分解"和"抽象"是结构化方法解决复杂问题的两个基本手段。把大问题分解成若干小问题，然后再分别解决，这就是"分解"。抓住主要问题，忽略次要问题，集中精力先解决主要问题，这就是"抽象"。

"自顶向下，逐步求精"是结构化方法按上述思想解决问题的一种策略。按照这种策略，不论系统的复杂程度和规模有多大，分析工作都可以有条不紊地开展。对于大的系统，只需要多分解几层，分析的复杂程度并不会随之增加。这也是结构化分析的特点。

结构化分析方法在描述方式上的特点是将分析结果用图形表示，优点是简明易懂，所表达的意义也比较明确。

一般用结构化分析方法获得的系统说明书由四部分构成：

（1）一套分层的数据流图。用图形描述系统的分解，即系统由哪几部分组成、各部分间有什么联系等。

（2）一本数据词典。说明数据流图中的数据流，以及系统中的每一个数据项。

（3）一组加工（处理）说明。结合数据流图，用文字详细描述系统中的每一个基本加工和处理过程。

（4）补充材料。用以辅助进行系统的明确描述。

2）结构化设计

结构化设计方法是使用最广泛的一种程序设计方法，由美国 IBM 公司提出。该方法适合于软件系统的总体设计，具有以下特点：

（1）相对独立、功能单一的模块结构。结构化设计的基本思想是将系统设计成由相对独立、单一功能的模块组成的结构。由于模块之间相对独立，每一模块就可以单独地被理解、编写、测试、排错和修改，从而有效地防止错误在模块之间扩散蔓延，提高了系统的质量（可维护性、可靠性），同时，系统研制工作也被大大简化了。

（2）块内联系大、块间联系小。模块内部联系要大，模块之间联系要小，这是结构化设计衡量"相对独立"性能的标准。事实上，块内联系和块间联系是一件事情的两个方面，系统中各组成成分之间是有联系的。若把联系密切的成分组织在同一模块中，块内联系多了，块间联系也少了；反之，若把密切相关的一些成分分散在各个模块中，势必造成很大的块间联系。

（3）采用模块结构图的描述方式。结构化设计方法使用的描述方式是模块结构图。模块结构图不仅描述了系统的分层模块结构，清楚地表示了每个模块的功能，而且直观地反映了块内联系和块间联系等特性。

结构化设计可分两步进行：第一步，建立一个满足系统说明书的初始结构图；第二步，对结构图作逐步改进，即在图中找出块间联系和块内联系尚可改进之处，然后对有关部分作适当的修改和调整。

2. 结构化开发周期

正如前文所述，结构化系统开发方法是把开发过程分成几个阶段，就像人的生命周期一样。结构化系统开发的生命周期通常分为以下几个阶段：总体规划阶段、系统分析阶段、系统设计阶段、系统实施阶段和系统维护阶段（图 5-1），并且每个阶段都有相应的文档产生。

1）总体规划阶段

总体规划阶段是管理信息系统生命周期的第一阶段，主要任务是从总体上明确现行系统所面临的问题或潜在的机会，制定出管理信息系统的长期发展战略，

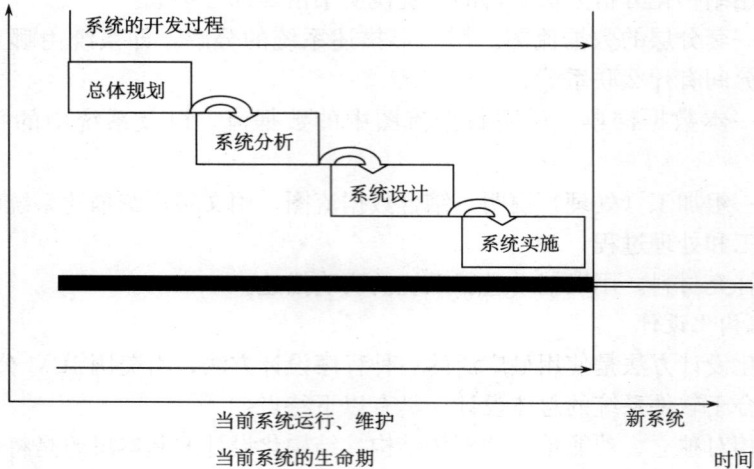

图 5-1　管理信息系统的生命期模型

决定管理信息系统在整个生命周期内的发展方向、规模和发展进程。

总体规划阶段主要回答现行系统中存在的问题，以及是否值得去解决。该阶段设计一个详细定义了的管理信息系统架构解决方案，以便从总体上把握系统的目标和功能框架，同时论证其可行性。

总体规划阶段的主要工作是：

第一，对当前系统进行初步调查，确定初步的需求分析。

第二，分析与确定系统目标，确定子系统的组成及功能，拟定实施方案。

第三，对方案加以分析和选择，进行可行性分析；编写可行性报告。

2）系统分析阶段

系统分析阶段的主要任务是对现行系统进行详细调查和分析，充分理解新系统的目标，并提出管理信息系统架构解决方案的逻辑模型。

系统分析阶段主要针对现行系统存在的问题回答新系统将如何解决。该阶段主要侧重于从业务全过程的角度对组织内部整体管理状况和信息处理过程进行分析，最终将用户的需求及解决方案确定下来。

系统分析阶段的主要工作是：

第一，在系统详细调查的基础上，定义详细的用户需求。

第二，描述新系统的逻辑模型。

第三，编制系统分析说明书。

3）系统设计阶段

系统设计阶段的主要任务是将系统分析阶段所得到的逻辑模型转化为物理模

型，为下一阶段的系统实施制定蓝图。

系统设计阶段主要回答新系统具体怎么做的问题。该阶段主要在各种技术和实施方法中权衡利弊，精心设计，合理地使用各种资源，最终勾画出新系统的详细设计方案。

系统设计阶段主要分为总体设计和详细设计两个阶段。总体设计阶段主要进行子系统或模块的划分，确定模块结构，并画出模块结构图。详细设计阶段确定每个模块内部的详细执行过程，并进行代码设计、输出设计、输入设计、处理过程设计、数据库设计、网络通信和通信产品的设计等。

系统设计阶段的主要成果是系统设计说明书，包括模块结构图和说明书两部分。模块结构图表达了系统由哪些模块组成和模块间的调用关系，各个模块的结构图及其说明则标明了每个模块的输入、输出以及处理功能的详细实现方案。系统设计说明书主要描述了信息通信的计算机实现方案，是物理地实现一个信息系统的重要基础。

4）系统实施阶段

系统实施阶段的主要任务是在系统分析和系统设计的基础上，完成对系统的编码、测试和系统转换。系统实施阶段既是成功地实现新系统的阶段，又是取得用户对系统信任的关键阶段。

系统实施阶段的主要工作是计算机系统的安装和调试、程序设计、调试、系统测试与试运行、文档编写、人员培训和系统转换。

系统实施阶段主要的文档是用户手册，为日后系统正常运行时的日常管理提供参考。

5）系统维护阶段

系统投入使用后，除了对系统的日常运行进行管理以外，还要对系统进行修改、完善或升级，以使系统不断适应新的功能需求和环境变化。

系统维护阶段的主要工作是对系统进行使用和评价，不断地改进和升级系统。在系统维护阶段提交的文档有操作说明和维护手册。

5.3.2　原型化方法

传统的结构化方法过分强调系统开发每一阶段的严谨性，要求在系统设计和实施阶段之前预先严格定义出完整准确的功能需求和规格说明。然而，对于规模较大或结构较复杂的系统，在系统开发前期，用户往往对未来的新系统仅有一个比较模糊的想法。由于专业知识所限，系统开发人员对某些涉及具体领域的功能需求也不太清楚。虽然可以通过详细的系统分析和定义得到一份较好的规格说明书，却很难做到将整个管理信息系统描述完整，且与实际环境完全相符，也很难通过逻辑推断看出新系统的运行效果。因此，当新系统建成之后，用户对系统的功能或运行效果往往觉得不满意。同时随着开发工作的进行，用户会产生新的要求，或因环境变化希望系统也随之作相应更改，系统开发人员也可能因碰到某些意料之外的问题希望在用户需求中有所权衡。总之，规格说明的难以完善和用户需求的模糊性已成为传统结构化开发方法的重大障碍，原型化方法（prototyping）正是对上述问题进行变通的一种新的系统开发方法。

1. 原型化方法的基本思想

在建筑学和机械设计学中，"原型"指的是其结构、大小和功能都与某个物体相类似的模拟该物体的原始模型。在管理信息系统开发中，用"原型"来形象地表示系统的一个早期可运行版本，它能反映新系统的部分重要功能和特征。原型化方法是利用原型辅助开发系统的一种新方法。

原型化方法要求在获得一组基本的用户需求后，快速地实现新系统的一个原型，用户、开发者及其他有关人员在试用原型的过程中，加强通信和反馈，通过反复评价和反复修改原型系统，逐步确定各种需求的细节，适应需求的变化，从而最终提高新系统的质量。因此可以认为，原型化方法是确定用户需求的策略，它对用户需求的定义采用启发的方式，引导用户在对系统逐渐加深理解的过程中作出响应。

2. 原型化方法的三种运用方式

原型化方法虽然是在研究用户需求的过程中产生的，但更主要的是针对传统结构化方法所面临的困难，因而也面向系统开发的其他阶段和整个过程。

由于软件项目的特点、运用原型的目的和开发策略的不同，原型化方法可表现为不同的运用方式。一般可分为三类：

（1）探索型（exploratory prototyping），主要是针对开发目标模糊、用户和开发人员对项目都缺乏经验的情况，其目的是弄清对目标系统的要求，确定所期望的特性并探讨多种方案的可行性。

（2）实验型（experimental prototyping），用于大规模开发和实现之前考核、验证方案是否合适，规格说明是否可靠。

（3）演化型（evolutionary prototyping），其目的不在于改进规格说明和用户需求，而是将系统改造得易于变化，在改变原型的过程中将原型演化成最终系统。它将原型化方法的思想贯穿到系统开发全过程，对满足需求的改动较为适合。

3. 原型化方法的开发过程

采用原型化方法开发系统通常包括识别基本需求、开发初始原型、原型验证、修改原型四个阶段。

（1）识别基本需求。此阶段的主要工作是开发者和用户共同定义基本的信息需求，即开发者设计出若干关键问题向用户询问，通过对问题答案的分析得到用户对系统的基本需求，同时估计开发原型的成本。

（2）开发初始原型。此阶段的主要工作是开发者建立一个能运行的交互式应用系统来满足用户的基本需求。这种原型系统并不是一个完整的软件系统，其功能和数据都很不完善，主要目的是为了反映开发者对用户需求的理解程度。

（3）原型验证。此阶段的工作主要是将开发出的初始模型交给用户使用，让用户在实际操作中对模型作出评价，以求找出系统与用户所期望的系统之间的偏差之处，发现不正确或漏掉的功能，提出进一步的建议。

（4）修改原型。此阶段的工作主要是按照用户的反馈意见对原型进行修改或完善，然后让用户重新进行评价。如此反复，使整个系统不断细化、不断完善，越来越接近用户的期望要求。

5.3.3　面向对象方法

如上所述，传统的结构化方法在实际应用过程中遇到了各种各样的问题，传统的开发过程严格地按阶段划分，即使用户本身对企业信息需求的理解没有导致这种不一致性，在系统分析阶段，也必然会导致不一致性。一方面，用户即使能将自己的信息需求表达出来，开发人员对这种表达的理解也并不是完全的，毕竟开发人员对业务流程不是很熟悉；另一方面，即使开发人员对企业的业务需求很熟悉，但在分析阶段将组织的业务流程图转化为目标系统的逻辑模型，即分层的数据流图的过程中也必然会产生不一致性。事实上，实际中的业务流程和抽象出的数据流之间的对应关系并不是完全映射关系，因此即使是最好的分析员，也不能保证所开发的系统与实际的功能需求是一致的。

尽管原型化方法也可以作为一种系统开发方法应用于管理信息系统开发的全过程，但应该看到，原型化方法的产生只是一种权宜之举。实际上，原型法一般只作为确定用户需求的一种策略，用以辅助其他开发方法，而很少作为一种单独的方法使用。为了克服结构化开发方法的不足，一种全新的面向对象的系统开发方法应运而生。

1. 面向对象的基本思想

传统的管理信息系统结构化开发方法存在许多缺陷，主要表现在：人们认识问题域的过程同构建系统的方法（包括建模理论和表示法）不一致，这种不一致性导致了现实世界（即问题域空间）与计算机世界（即解域空间）之间的语义断层，从而使建模者与用户之间的信息通信出现严重障碍。这一方面使得从问题域向解域空间变换过程中信息大量丢失，使系统开发过程出现偏差甚至错误；另一方面，按这类方法建立的管理信息系统的结构不太灵活，不易随问题域一同改变。从理论上讲，面向对象的方法能最大限度地解决管理信息系统建立过程中出现的语义断层问题。

从认知科学角度看，面向对象理论是思维科学的一项技术工程学，它遵循了认识论的一些基本概念，能够比较自然地模拟人类认识客观世界的方式和客观世界本身。它最大的优点是：具有一种自然的模型表示能力，能按人们通常的思维方式建立整个问题空间的模型体系，认识问题域的过程与问题域的求解过程在思维方式、形式描述等方面具有一致性和连贯性，并且在从现实问题空间到计算机解域空间的变换过程中，信息损耗量非常少，真正做到了模型对现实的直接模拟和近似表示。

从模型角度看，面向对象理论比较适合复杂系统及动态系统建模，它不但为计算机建模人员提供了一种全新的、接近自然的模型表示方法，而且由于解空间（计算机空间）由一些相互关联的方法和数据属性的模块封装体（即对象）组成，因此具有较少的冗余、较高的灵活性。图 5-2 展示了由现实空间（问题域）到计算机空间（解空间）的面向对象变换。

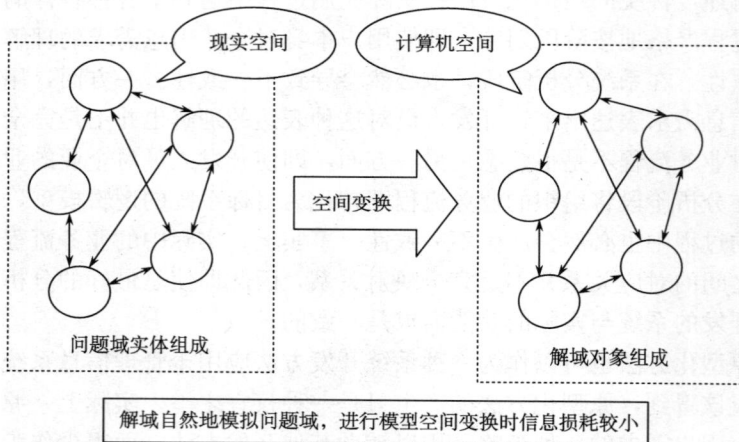

图 5-2　现实空间到计算机空间的面向对象变换

2. 面向对象的基本概念

面向对象方法学以"对象"为基石，可形式化地表示为

OO＝object＋classes＋inheritance＋communication with messages

上式表明，面向对象方法学主要包括对象（object）、类（class）、继承（inheritance）和消息传递（communication with messages）四个方面的内容。

以上四个方面进一步引申出许多基本概念或机制，但在实际应用中，这些概念或机制并不一定会全部用到。通常，若只使用了对象和消息，则称这种方法为基于对象的方法（object-based）；如果进一步用到了类的概念，则称为基于类的方法（class-based）。

目前，在管理信息系统的开发过程中，主要使用基于类的方法，这将涉及下列一些基本机制和主要特征：

（1）对象（object）。是指一些相互关联的实体（entity），它是面向对象理论的基石，由对象的标识（ID）、对象中的操作集合（MS）、对象的数据结构（DS）以及对象对外消息接口（MS）四部分组成，即对象::＝ {ID，MS，DS，MI}。由于对象具有"封装"和"能动"两种特性，因此对问题域研究的出发点便是"我希望对象做些什么"或"对象能做什么"，而不再是传统的"我能为对象做些什么"或"我如何把数据变成信息"。换言之，对象是数据结构以及作用于此结构上的数据操作的封装体，这个封装体具有自身行动能力。

（2）类和实例（class & instance）。类是对象的抽象描述，它概括了具有共同性质的一组对象的方法和数据。类的概念不但反映了对象的本质属性，而且提供了实现对象共享机制的理论根据；既可以由对象抽象出类，也可以从众多的子类中抽象出超类，这意味着可将重用代码放在公共区域中，而不再一遍遍地重复表示，减少了建立模型过程中的信息冗余，提高了重用性及建模效率。类是创建对象的蓝图，从这个意义上讲，对象是类的实例，由类到对象的过程称为实例化过程。

（3）消息与方法（message & method）。方法使对象具有了处理封装数据的功能，而消息则激活了这种功能并建立了对象间的通信桥梁。消息由消息的标识、接收消息的对象以及若干个变元组成。方法一方面描述了对象执行操作的算法，另一方面又定义了响应消息的机制。

（4）继承（inheritance）。继承是自动共享超类中的方法和数据的机制，描述了人类由一般到特殊、自顶向下的演绎能力。它使管理信息系统的体系结构具有了开放性。对于超类，继承意味着"遗传"，子类可以自动地共享其中的数据和方法；对于子类，继承又意味着"变异"，子类可以放弃超类中的一部分数据和方法，并增加新的方法和数据，或对原有部分进行重载变形。在建模过程中，继承机制提供了层次构模法，即开发一个模型不必从零开始，而允许在已有模型类的基础上构建新的模型类，从而一方面节省了建模的时间，另一方面共享了问题域的知识。

（5）封装（encapsulation）。这是一种信息隐蔽技术。封装机制使对象成为数据与方法的集成体，外部视图显示的只是对象封装界面上的信息。封装向外界提供了一个具有多个"触角"的集成模块（图 5-3），对象间只能通过封装界面上的触角按预定义方式通信，彼此不知对方的内部结构。封装使对象内部模块的改变不会对其他对象产生致命的后果，这在模型体系集成时非常有用。

（6）多态性与重载（polymorphism & overloading）。多态性一词源于希腊语，意味着一个名字可以具有多种语义，它提供了一种与人类在解决问题时的思

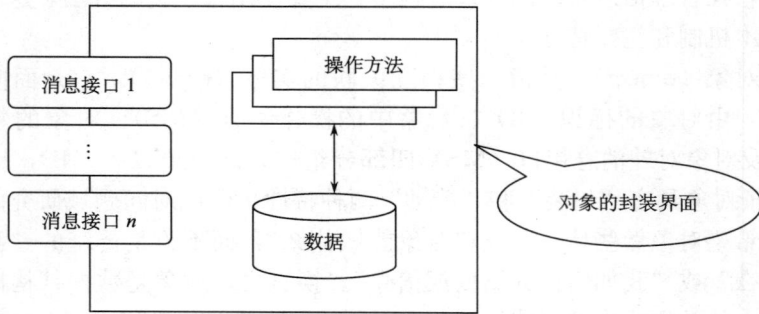

图 5-3　面向对象的封装机制

维方式相容的能力。在类继承树中，类的不同层次可以共享一个方法的名字，而又按各自的需要实现这个方法，一个消息可以在发送给父类对象的同时发送给它的子类对象。当对象接收到发送给它的消息时，各自根据需要动态地选择类属中定义的方法。在进行管理信息系统设计与实施时，不同的程序设计语言实现多态性的机制可能不同，但它们在原理上却是相同的，即都可以预先定义出相同函数的多个特定版本，运行时再根据接收消息的具体对象所属的类，决定执行哪个版本。重载在功能及使用方法上与多态性有许多相似的方面，但重载是通过静态连接实现的，而多态性则采用动态连接。重载多指下列两种情况：①函数重载，指同一作用域的若干参数特征不同的函数可以使用相同的名字；②运算符重载，指同一个运算符可以施加于不同类型的操作上。重载与多态性增加了管理信息系统体系的简洁性、灵活性、可读性、重用性及可扩充性，提高了系统的开发效率。

3. 面向对象方法的开发过程

面向对象方法的开发过程虽然不像结构化方法那样被严格地划分为几个阶段，但按照开发内容和顺序，仍然可以将其分成面向对象分析、面向对象设计、面向对象实现、面向对象测试四个部分。

1）面向对象分析

面向对象分析（object-oriented analysis，OOA）根据系统的需求，识别分析对象、类、属性和结构，并对其进行描述。面向对象分析着重识别问题域中的所有对象，通过对对象共性的分析（包括对象的方法、分类、聚合、概括和细化、联合），定义对象的抽象机制，即定义类；并组织类间关系，建立一个与实现细节无关的目标系统模型，即逻辑模型。面向对象分析主要是采用类描述语言（CDL）或类图（class diagram，CD），辅以少量文字说明来表达系统的逻辑模型。

面向对象分析采用一个完整的类图的子图（称类图子图）集中地反映逻辑模

型种类之间的特定关系，其中包括类层次结构图、类组合结构图和消息流图，分别描述类之间的继承关系和类之间的聚合关系，反映消息在各类方法之间的传递，即得到管理信息系统的逻辑模型。在逻辑模型中，不存在具体的对象，只存在描述对象共性的类。

2）面向对象设计

对分析的结果进行进一步的抽象、归类和整理，并设计人-机界面、数据库及任务管理系统。面向对象设计（object-oriented design，OOD）以面向对象分析中设计的逻辑模型为任务，在一定的语言与系统平台上，精细化逻辑模型中的类，以及增加与系统通信需要的附加类，着重考虑与系统实现有关的因素，进行问题域部分的设计，以帮助用户从数据、控制和交互控制等方面对具体的实现进行补充描述。

3）面向对象程序设计

面向对象程序设计以 OOD 设计的物理模型为任务，采用一定的程序设计语言（如 C＋＋、Java 等）或开发工具（如 Microsoft 的 Visual Studio. Net、JBuilder 等），完成对类及对象中各属性的说明，实现各服务的代码，以及对其他有关内容进行编码，生成面向对象的源程序，产生计算机可执行模型。

4）面向对象测试

面向对象测试（object-oriented testing，OOT）对程序进行集成和测试。由于面向对象的程序设计采用的方法是构件组装及对象定义，程序对属性和操作进行封装，所以在测试时，一般采用黑箱技术。黑箱测试是指在对象入口处或出口处，也即消息流入和流出处测试，即测试输入是否被正确接受，输出是否正确地产出，外部信息是否完整。

在进行程序测试时，一般遵守以下原则：以对象为单位建立测试用例；测试用例应包括流入消息和流出消息两部分；测试用例不仅由程序员来提供，而且用户参与编写；保存所有的测试用例；要注意分析程序是否产生了副作用。

4. 面向对象方法的模型表示

开发一个管理信息系统并非易事，这是因为：第一，新系统高于原系统；第二，开发者对需求的认识难以完整；第三，用户需求会发生变化。因此采用面向对象方法来开发信息系统并不像理论上那么简单。人们在不断地探索、总结面向对象的典型方法，例如，Booch 法、面向对象的建模技术（object modeling technique，OMT）、统一建模语言（unified modeling language，UML）就是三种典型的面向对象可视化建模方法。不同的方法，用于表达逻辑模型、物理模型、计算机可执行模型也有不同。

Booch 法的面向对象开发模型可分为静态模型和动态模型两部分。静态模型侧重于系统的构成和结构，而动态模型则侧重于系统在执行过程中的行为。

Booch 法中通常用状态迁移图和时序图来描述系统的动态行为。Booch 法的面向对象开发模型还可分为逻辑设计和物理设计两个部分。逻辑设计部分中，通常用类图和对象图来描述类和对象的定义；物理设计部分中，通常用模块图和进程图来描述软件系统的结构。

OMT 是美国通用电气公司在总结内部采用面向对象方法多年实践的基础上形成的一种方法。逻辑模型包括反映数据结构的对象模型、描述时间顺序操作的动态模型，以及描述有操作而改变值的功能模型，这三个模型分别描述对象的静态结构、交互顺序和数据转换。物理模型是对逻辑模型的不断提炼、求精、优化，明确各类的定义和相互的关系，以及各类的操作，在考虑重用效率的基础上加入新的类和关系。

UML 是一种基于实例（use case）的面向对象方法，在不同的开发阶段，提出相应的模型表示系统的不同侧面。系统的逻辑模型包括实例、概念模型、系统行为模型和状态模型。物理模型包括设计实力模型、体系结构模型、对象行为模型、类模型和状态模型。

5.3.4　CASE 计算机辅助软件工具

计算机辅助开发是一种自动化和半自动化的方法。它集图形处理技术、程序生成技术、关系数据库技术和各类开发工具于一身，全面支持系统调查以外的每个开发步骤，严格地讲，CASE 并不是真正意义上的独立方法。目前，CASE 仍是一个发展中的概念，各种 CASE 软件也较多，没有统一的模式和标准。就CASE 工具的发展和对整个开发过程所支持的程度来看，它不失为一种实用的系统开发方法。

1. CASE 方法的基本思路

采用 CASE 工具进行系统开发，必须结合一种具体的开发方法，如结构化开发方法、面向对象的开发方法或原型化方法等。CASE 方法只是为具体的开发方法提供支持每一过程的专门工具，也就是把原先手工完成的开发过程，转变为以自动化工具和支撑环境支持的自动化开发过程。

如果从对象系统调查后，系统开发过程中的每步都可以在一定程度上形成对应关系，则完全可以借助专门研制的软件工具，实现上述各种开发方法的一个个开发过程。这些系统开发过程中的对应关系包括结构化方法中的业务流程分析、数据/过程分析、数据分布和数据库设计、数据库系统等；面向对象方法中的问题抽象、属性结构和方法定义、对象分类、确定范式、程序实现等。由于在实际开发过程中，上述几个过程很可能只是在一定程度上对应，故这种专门研制的软件工具暂时还不能一次"映射"出最终结果，还必须实现其中间过程，即对于不完全一致的地方由系统开发人员再作具体修改。

2. CASE 的特点

与其他方法相比，CASE 方法具有如下五个特点：①解决了从客观对象对软件系统的映射问题，支持系统开发的全过程；②自动检测方法提高了软件质量和软件重用性；③简化了软件开发的管理和维护；④加速系统开发过程，功能进一步完善；⑤自动生成开发过程中的各种文档。

从方法学的特点来看，它具有前面所述方法的各种特点，同时又具有自身的独特之处，即高度自动化。值得注意的是，在这种方法的应用以及 CASE 工具自身的设计中，自顶向下、模块化、结构化是贯穿始终的，这从 CASE 自身的文档和其生成系统的文档中都可以看出。

3. CASE 工具介绍

CASE 工具与系统开发阶段相对应，主要有以下一些工具。

在需求分析阶段，CASE 工具包括：带分析功能的结构化图形工具箱，如 DED 图形工具、实体关系图（E-R）图形工具等；面向对象模型化工具和分析工具；原型化工具；共享信息资源中心库等；

在设计阶段，CASE 工具包括：图形及其他描述工具箱，如系统控制流图形工具、系统结构图形工具、N-S 图支持工具、PAD 图支持工具等；文档编辑工具；数据设计工具；原型化工具；共享信息资源中心库等。

在程序设计与实现阶段，CASE 工具包括：Jackson 程序结构图、N-S 图、PAD 图等结构化图形工具；源代码生成工具；源代码分析工具；测试数据生成工具；测试覆盖率分析工具；异常结果查错工具等。

在测试阶段，CASE 工具包括测试环境模拟工具、集成测试支持工具等。

在维护阶段，CASE 工具包括现存系统评价工具、分析和重新设计工具、移植工具、重新结构化工具和逆向软件工程工具等。

市场上的 CASE 工具种类繁多，但至今还没有一个 CASE 工具可以提供全套服务，系统开发过程离完全自动化程度的目标还相距甚远。选择合适的 CASE 工具是增强管理信息系统开发过程自动化程度的一个重要手段，进行选择时应该综合考虑系统的规模、开发人员的情况、开发方法及 CASE 工具本身的特性等。

5.3.5　几种系统开发方法的比较与选择

1. 原型化方法与结构化方法的比较

传统的结构化开发方法是研制和使用时间最长、理论体系发展比较完善的一种方法，是在当前存在的软件系统中使用最多的方法。结构化方法强调严谨性，要求在系统建立之前就对系统需求进行严格定义，通过结构化分析和设计的结构确定系统的结构与功能。这种开发方法在满足其开发基本假设的情况下无疑是十分有效的，但在系统开发前期，用户往往对未来的新系统只有一个比较模糊的看法，而开发人员也由于对用户领域的专业知识不甚了解，造成需求调查的困难，使得分析和设计的内容与用户的最终需求不能统一，大大增加了后期修改的工作量。

为了克服这种用户需求与调查结果不符的缺陷，人们研制出了一种新的开发方法——原型法，这种方法在获得一组基本的（而不是详细的）用户需求后，快速实现新系统的一个"原型"，用户、开发人员在使用原型的过程中进行有效的交流和反馈，通过反复评价和修改原型，逐步确定详细的需求。从原型化方法的工作过程中我们可以看出，它一方面通过给用户一个"实物"，使用户对新系统有更加清醒的认识；另一方面通过不断修改需求来适应需求的变化，从而提高新系统的质量。原型化方法是一种迭代、循环型的系统开发方法，它能使用户在系统开发初期，就看到最终系统的一个实际工作模型，并允许用户通过实际应用来理解和评价系统，提出改进意见，从而加强了用户在系统开发活动中的参与程度，克服了传统的结构化方法的缺陷，大大提高了最终系统的成功率。

从以上的简单介绍中我们可以得出以下几点结论：

（1）原型化方法是一种迭代、循环型的系统开发方法，而结构化方法则是一种严格、顺序型的方法。

（2）原型化方法可以使用户在系统开发初期就能看到最终系统的一个实际工作雏形，而结构化方法只有在系统开发完毕时才能让用户看到。

（3）原型化方法的用户参与程度比较高，而结构化方法在这方面显然存在不足。

（4）原型化方法由于要快速实现新系统的一个原型，因而对开发环境、软件工具要求比较高，而结构化方法几乎用任何语言都可以进行开发。

（5）原型化方法由于要对原型进行不断的修改，因而对开发过程的管理和控制比较困难，而结构化方法的各个阶段划分比较明确，只有完成上一阶段的任务后才能进入下一阶段，因而比较容易管理。

任何一种技术和方法都不可能是十全十美的。原型化方法和结构化方法也不例外，它们都有着各自的长处和不足。在管理信息系统的开发实践中，应该根据具体情况，结合使用这两种方法，以便取长补短，开发出更高质量的系统。

2. 面向对象方法与结构化方法、原型法的比较

在面向对象的方法出现之前，系统编制人员的主要任务之一是把用户提出的问题与内容要求转化成系统开发的内容和要求，虽然这两者最后要达到的目标是一致的，但程序开发人员却不得不把用户的要求"翻译"成难懂、抽象的事件和过程。例如，需求中的一个销售计划在开发中变成了由 20 个变量控制的一个过程，无论是修改还是读懂它都是很困难的。而面向对象方法则强调系统开发直接面对"客观世界"，把客观世界看成是由各种各样的对象组成的，系统开发的过程就是对这些对象的分析设计和实现过程，这就大大增强了系统的易修改性、易维护性和可重用性。

面向对象方法与结构化方法、原型化方法有以下不同之处：

（1）面向对象方法处理的内容是与客观世界相一致的对象，而结构化方法、原型化方法处理的内容是经过分析提炼后的过程和事件。

（2）面向对象方法的分析与设计之间是一致的，即设计是对分析的进一步细化，而结构化方法、原型化方法从分析结果转化成设计结果变化较大，且具有一定的难度。

（3）面向对象方法的开发过程虽然也可以分为分析、设计、实施等几个阶段，但它们之间的界限并不像结构化方法那样明显，开发过程的管理和控制也不如结构化方法那样简单易行。

3. 开发方法的选择

实际中使用的开发方法远远不止以上这三种方法，开发者可以依据项目的实际情况以及各种方法使用的条件和环境，选用合适的方法。

（1）结构化方法最突出的特点是强调系统开发过程的整体性和全局性，开发过程划分清晰，要求明确，容易进行控制，但结构化方法也有其缺点和不足，如对前期错误反馈较慢、文档量太大等。因而我们认为，结构化方法比较适合于较大项目的开发，因为对这类项目而言，能否管理和控制好整个项目是开发成败的关键，文档也是后期维护修改必不可少的工具，而且对于一个大型的系统来说，如果不经过系统分析来进行整体性划分，而想要直接用屏幕来一个一个地模拟（原型化方法）或合理完整地确定系统的对象（面向对象方法）是很困难的。所以，对规模较大、功能比较复杂的系统，最好采用结构化方法，用这种方法可以实现对整个系统的合理规划和过程控制。

（2）原型化方法比较适用于小型系统和某些局部系统的开发，特别适合于对系统功能要求不高但用户界面丰富的系统。原型化方法本身的特点决定了将其应用于开发一个大的信息系统是不可能的，它的特点和长处是对用户要求的多次模拟和修改。因而除了可以被单独应用在小型系统中外，它还可以与结构化方法结合在一起使用，作为前期调查用户需求的工具，对结构化开发方法进行发展和补充。

（3）面向对象方法以对象为基础，利用特定的软件工具直接完成从对象课题的描述到软件结构之间的转换。这是面向对象方法最主要的特点和成就。面向对象方法的应用解决了传统结构化开发方法中客观世界描述工具与软件结构的不一致性问题，缩短了开发周期，解决了从分析和设计到软件模块结构之间多次转换映射的繁杂过程，是一种很有发展前途的系统开发方法，可以被用于各种信息系统的开发。但是，同原型化方法一样，面向对象方法需要一定的软件基础支持才可以应用。另外，在大型的 MIS 开发中，如果不经自顶向下的整体划分，而是一开始就自底向上地采用面向对象方法开发系统，同样也会造成系统结构不合理、各部门关系失调等问题。

通过以上的比较分析可知，面向对象方法、原型化方法、结构化方法各有其不同的特点和适用方式，它们之间的关系是相互依存、不可替代的。

■5.4　系统开发的过程管理

5.4.1　系统开发的组织

系统开发涉及的人员较多，为了确保领导与协调有力，分工与职责明确，需要建立相应的组织机构。通常的做法是成立两个小组，即系统开发领导小组和系统开发工作小组。

1. 系统开发领导小组

系统开发领导小组的任务是制定管理信息系统规划，在开发过程中，根据客观发展情况进行决策，协调各方面的关系，控制开发进度。小组成员应包括企业领导、系统开发项目负责人、有经验的系统分析师，以及用户主要部门的业务负责人。领导小组不负责开发的具体技术工作，其组成成员中有的可能并不具备计算机应用知识和经验。领导小组的职责如下：

（1）提出建立新系统的目标、规划和总的开发策略；

（2）保证满足企业不同部门对新系统的需求；

（3）对开发工作进行监督与控制，对开发项目的目标、预算、进度和工作质量进行监督与控制，审查和批准系统开发各阶段的工作报告，组织阶段验收，提出继续开发或暂停开发的建议；

（4）协调系统开发中有关的各项工作；

（5）向上级组织报告系统开发工作的进展情况；

（6）负责主要成员的任用和规定各成员的职责范围等。

2. 系统开发工作小组

系统开发工作小组由系统分析员，即系统工程师负责，其任务是根据系统目标和系统开发领导小组的指导开展具体工作。这些工作包括开发方法的选择、各类调查的设计和实施、调查结果的分析、撰写可行性报告、系统的逻辑设计、系统的物理设计、系统的具体编程和实施、制定新旧系统的交接方案、监控新系统的运行；如果需要，协助组织进行新的组织机构变革和新的管理规章制度的制定。这个小组的成员主要由负责开发的一方组成，即若干系统分析和设计人员。组织中应该有一个通晓全局的管理者参加，负责具体的联络和沟通。小组的生命周期应该是从系统的设想提出之日起直至系统正式交付运行。

5.4.2　系统开发的项目管理

多年来，项目管理一直被认为是工程项目涉猎的范畴，数十年来，它只被应用在航天航空及工程建筑等大型的、高度专业化的行业。目前，项目管理已几乎被应用到所有行业。

在商业环境竞争日益激烈的今天，项目经理们都在试图研究一种能够使项目最大限度地获得成功的方法，这种方法能够帮助他了解项目运作中涉及的方方面面，从如何成功完成项目目标，到如何提高员工的主观能动性，如何正确预防并规避风险，都是项目管理所涉猎的范围。

近年来大规模崛起的 IT 行业，更是由于它的复杂及众多的变数，引起了业内人士的高度重视。如何解决 IT 项目中的三大问题：成本、进度和质量，便成为 IT 项目管理的研究课题。

我们通常给出的项目管理的定义为：在一个连续的过程中，为达到项目目标，对项目所有方面进行的规划、组织、监测和控制。美国项目管理学会《项目管理知识体系（PMBOK）指南》给出了项目管理的明确定义，即项目管理是指"在项目活动中运用专门的知识、技能、方法和工具，使项目能够实现或超过项目相关方的需要和期望"。它在强调项目实现过程中运用专门的知识体系的同时，还特别强调了参与人的重要性。

IT 项目管理在现代项目管理中是最重要也是运用得最好的一个领域。因为信息技术行业的特点，使得它的项目管理"在知识、技能、方法和工具"上远远领先于其他行业。近年来，项目管理的工具也被广泛运用到 IT 项目管理中，我们常用的有 MS Project、Visual SourceSafe 等。

1. 系统开发项目管理的内容

在系统开发过程中，如何在有限的资源约束下，运用系统的观点、方法和理论，对项目涉及的全部工作进行有效的管理，从项目的投资决策开始到项目结束的全过程，进行计划、组织、指挥、协调、控制和评价，以实现项目的目标，这是项目经理的主要工作任务。

一般而言，系统开发项目管理的内容包括以下几个方面。

1）项目计划管理

项目计划管理是为了确保项目按进度完成的一系列管理过程，包括：制定总体计划，确定系统开发范围，估算开发所需资源，划分系统开发阶段，分步实施，同时明确系统开发重点；制定阶段计划，分解阶段任务，估算阶段工作，规划阶段工作进度；工程计划执行情况检查，找出无法按计划完成的原因并且提出相应建议，以对计划作出相应调整。

2）项目时间管理

项目时间管理是为了确保项目最终按时完成而实施的一系列管理过程，包括具体活动界定、活动排序、时间估计、进度安排及时间控制等各项工作。

3）项目成本管理

项目成本管理是为了保证完成项目的实际成本、费用不超过预算成本、费用而实施的管理过程，包括资源的配置，成本、费用的预算以及费用的控制等各项工作。

4）项目质量管理

项目质量管理是为了确保项目达到客户所规定的质量要求而实施的一系列管理过程，包括质量规划、质量控制和质量保证等，具体为：贯彻系统开发过程质量管理原则；确定系统质量管理指标体系；保证系统的可使用性、正确性、适用性、可维护性及文档完整性；系统开发周期内的质量管理，分阶段确认工作质量指标，实行质量责任制；对各项任务进行质量检查，分阶段质量评审，分析影响阶段质量的原因。

5）项目人力资源管理

项目人力资源管理是为了保证所有项目关系人的能力和积极性都得到最有效的发挥和利用而作的一系列管理措施，包括组织的规划、团队的建设、人员的选聘和项目的班子建设等一系列工作。

6）项目沟通管理

项目沟通管理是为了确保项目信息的合理收集和传输而实施的一系列措施，包括沟通规划、信息传输和进度报告等。

7）项目风险管理

项目风险管理涉及项目可能遇到的各种不确定因素，包括风险识别、风险量化、制定对策和风险控制等。

2. 系统开发项目管理的特征

归纳起来，项目管理具有以下几方面的特性。

1）创新性

项目管理的创新性取决于项目的特性及管理方面。项目的创新决定了项目管理的创新，因为项目的一次性和创新，导致每一个项目的项目管理都有其不同于其他项目管理的方面。现代项目管理更强调在项目管理的过程中启用新的管理手段和管理工具，手段和工具的创新决定了项目管理的创新。一个新的系统开发项目，由于时间、技术、人员、规模、需求等与以往同类项目的不同，需要项目管理的创新，而在管理过程中文件服务器使用的软件的不同，即管理工具的不同又产生了管理本身的创新。

2）普遍性

在我们的生活和工作范畴中，要接触到各种不同领域、不同类型、不同大小的项目，我们所应用的产品也是通过项目活动实现的。项目的普遍性存在，导致了项目管理的普遍性。

3）目的性

项目管理的目的是使"项目能够实现或超过项目相关方的需要和期望"，这就表明，项目管理的所有工作都是围绕这一最终目标展开的。

4）集成性

因项目管理要贯穿项目全部进程的不同阶段、参与项目的不同的部门、项目的各种不同的资源调配，需要多种专业的管理，如财务管理、运营管理、营销管理等，项目管理要对所有的管理手段进行协调、对不同的部门进行沟通，最终实现指标，这就决定了它具有集成性。

由于每个项目需要多种技能和资源，实际的工作可能由来自不同职能部门的员工或者外部承包商完成。一个项目可能有两条命令链，一条是垂直和职能的，另一条是水平和项目的，员工可能需要同时向项目经理和职能部门经理报告。因为项目包含了组织内部和外部的不同单位的工作人员，依赖垂直的命令链来进行授权和交流很花时间，并且会引起工作的经常中断和延迟。为了能使工作高效地完成，不同单位不同层次的管理者和员工之间需要直接联系。在项目组织里，这些非正统渠道的作用已经被认可，并通过建立一种和垂直阶层相对立的水平阶层使其程序化。这种混合式的组织形式，使在不同工作单位的员工能够形成高度综合的项目团体。尽管项目组织是暂时的，形成项目组织的职能部门或者承包的部门却是永久的。当一个项目结束时，项目组织被解散，人们又回到各职能部门或承包商那儿去，或者被再次分配到新的项目中。

项目经理是将所有的工作努力汇集起来并指向单一的项目目标的关键。项目经理负责把为项目工作的各职能部门的人员集合成一个整体。项目经理一个人领导着项目组织，并独立于通常的命令链。这种组织反映了项目的职能交叉、面向目标和临时性的特征。传统组织的管理者倾向于专业化，并对单个职能部门或者单位负责。这对于优化单个部门的效率的确不错，但是当项目需要许多部门的支持时，就没有人对项目的目标负责，这时需要有一名项目经理对项目负责。

5.4.3　系统开发的有关人员及分工

1. 系统开发相关人员

系统开发首先要做好人员的组织工作。开发过程所需要的人员有用户、系统分析员、数据库管理员、系统设计员、硬件网络设计员、程序设计员等。这些人员在系统开发过程中所处的地位和作用是不同的。

1）信息主管

信息主管（chief information officer，CIO）是企业高层负责企业信息资源管理的决策者，全面负责企业的信息管理工作。他根据企业战略的需要，考虑和提出企业的信息战略，提出基于信息技术的问题解决方案。CIO 是企业中的高级职位，是决定企业命运的核心人物，辅助企业的高层决策和长远规划，实现企业全面的信息管理。

CIO 不仅要对计算资源的运用、计算中心的正常运行负责，更重要的是，要参与企业核心管理层的决策，决定企业的信息战略，保证信息战略与企业战略相配合，并对企业信息化的发展作出长远规划。由于这些工作都是在决策层的活动，因此 CIO 必须对企业的发展战略和发展目标有清楚的理解，同时懂得信息技术在企业中的作用，只有这样才能做好企业信息战略的设计工作。

CIO 作为企业信息战略的构架者和信息系统的规划者，技术方面的特长为 CIO 的工作作了基本的铺垫。但是，CIO 不单单是技术角色，而是技术加管理的综合角色。CIO 必须了解先进的管理思想和理念，作为企业的决策者之一，从信息的角度为企业提供管理的手段和思路，增加企业高层管理的职能和思想。

CIO 的基本职责不仅包括对信息本身的收集、组织加工、开发利用，而且包括制定完善的信息管理制度，采用现代化信息技术，对涉及信息活动的各种要素进行合理控制，以实现信息资源的合理配置和有效利用。

在管理信息系统的开发中，尤其是在可行性研究以及系统分析阶段，CIO 起着非常重要的作用。

2）项目经理

管理信息系统的开发是一项复杂的系统工程，在开发过程中涉及多种资源的计划、组织、协调、指挥与控制。项目管理是在一定的预算和计划下，组织、指挥其他人完成计划的任务，将一般的项目管理方法，如招标投标法、工程监理法等引入管理信息系统的开发中。软件能力成熟度模型（capability maturity model，CMM）作为大型软件开发管理的专门方法和模式也已开始实施。因此，需要具有管理能力、项目管理知识和经验、管理信息系统开发管理知识和经验的人员，即项目经理。

3）系统分析员

在管理信息系统的开发中，从事系统逻辑模型设计工作的人员就是系统分析员。系统分析员是利用信息技术提供企业问题解决方案的解决者，而不是程序员。解决问题就是先详细分析问题，了解与问题相关的所有事物和关系，然后提出解决问题的方案。

在系统分析阶段，系统分析员要从不规范的、大量的事务性信息中，获得用户对系统较完整的需求，这是一个复杂的问题。因此，系统分析员的价值不在于建立一个特殊的模型，或者完成设计程序，而是要具有分析和解决业务信息问题的能力。这些能力主要表现在如下几个方面：

第一，事实的发现能力。如何高效地理解用户对系统的需求以及发现事实的能力。高效率表现在分析员能够在少打扰用户的前提下，将系统的调查、问题分析、企业流程重组、用户需求分析等需要用户高度配合的工作迅速推进。有效性则表现在完整地、可理解地、正确地获得用户需求。问题分析、用户需求分析不仅是可见的、当前的，还包括不可见的、潜在的。

第二，问题的抽象能力。到企业进行实际详细调查，人们看到的是一些具体的事物：某产品的加工、库存物品的进出，厚厚地记录着各种数据的各种单据……人们往往会陷入具体的事务中。但是，系统分析员不能只看到"树"，而看不见"林"，他应该具有将"树"抽象为"林"的能力。对问题的抽象，可以使系统分析员抓住问题的关键，对看似不相似或无关的事务，找到它们的共同点，从表面杂乱的事务中获得它们的规律性。

第三，对信息的高敏感性。在管理信息系统的开发中，系统分析员需要向用户多次沟通，以获取用户的需求。系统分析员要了解的情况，对用户来说是司空见惯的，他会不在意地说出相关信息，若系统分析员对信息不敏感，则可能漏掉了用户的需求。

第四，企业流程建模的能力。管理信息系统作为企业给予信息技术的业务平台，企业运作、管理的规则必须包括在系统中，因此系统分析员要能识别和抓住业务规则，并且根据管理的思想与方法、企业运作与管理的需要，建立企业流程的模型，最终建立新系统的逻辑模型。

系统分析员还应该具有协调能力，能与各类人员协同工作，控制向用户调查的时间以及小组成员定义需求的时间。

因此，系统分析员应该具有一般的管理、企业流程以及重组、系统建模、管理信息系统专业以及信息技术等方面的知识。在开发一个具体的系统时，应该掌握相关领域的管理方法。例如，开发会计管理信息系统时，系统分析员必须从理论上掌握企业会计工作的主要内容、工作规范、工作流程和管理规则，还必须掌握企业的实际运作和管理规则等；开发营销管理信息系统时，系统分析员必须掌握企业营销的理论，还必须掌握企业实际的行销模式。这样，才可能保证所设计的系统既符合先进管理理论、方法的要求，又能满足企业运作与管理的要求。

4）系统设计员

在管理信息系统的开发中，系统设计员的主要任务是根据系统逻辑模型的要求，完成系统的物理模型设计。

因此，系统设计员应该具有扎实的信息技术方面的知识。对于管理信息系统来说，需要掌握的主要包括计算机网络、系统安全、数据管理技术、软件结构、系统集成等。由于信息技术的快速进步，可用的技术、产品也在不断更新，系统设计员应该及时地掌握。

同时，系统设计员也应该具有一般的管理知识，应该能在满足新的系统逻辑模型的基础上，以合适的资金投入构建合适的系统平台，而不是只管技术、不考虑投资效率的技术专家。系统设计员应该具有在经济和技术之间平衡的能力。

完成从逻辑模型到物理模型的转换，既需要系统结构、应用软件结构的设计等宏观的设计工作，又需要模块划分等微观的设计工作，因此，系统设计员还可以分出一类人员——程序分析员，由他们完成模块结构和模块设计。

5）程序设计员

程序设计员主要负责依据系统逻辑方案进行系统的程序设计，实现方案中的各项功能；负责进行用户的使用培训工作；负责系统的测试和试运行。

6）系统维护人员

系统维护人员的主要工作是完成对系统的维护，包括平台、应用软件、系统数据等的维护，其工作目的是保证系统的正常运行。通常，系统的维护工作被理解为硬件故障的解决，系统维护人员更多地被当作系统的"维修工"，因此该类人员的工作常被忽视。但对于管理信息系统是否能满足企业的需求、能否长期运行，系统维护人员是坚实的保障。许多已投入使用的系统为什么很快就夭折了？就是因为缺少很好的系统维护。

因此，系统维护人员应该具有信息技术的一般知识，了解企业的运作与管理流程、所维护系统的逻辑模型、物理模型和计算机模型。

7）硬件网络设计员

负责依据新系统逻辑方案中提出的对硬件网络的基本要求制定硬件网络配置方案，并负责该方案的全部实施工作。

8）数据库管理员

负责依据系统逻辑方案中提出的数据需求进行数据库设计、定义和存储工作，负责在系统运行中监督和控制数据库的运行以及数据库的维护和改进工作。

9）用户

在信息系统开发中，用户是大批的，他们是信息系统建设的参与者和最终使用者，懂得具体的管理需求和信息需求，因此，他们既要负责地提出系统需求，又要及时纠正系统开发中的偏差。在系统运行后，能够熟练地运用新系统为自身的管理工作服务；在开发中要做好对广大用户的培训工作，提高他们的参与意识和使用新系统的积极性。

系统开发必须在上述各类人员的共同努力下才能完成，因此要做好这些开发人员的组织与协调工作。组织与协调工作可以通过一个项目领导小组来实现。有充分理由要求这个领导小组的组长由企业或组织的高层领导来担任，小组成员由企业或组织中的各项管理专家以及懂得系统开发方法并有组织能力的系统开发专家组成。由这个小组组织各类开发人员从事系统开发工作，并负责协调用户之间、用户与开发人员之间、开发人员之间的各种关系。

2. 项目组的人员结构

在时间维，管理信息系统的开发分为多个阶段，不同阶段完成系统开发中的不同任务，因此不同阶段所需要的人员数量和对知识的掌握要求也就不同。表5-2 给出了管理信息系统开发不同阶段中项目组的主要参与人员。

表 5-2　系统开发不同阶段项目组的主要参与人员

开发阶段	主要人员
系统可行性研究	CIO、项目经理、系统分析员
系统分析	系统分析员、终端用户
系统设计	系统设计员、数据库管理员
系统实施	程序设计员、数据库管理员、终端用户
系统维护与评价	系统维护人员、数据库管理员

在系统规划阶段，项目仅包括非常少的人，一般有项目经理和一至两名具有经验的系统分析员。这个阶段的主要工作是决定系统覆盖的范围以及可行性分析。因此，参加的系统分析员应该具有相关的管理经验和知识。

在系统分析阶段，主要参加人员是具有很强系统分析能力和在问题领域有丰富知识的人员。但是在实际工作中，往往缺少既具有丰富的问题领域知识，又具有很强的系统分析能力的人，因此可以补充少数具有丰富的问题领域知识的人员。若问题覆盖面广，则项目组需要分为若干项目小组，每个小组负责不同的方面。

在系统设计阶段，应该增加具有很强技术经验（如计算机网络、数据库知识）的人员作为系统设计员。

在系统实施阶段，应该增加程序员和质量控制人员，质量控制人员主要制定系统测试计划和测试数据。因此在这个阶段，一般项目组的人员很多。在这个阶段的后期，还需要增加一定数量的用户，他们既参加系统的测试，还首先受到培训，今后可以利用他们培训其他用户。

在系统维护阶段，项目组主要由系统维护人员组成。

➢ 知识拓展：软件能力成熟度模型（CMM）

软件能力成熟度模型（capability maturity model for software，CMM），是对组织软件过程能力的描述。CMM 是由美国卡内基梅隆大学的软件工程研究所

（Software Engineering Institute，SEI）受美国国防部委托研究制定的一套专门针对软件产品的质量管理和质量保证标准，并在美国随后在全世界得到推广实施。

CMM 的核心是把软件开发视为一个过程，并根据这一原则对软件开发和维护进行过程监控和研究，以使其更加科学化、标准化，使企业能够更好地实现商业目标。它侧重于软件过程开发的管理及软件工程能力的改进与评估，因此 CMM 被用作评价软件承包商的能力并帮助组织改善软件过程质量，是目前国际上最流行、最实用的一种软件生产过程标准，成为当今企业从事规模软件生产不可缺少的一项内容。

CMM 的目的是帮助软件企业对软件工程过程进行管理和改进，增强开发与改进能力，从而能按时地、不超预算地开发出高质量的软件。企业实施 CMM 模型评估可为企业带来如下好处：指导软件组织提高软件开发管理能力；降低软件承包商和采购者的风险；评估软件承包商的软件开发管理能力；帮助软件企业识别开发和维护软件的有效过程和关键实践；帮助软件企业识别为达到 CMM 更高成熟等级所必需的关键实践；增加软件企业的国际竞争能力。

CMM 分为五个等级：一级为初始级，二级为可重复级，三级为已定义级，四级为已管理级，五级为优化级。从低到高，软件开发的生产精度越来越高，每单位工程的生产周期越来越短。

这五个级别的具体内容包括：

在初始级，企业一般不具备稳定的软件开发与维护的环境。常常在遇到问题的时候，就放弃原定的计划而只专注于编程与测试。

在可重复级，建立了管理软件项目的政策以及为贯彻执行这些政策而制定的措施，基于过往的项目经验来计划与管理新的项目。

在已定义级，有关软件工程与管理工程的一个特定的、面对整个企业的软件开发与维护过程的文件将被制定出来。同时，这些过程集成到一个协调的整体，被称为企业的标准软件过程。

在已管理级，企业对产品与过程建立起定量的质量目标，同时在过程中加入规定得很清楚的连续的度量。作为企业的度量方案，要对所有项目的重要的过程活动进行生产率和质量的度量，因此软件产品具有可预期的高质量。

在优化级，整个企业将会把重点放在对过程进行不断的优化。企业会主动找出过程的弱点与长处，以达到预防缺陷的目标。同时，分析有关过程的有效性的资料，作出对新技术的成本与收益的分析，以及提出对过程进行修改的建议。

CMM 评估包括 5 个等级，共计 18 个关键过程域，52 个目标，300 多个关键实践。每一个 CMM 等级评估周期为 12～30 月。每一级别的评估由美国卡内基梅隆大学的软件工程研究所授权的主任评估师领导一个评审小组进行。评估过程包括员工培训、问卷填写和统计、文档审查、数据分析、与企业的高层领导讨论和撰写评估报告等。目前，针对 CMM 已开发出很多评估方法，其中公认的评估方法有两个：一是用于内部过程改进的 CMM 评估，称为 CBA-IPI 方法；二是用于选择和监控分承包方的 CMM 评估，称为 SCE 方法。这两种方法基于不同的目的，但评估的结果应是一致的。

1984 年，美国国防部为降低采购风险，委托卡内基梅隆大学软件工程研究院（SEI）制定了软件过程改进、评估模型，也称为 SEI SW-CMM。该模型于 1991 年正式推出，迅速得到广大软件企业及顾客的认可。现在美国 10％～15％的软件客户都是大公司，如波音公司、洛克希德公司等，它们一般都要求软件供应商通过较高级别的 CMM 评估。

欧洲许多国家除独立研究与实践有关软件成熟度的软件工程理论和方法外，也引进了 CMM 评估。英国著名的路透集团就是其中之一，该集团于 1998 年通过了 CMM 二级评估。目前，路透集团大部分的开发小组已经达到 CMM/CMMI3 级，其中泰国和中国香港的软件中心于 2004 年 4 月顺利通过了 CMMI5 级。

全球只有 54 家软件企业通过了 CMM 四级和五级评估，其中印度就有 29 家。印度对于软件人员进行软件标准培训非常重视，印度大软件公司对于新员工要进行 5～8 周的入门培训，以后新员工还要接受导师培训。印度每年定期进行 CMM 培训，现已培训了 3 万多名软件人员。

CMM 最初是悄然进入中国的，1999 年 7 月 6 日，当北京鼎新信息系统开发有限公司成为中国首家通过 CMM 二级评估的企业时，并没有几个人听说过这个新名词，更别说明白它意味着什么了。CMM 真正火爆起来还是由于 2000 年 6 月国务院颁发了《鼓励软件产业和集成电路产业发展的若干政策》（业内人士称之为"18 号文件"），该文件的第五章第十七条明确提出，"鼓励软件出口型企业通过 GB/T19000-ISO9000 系列质量保证体系认证和 CMM（能力成熟度模型）认证。其认证费用通过中央外贸发展基金适当予以支持"。伴随着 2001 年上半年国内几大公司先后通过 CMM 二级认证及其后掀起的强大宣传攻势，CMM 成为目前软件业最时髦的词汇。各地政府和科委对企业通过 CMM 认证也明确表示大力支持，并且对通过的企业予以不菲的奖励。国家发布的关于促进 IT 业发展的 18 号文件，以及软件企业资格认证等有关文件中，都鼓励企业实施 CMM。珠海开发区规定了通过二级一次性奖励 50 万元的政策。预计未来几年内，国内将出现软件业实施 CMM 的高潮。

思考题

1. 管理信息系统的开发方式有哪些？如何选择？
2. 管理信息系统的开发方法有哪些？生命周期法有哪几个阶段？每个阶段的主要工作有

哪些?

  3. 面向对象方法与传统的开发方法有哪些本质区别?

  4. 比较管理信息系统开发方法的联系与区别。

  5. 管理信息系统的开发小组有哪些角色?他们主要的任务是什么?

  6. 管理信息系统的项目管理内容有哪些?

上机作业题

  1. 上机调研目前企业开发管理信息系统主要采用的开发方式和开发方法是什么?

  2. 上机调研市场上常用的 CASE 工具种类有哪些?

小组讨论题

  分析系统开发中不同人员的作用,从系统规划角度分析 CIO 的作用。

第6章

系统规划

6.1 系统规划概述

6.1.1 系统规划的目的

总体规划是管理信息系统生命周期的第一个阶段，也是系统开发过程的第一步，它的主要任务是明确"系统是什么"的问题，也就是对目标系统提出完整、准确、清晰、具体的要求。由于我们开发的管理信息系统是一个大系统，复杂程度高，投资大，开发周期长，因而在开发的初期必须以整个系统为分析对象，确定这个系统的总体目标、主要功能和约束条件。也就是从总体上来把握系统的目标和功能的框架，继而研究论证这个总体方案的可行性，这样就给今后的系统分析和设计打好了基础。

具体来说，对管理信息系统进行总体规划，是出于以下考虑：

管理信息系统是由众多子系统组成的，为了对它们的组成和关系有初步了解，以便于进一步的分析工作，就必须先从总体上提出方案。

为了使领导对系统的开发与否作出决策，并筹集大量的费用，需要有一个概略的投资方案。在实际进行系统分析之前，应拿出一个有说服力的系统可行性说明，对系统的效果作出论证。由于财力限制，用户往往需要分期分批地实施子系统，因而需要事先作出分批开发计划。根据上述理由，可以认为，总体规划是为系统开发打基础，没有一个好的基础，其他工作即使做好了，也会出问题。所以，我们必须认真做好这一阶段的工作。具体来讲，总体规划的目的可以概括如下。

1. 保证信息共享

人们总是说信息是企业的重要资源，并认为信息流是除资金流、物流之外企业的另一种重要的生产要素。但是企业的信息只有被集中起来，并能够被全企业共享时，才能真正发挥作用，成为企业真正意义上的资源，而这就需要总体规划。我们知道，从内部环境来看，一个企业或组织总是由多个职能部门构成的；从外部环境来看，企业是一个开环系统，要与材料供应商、市场客户、税务部门及其他政府机构发生关系。企业或组织的内外信息资源很多，企业内外之间都有大量的信息需要交换和共享。那么如何收集、存储、加工和利用这些信息，以满足各种不同管理层次的需要呢？这显然不是分散的、局部的考虑所能解决的问题，必须有来自高层的、统一的、全局的规划，将这些信息提取并设计出来，才能实现信息的共享。

2. 协调子系统间的工作

我们要开发的管理信息系统通常是由若干子系统组成的，如一个企业的综合管理信息系统由会计管理信息子系统、销售管理子系统、预算管理子系统、库存物资管理子系统、人事管理子系统等组成。各个子系统除了完成相对独立的功能外，它们之间还存在着大量的公用数据，并需要实时或定期进行信息交换。

在企业中，有关公用数据和信息交换的例子很多。例如，在人事管理子系统中需要对企业的所有人员信息进行管理，而人员信息同时也在会计管理信息子系统中使用，以便进行工资核算；预算管理子系统的主要目的是制定成本费用计划，并对计划的执行情况进行实时监控，它需要实时地从会计信息子系统中取得成本费用的实际发生数，也就是说，预算子系统与会计子系统间存在信息交换。为了降低企业信息处理的成本，就需要通过总体规划使各个子系统之间能够相互协调工作。

在手工管理方式下，信息的交换工作大多靠纸张、电话等媒体来实现，而为了保证信息处理的正确性、及时性，多数企业或部门经常会安排两组或三组人员从事相同的信息处理工作，这样做一方面带来了人力资源的浪费，另一方面由于不同组人员对信息处理的不一致性，常常会影响决策的正确性。而基于计算机的管理信息系统对公用的数据要尽量做到由一个部门（子系统）产生，被多个部门（子系统）多次使用。这种子系统之间的协调必须有来自高层的总体规划。总体规划是站在总体的高度识别并规划出支持各项管理的数据、数据产生的地点、使用的部门等，负责协调相互之间的关系，以克服手工管理方式中的弊病。

3. 使开发工作有序进行

管理信息系统的开发是一项艰巨的系统工程，它涉及大量的人力、物力、财力，需要经过较长的一段时间才能完成。一个复杂的管理信息系统总是由多个子系统组成的，受人、财、物等各种资源和人们认识水平等多种因素的限制，各个子系统的开发不可能齐头并进，往往是采用开发一部分、再开发一部分这样一个循序渐进的开发过程。那么，到底先开发哪些子系统，在什么时间内完成？后开发哪些，在什么时间开始？在整个开发过程中，什么时期内完成哪个阶段的任务？这些任务的完成需要什么人、多少资金、做什么样的工作？等等，这些有关开发进度的安排、人员的调配、所需设备的配置、资金的到位等一系列问题都必须事先在总体规划阶段解决，以便使开发工作在一个总体蓝图的指导下，合理、有序地进行。

6.1.2　系统规划的任务与步骤

1. 系统规划的任务

系统规划是管理信息系统生命周期的第一个阶段。这个阶段的主要目标是制定管理信息系统的长期发展方案，决定管理信息系统在整个生命周期内的发展方向、规模以及发展进程。信息系统规划主要包括以下六方面任务。

1）信息系统的总目标、发展战略与总体结构的确定

根据企业的战略目标和内外约束条件，确定信息系统的总目标和总体结构，使管理信息系统的战略与整个企业的战略和目标协调一致。根据总目标规定信息系统的发展方向，根据发展战略规划提出衡量具体工作完成的标准，根据总体结构提供系统开发的框架。

2）企业现状分析

企业现状分析包括对计算机软件、硬件、产业人员、开发费用及当前信息系统的功能、应用环境和应用现状等情况，进行充分的了解和评价。

3）进行可行性分析

在现状分析的基础上，从技术、经济和社会因素等方面研究并论证系统开发的可行性。可行性研究的目的是用最小的代价，在最短的时间内确定问题是否能够得到解决，即所给定的问题是否现实，目标系统是否存在可行的解决方案，或目标系统的建立所带来的收益是否超过建立系统的费用。这些问题要通过客观准确的分析才能得到回答。

4）企业流程重组

对业务流程现状、存在的问题和不足进行分析，使流程在新的技术条件下重组。企业流程重组是根据信息技术的特点，对手工方式下形成的业务流程进行根本性地重新考虑和重新设计。

5）对相关信息技术发展的预测

信息系统规划必然受到信息技术发展的影响。因此，要对规划中涉及的软、

硬件技术，网络技术，数据处理技术和方法的发展变化及其对信息系统的影响作出预测。

6）资源分配计划

制定为实现系统开发计划而需要的软、硬件资源，数据通信设备，人员，技术和资金等计划，给出整个系统建设的概算，并进行可行性分析。

2. 系统规划的特点

系统规划阶段也是概念系统形成的时期。目前，用于信息系统规划的方法很多，不同的规划方法只是侧重点和适用的环境不同。无论哪种方法都需遵照系统工程的观点，采取阶段化、层次化、结构化和自上而下的管理控制方法。系统的总体规划是面向高层次的系统分析，它具有以下五个特点：

（1）全局性。系统规划是面向全局的、未来的、长远的关键问题，因此具有较强的不确定性，非结构化程度较高。

（2）高层性。系统规划是高层次的系统分析，高层管理人员（包括高层信息管理人员）是工作的主体。

（3）指导性。系统规划不宜过细，对系统的描述仅在宏观层面上进行。系统规划的目的是为整个系统的建设确定目标、发展战略、总体结构方案和资源分配计划，而不是解决系统开发中的具体业务问题。因此，系统规划阶段是一个管理决策过程。它要给后续工作以指导，而不是替代后续工作。在系统规划阶段，系统结构着眼于子系统的划分，对数据的描述在于划分"数据类"，进一步的划分是后续工作的任务。

（4）管理与技术相结合。系统规划是管理与技术相结合的过程，它要应用现代信息技术，有效地支持管理决策的总体方案。规划人员对管理和技术发展的见识、开创精神、务实态度，也是系统规划成功的关键因素。

（5）环境适应性。系统规划是企业总体发展规划的一部分，要求服从总体发展规划，并且随着环境的发展而变化。

3. 系统规划的步骤

管理信息系统规划从开始到结束一般分为九个步骤（图6-1）：

（1）确定规划的基本问题。包括明确规划的年限、规划的方法、规划的方式以及规划的策略等内容。

（2）收集初始信息。包括从各级主管部门、市场同行业竞争者、本企业内部各管理职能部门，以及相关各种文件、书籍和杂志中收集信息。

（3）评价系统状态和识别计划约束。包括分析MIS目标、开发方法、功能结构、信息部门的情况、风险度和政策等；识别系统现存的设备、软件及其质量；根据企业的财务情况、人力和物力等方面的限制，定义MIS的约束条件和政策。

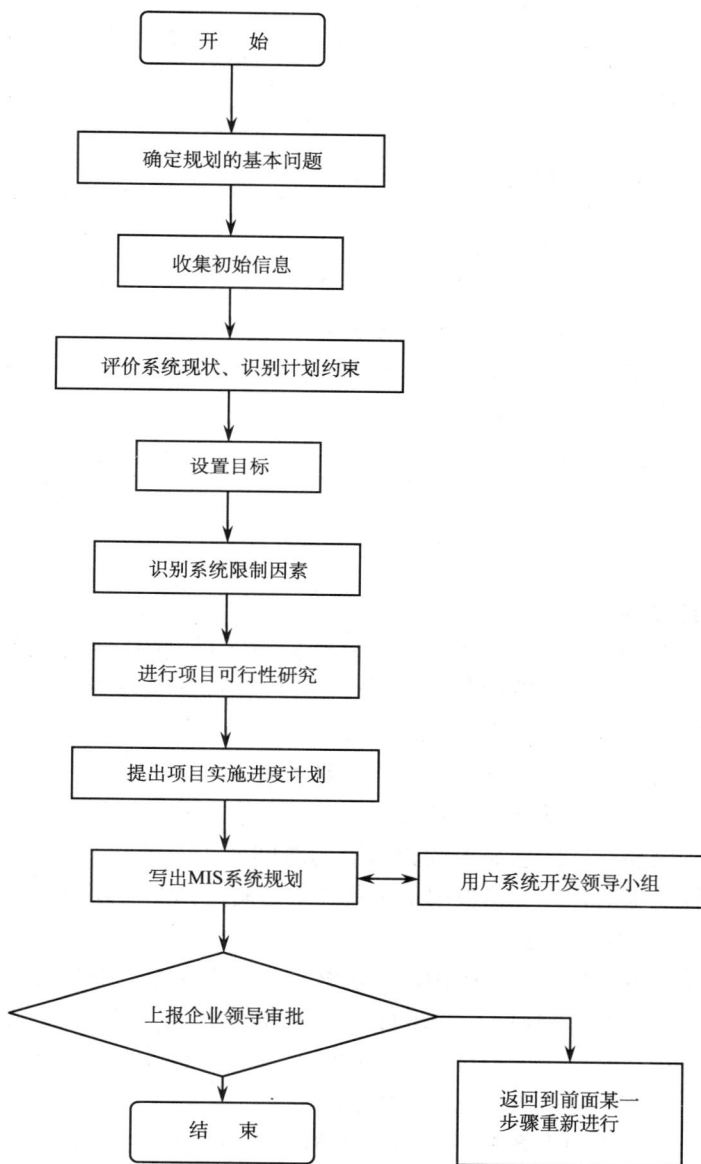

图 6-1　管理信息系统规划步骤

（4）设置目标。由企业领导和系统开发负责人依据企业整体目标，确定信息系统的目标，明确信息系统应当具有的功能、服务的范围和质量等。

（5）识别系统限制因素。实施系统目标，新系统的运作不可能不受到限制。

新系统的限制因素中，一类是环境造成的，如上级主管部门、税收部门、市场及客户等信息的要求；另一类则是企业管理造成的，如现有的硬件设备、系统完成及运转的期限。

（6）进行项目可行性研究。在上述分析的基础上，对能开发的系统从经济、技术和社会因素等方面进行可行性研究。运用技术经济理论与方法，分析系统开发的必要性和欲开发方案的可行性，以得出是否继续开发的明确结论，且对新系统实现的投入与产出作出全面的评估。

（7）提出项目的实施进度计划。根据项目的优先权、成本费用和人员情况，编制项目的实施进度计划，列出开发进度表。

（8）写出管理信息系统规划。通过不断与用户、系统开发领导小组成员交换意见，将管理信息系统规划书写成文。

（9）上报企业领导审批。将系统规划上报企业领导审批。系统规划只有经过企业领导批准后才能生效，否则只能返回到前面某一步骤重新进行。

6.1.3　系统规划的常用方法

1. 关键成功因素法

1970 年，哈佛大学的 William Zani 教授在 MIS 模型中用到了关键成功变量，这些变量是确定 MIS 成败的因素。10 年后，麻省理工学院（MIT）的 John Rockart 教授把关键成功因素（critical success factors，CSF）提高成为 MIS 战略。关键成功因素法的主要思想是"抓主要矛盾"。这是用以弥补在广泛的全面调查中，难以获得最高领导的信息需求的一个有效方法和技术，并且在访问谈话中解释这一方法和进行信息需求调查所需的时间较少。虽然 CSF 是从信息系统设计的角度提出来的，但它也被用于企业计划的制定和评价方面。

1）CSF 的基本概念

关键成功因素是指一个组织中若干能够决定组织在竞争中获胜的区域（或部门）。如果这些区域（或部门）的运行结果令人满意，组织就能在竞争中获胜，否则，组织在这一时期的努力将达不到预期的效果。不同的行业或同一行业中的不同组织，可能有不同的关键成功因素。

可以说，关键成功因素在组织的目标和完成这些目标所需要的浩瀚信息之间，起着一种引导和中间桥梁的作用。通过对关键成功因素的识别，可以找出弥补所需的关键性信息集合，从而建立那些重点的信息系统。

2）CSF 的应用步骤

第一，了解企业的战略目标（目标识别），了解企业或 MIS 的目标。

第二，识别所有关键成功因素：可以使用逐层分解的方法引出影响企业或 MIS 目标的各种因素和影响这些因素的子因素，此步骤可以使用的工具是树枝因果图。例如，某企业的一个目标是提高产品竞争力，可以用树枝因果图画出影响它的各种因素，以及影响这些因素的子因素，如图 6-2 所示。

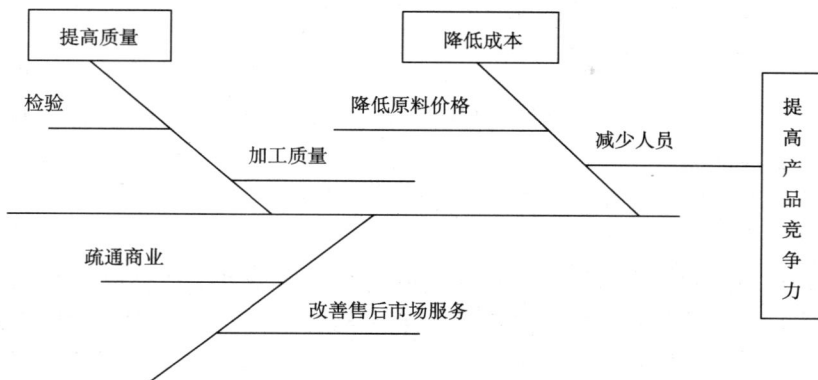

图 6-2　识别成功因素的树枝因果图

第三，识别性能的指标和标准（确定关键成功因素）。对识别出来的所有成功因素进行评价，并且根据企业或 MIS 的现状以及目标确定关键成功因素。此步骤可以使用专家调查法或模糊综合评价方法等。

第四，识别测量性能的数据或者定义数据字典（明确各关键成功因素的性能指标和评估标准）。

以上步骤过程如图 6-3 所示。

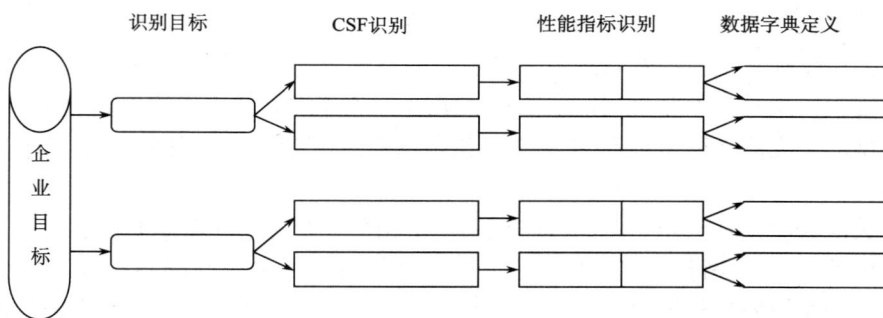

图 6-3　关键成功因素法步骤

3）关键成功因素的来源

对于一个企业来说，关键成功因素有两类：一是企业所在行业的成功因素；二是企业自身的成功因素。具体来说，企业的关键成功因素有以下四种来源。

（1）行业的特殊结构。行业的性质可能决定某些关键成功因素。例如，在汽车工业中，制造成本控制就是一项非常重要的关键成功因素；在超级市场业，产品的组合和产品价格则是其关键成功因素。

（2）竞争策略、行业地理和地理位置。特定行业的竞争策略也会决定关键成功因素。例如，对于具有相似目标的两家百货公司，一家是享有极高声誉的百货公司，它会将优质的客户服务、商品的新潮款式以及质量控制作为竞争的关键成功因素；而另一家是大众闻名的百货公司，它会将商品的定价、广告效力等作为竞争的关键成功因素。

一个企业在同一行业中处于不同的地位，或者在同一行业中位于不同地理位置的企业，都有不同的关键成功因素。

（3）环境因素。这里的环境是广义的概念，如国民生产总值、世界经济形势、国家行业政策等。这些因素的变化将会导致许多企业的关键成功因素发生变化。例如，东南亚发生的金融危机，促使许多国际企业改变其关键成功因素。

（4）暂时性因素。企业内部的变化常会引起企业暂时性的关键成功因素。例如，某企业的一些管理人员因对上级不满提出辞职，这时重建企业管理班子立即成为该企业的关键成功因素，直到重建工作结束。

4）关键成功因素的度量

在识别高层管理人员的关键成功因素后，还要讨论和分析与这些成功因素有关的所有资料，因为许多成功因素的度量都需要组织外部的信息。

度量关键成功因素所需的很重要的一部分信息来源于主观评价，它们不能被数量化。这些信息是重要的管理资料，高层管理人员也习惯于使用这些软的但非常有用的度量。

关键成功因素可以分成两大类，一类是"监督"型的，另一类是"建设"型的。高层管理在当前经营状态下感受到的竞争压力越大，就越需要高水平的关键成功因素，这是为了监督当前的工作。组织的经济压力越小或权力越分散，"建设"型的关键成功因素就越多，这主要是想通过改革方案来使组织适应未来的环境。

关键成功因素法与企业的战略规划紧密相关，企业的战略规划描述的是，企业期望的目标，关键成功因素则提供达到这些目标的关键性能指标及其评估标准。一个企业要想长期发展下去，就必须对关键成功因素进行认真和不断的选择和度量，而且在需要的时候进行适当调整。

2. 企业系统规划法

企业系统规划法（business system planning，BSP）是为指导企业信息系统开发而建立起的一种结构化方法。20 世纪 70 年代初，IBM 公司使用企业系统规划法进行企业内部信息系统开发。此后，该方法在管理信息系统中得到了广泛的应用。企业系统规划法帮助企业进行规划，确定企业信息系统建设的信息需求，以满足企业长期发展的需要。

企业系统规划法认为，信息系统应支持企业的目标；同时，信息系统应表达并满足企业中各个管理层次（战略计划、管理控制和操作控制）的信息需求；信息系统应向整个企业提供一致的信息；信息系统应该在企业管理体制和组织机构发生变化时保持一定的稳定性和工作能力；信息系统的战略规划应由总体信息系统中的子系统开始实现。

1）BSP 法的原则

使用 BSP 方法的前提是企业内部有改善目前计算机信息系统，以及为建设新系统而建立总的战略的需求。BSP 是一个企业在长时期内构造、综合和实施信息系统所使用的规划方法，其基本概念与企业信息系统的长期目标密切相关。

（1）信息系统必须支持企业的目标。系统规划的一个最重要的任务是确定管理信息系统的战略和目标，使它们与企业的战略和目标保持一致。信息系统是一个企业的有机组成部门，对企业的总体有效性起非常重要的作用。信息系统的开发和维护需要大量的资金和人力，所以信息系统必须支持企业的目标。重要的是，只有让企业高级管理者认识到这一原则，才能获得他们的大力支持和参与，从而保障系统规划使用 BSP 方法的顺利进行。

（2）系统的规划应当表达企业各管理层次的需求。企业的管理过程包括战略规划、管理控制和操作控制三个层次。确定企业的目标以及为达到目标所使用的资源等，属于战略规划的内容；管理控制是企业在实现其目标的过程中，为有效获得和使用企业资源而进行的管理活动；操作控制则是为保证有效完成具体任务而进行的管理活动。系统规划应能表达企业各个层次的需求，特别是对管理有直接影响的决策的支持。

（3）信息系统能向整个企业提供一致的信息。信息的一致性是对信息系统的最基本的要求。由于传统的数据处理系统采用"自下而上"的开发方法，没有统一的规划，会造成信息冗余、数据不一致，以及数据难以共享等问题。因此，将数据作为企业的资源来管理是非常必要的，由企业的数据管理部门统一组织和协调，在总体规划时采用"自上而下"的规划方法，统一制定对数据的域定义、结构定义和记录格式，更新时间及更新规则等，从而保证系统结构的完整性和信息的一致性，且在信息一致性的基础上为企业的各个部门所使用。

（4）信息系统对组织机构和管理体制的变化具有适应性。信息系统应当实现对主要业务流程的改造和创新，在组织机构和管理体制改变时保持工作能力。因此，要有适当的信息系统的设计技术，这种技术需要独立于组织机构的各种因素。BSP 方法采用了业务流程的概念，同任何的组织体系和具体的管理职责无关。对任一企业，可从逻辑上定义一组流程，只要企业的产品和服务基本不变，过程的改变就会极小。

（5）信息系统战略由信息系统总体结构中的总系统开始实现。一般来说，支持整个企业的总信息系统的规模太大，不可能一次完成；"自下而上"地建设信息系统又存在严重问题，如数据不一致、难以共享、数据冗余，等等。因而，有必要建立信息系统的长期目标。BSP 方法采用"自上而下"的系统规划和"自下而上"的系统实施，如图 6-4 所示。

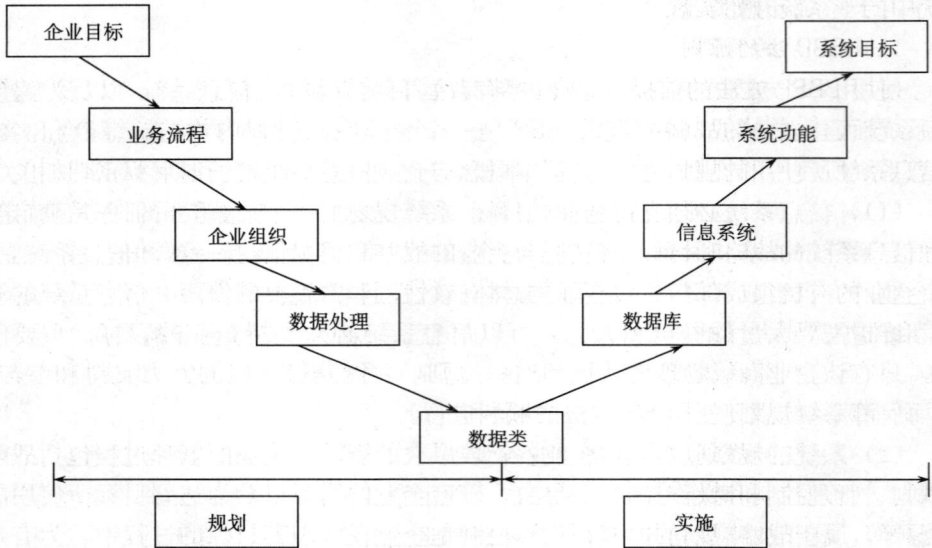

图 6-4　自上而下的系统规划和自下而上的系统实施

2）BSP 法的工作步骤

使用 BSP 法进行系统规划是一项系统工程，其工作步骤如下：

（1）立项。需要企业最高领导者的赞同和批准，明确研究的范围和目标，以及期望的成果；成立研究小组，选择企业主要领导人之一担任组长，且应保证此领导人能用其全部的时间参加研究工作和指导研究小组的活动。

（2）准备工作。对参加研究小组的成员和企业管理部门的管理者进行一定深度的培训；制定 BSP 的研究计划，画出总体规划工作的 PERT 图或甘特图；准备各种调查表和调查提纲。

（3）调研。研究小组成员收集各方面有关的资料；通过查阅资料，深入分析和了解企业有关决策过程、组织职能和部门的主要活动以及存在的主要问题；对目前存在的和计划中的信息系统有一个全面的了解。

（4）定义业务过程。定义业务过程是 BSP 方法的核心。业务过程指的是企业管理中必要且逻辑上相关的、为完成某种管理功能而实施的一组活动。定义业务过程的目的是了解信息系统的工作环境,以及建立企业的过程—组织实体间的关系矩阵。

(5)业务流程重组。业务流程重组是在业务过程定义的基础上,找出哪些过程是正确的,哪些过程是低效的;哪些过程需要在信息技术支持下进行优化处理;哪些过程不适合计算机信息处理的特点,应当取消。

(6)定义数据类。在总体规划中,把系统中密切相关的信息归成一类数据,称为数据类,如客户、产品、合同等,都可称为数据类。数据的分类主要应按业务过程进行。

(7)定义信息系统总体结构。数据类和业务过程都被识别出来后,就要定义信息系统的总体结构。定义信息系统总体结构的目的是刻画未来信息系统的框架和相应的数据类,主要工作就是划分子系统,具体实现可以使用功能/数据类(U/C)矩阵。

(8)确定总体结构中的优先顺序。由于资源的限制,系统的开发总有个先后次序,而不可能全面进行。划分子系统之后,根据企业目标和技术约束确定子系统实现的优先顺序。一般来讲,对企业贡献大的、需求迫切的、容易开发的要优先开发。

(9)形成最终研究报告。完成 BSP 研究的最终报告,整理研究成果,并且提出建议书和制定开发计划。

3. 战略目标集转换法

系统规划的一个最重要的任务是确定 MIS 的战略和目标,使它们与组织总的战略和目标保持一致。在这些战略和目标指导下开发的信息系统,能够支持组织长期战略的需要。

战略目标集转化法(strategy set transition,SST)是 1978 年由 William King 提出的一种确定管理信息系统战略目标的方法。该方法把整个组织的战略目标看成一个"信息集合",该集合由组织的使命、目标、战略和其他影响战略的因素,如管理的复杂性、组织的发展趋向、变革习惯以及重要的环境约束因素等组成。战略集合转移法的过程就是将组织的战略集合转化为信息系统的战略目标。

1)识别组织的战略集

组织的战略集是指组织的要求和工作方向等因素,主要内容包括组织使命、目标、战略以及其他一些与管理信息系统开发相关的战略性组织属性。具体地说,组织的使命是对其所属的具体行业作出陈述。它回答该组织是什么、为什么存在等问题;组织的目标是组织为完成其使命所要达到的目的,它所涉及的是组织发展的长期性和广泛性问题;组织的战略就是组织为达到其目标所制定的总方针。

　　组织的战略集应在该组织的战略长期计划的基础上进一步归纳形成。在很多情况下，组织的目标和战略不是由书面给出的，或者它们所采取的形式对信息系统的总体规划用处不大。为此，信息系统的职能战略规划者需要一个明确的战略集元素的确定过程。组织的战略集合的构造过程可按如下步骤进行，如图 6-5 所示。

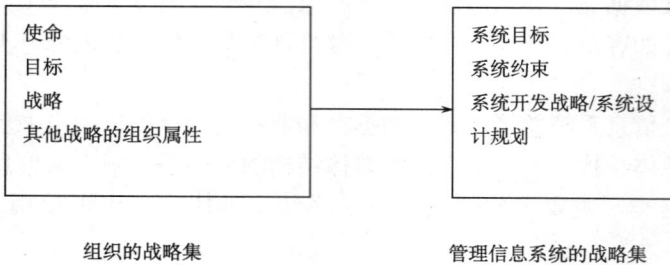

图 6-5　战略集转换法步骤

　　(1) 刻画组织的关联集团。"关联集团"是与该组织有利害关系的人，如"顾客"、"持股人"、"雇员"、"管理者"、"供应商"等。

　　(2) 确定关联集团的要求。组织的使命、目标和战略要反映每个关联集团的要求。为此，要对每个关联集团要求的特性作定性描述，还要对这些要求的被满足程度的直接和间接度量给予说明。

　　(3) 定义组织对于每个关联集团的任务和战略。在每个关联集团要求的特性被确定以后，相对于这些关联集团的组织的任务和战略就要确定下来。

　　(4) 解释和验证组织的战略集。识别组织的战略后，应立即交给企业组织负责人审阅，收集反馈信息，经修改后进行下一步工作。

　　2) 将组织的战略集转化成管理信息系统的战略集

　　将组织的战略集转化成管理信息系统的战略集的过程应该是一一对应的，包括目标、约束和设计原则，最后得到一个完整的管理信息系统的结构。

　　信息系统的战略目标是管理信息系统开发的基础。它由系统目标、系统约束和系统设计战略等因素组成。系统目标主要定义对管理信息系统服务的要求。系统的约束来自内部和外部两个方面。最明显的外部约束是政府、企业界和客户对组织的要求。此外，还有管理信息系统所需的其他系统的接口环境。内部约束产生于组织本身的特性，如组织的人员组成、资源状况等。系统开发战略是进行管理信息系统开发时应遵守的基本原则，是对系统应变能力、安全可靠性及所采取的开发方法等方面的基本要求。

　　管理信息系统战略集合的规划过程是将组织的战略集合转换成一个适当的、

与之关联的和一致的管理信息系统的战略集合的过程。

管理信息系统的战略规划并不是一经制定就再也不发生变化的。事实上,各种内外部环境的变化都可能随时影响整个规划的适应性。因此,管理信息系统战略规划总是要不断地修改以适应变化的需要。

4. 各种规划方法的优缺点比较

关键成功因素法的优点是能够抓住主要矛盾,使目标的识别重点突出,与传统方法衔接比较好,易于为决策者接受。其缺点是只适合半结构化问题,关键因素的确定有一定的主观性和随意性。

企业系统规划法通过管理人员的策划过程引出系统目标。企业目标到系统目标的转换是通过组织/系统、组织/过程以及系统/过程矩阵的分析得来的。这样定义的新系统的优点是可以支持企业过程,也能把企业过程转换为系统目标;缺点是对计划和控制活动没有给出有效的识别过程,对综合性的公共组织资源难以识别,收集分析资料的时间花费太长,对大型复杂 U/C 矩阵图进行分析绝不是一件轻松的事情。

战略目标集转换法从组织角度识别管理目标,反映了各类人员的要求,并且给出了转化为管理信息系统目标的措施。该方法能够完整地描述目标,但是重点不够突出。

所谓综合法是将这三种方法结合起来。先用关键成功因素法确定企业目标,然后用战略目标集转换规划法补充完善企业目标,并将这些目标转换成信息系统目标,最后用企业系统规划法校正该目标,并确定信息系统结构。综合法的优点是补充了单个方法的不足;缺点是使整个方法过于复杂,从而削减了单个方法的灵活性。

其他方法还有企业信息分析与集成技术(business information analysis and integration technique,BIAIT)、产出/方法分析(E/MA)、投资回收法(return on investment,ROI)、征费法(charge out)、零限预算法、阶石法等。用得最多的是前面三种,后面的几种方法集中用于特殊情况,或者作为整体规划的一部分使用。

■6.2　当前系统的初步调查

6.2.1　系统调查的内容、目的与任务

1. 调查的内容

管理信息系统的开发是建立在对企业现有信息充分掌握的基础上的。对企业现有信息状况的掌握往往是通过对现行系统进行调查得到的。系统调查工作以系统分析人员为主组建调查组织,同时吸纳原系统业务骨干和管理人员参加。对现

行系统开展调查主要包括两部分：在可行性研究以前是初步调查，在系统规划阶段进行；在可行性研究以后是详细调查，在系统分析阶段进行。初步调查主要是对企业现行状况进行宏观的调查，只有掌握了现行系统的运行情况和存在的问题，明确用户需求，才能进行切合实际的可行性研究，为系统地分析和设计打下坚实的基础。初步调查主要涉及以下几个方面的内容。

1）企业概况

企业概况包括企业规模、企业性质、现行管理机制、企业的业务范围、主业务流程和经济效益等，以此确定系统边界。

2）企业目标和任务

通常，企业目标在开始提出时是相对模糊的，希望系统能够完成的任务也相对粗略。这都需要通过初步调查，与各层人员进行反复交流，才能逐步将企业目标和任务明确、具体化。

3）企业现行管理信息系统的运行状况

企业现行管理信息系统的运行状况包括：现行系统在企业中的地位和作用，系统运行的主要内容，系统构成和各部分分工，系统的分析决策能力，各业务部门对新系统的认识程度、设想和需求的渴望程度，以及现行系统能够为新系统提供的原始数据的完整性和准确性。

4）组织机构

组织机构包括：目前企业机构部门的设置，各部门的职责划分及相互关联性，现行管理信息系统和哪些部门或机构存在联系，存在什么样的联系，联系是否合理，等等。

5）现行系统存在的主要问题

现行系统存在的主要问题包括：对系统的影响程度，哪些是需要改进的，哪些是需要调整的，哪些是需要删除的，等等。

6）管理层的意向

管理层的意向包括：管理层各位领导对现行系统的看法，对开发新的管理信息系统的认识、设想、倾向性和支持度，对新系统的信息需求等。

7）资源支持与制约因素

资源支持是指目前企业的人力、物力和资金的配置及运行状况，能否为新管理信息系统的开发提供足够的支持，包括：资金的筹措渠道、筹措方式、资金成本、资金的稳定性和承担风险、使用期限；人员的数量和基本组成、基本素质和专项技能、对系统的认识；系统开发所需物资设备的数量、性能、人均配备程度、现有物资设备的满足情况、现有物资设备的运行和使用状况，等等。制约因素是指开发新管理信息系统所受到的环境和要素方面的限制，包括人力、物力、资金、服务、信息需求、性能要求、内部组织环境、外部市场环境等。

2. 调查的目的

在新的管理信息系统建设之前，必然有一个现行系统在支撑业务部门的运行。现行系统可能是已经老化、生命周期已过的信息系统，也可能是手工系统。不管是何种系统，都需要对现行系统进行一个初步的调查，主要目的是：

(1) 理解业务流程，加深对业务系统的理解。

(2) 分析现行系统的优缺点，从而逐渐理解新系统开发的目标。

(3) 对现行系统作出延用分析，即是否有部分子系统可用，现行系统的数据资料是否可用。

对现行系统的调查方法，主要依靠总体规划人员采用现场调研、座谈会、业务跟踪、发放调查表等方式进行。

在进行实际开发时，初步调查的内容可能会多于或少于上述七个方面。实际上，初步调查到底需要了解什么内容并不重要，重要的是通过初步调查，系统开发人员应至少能回答这样一些问题：这个企业是做什么的、有哪些人、哪些部门科室？这个企业为什么要开发新的管理信息系统？现行系统是什么样的？存在什么问题？这个企业的主要业务流程是怎样的？这个企业现在的计算机应用情况怎样？等等，最终目的是对企业的总体情况做到有所了解。

3. 调查的任务

信息系统开发一般都是由用户提出要求开始的，而对于这种开发要求是否具有可行性，以及原有信息系统是否真是到了必须推倒重来的地步等，都需要我们在系统开发之前认真考虑。在没作这些考虑之前，提前进入后续任何一项工作都是很不明智的。为了使系统开发工作更加有效地展开，有经验的开发者往往将系统调查分为两步：第一步是初步调查，即先投入少量人力对系统进行大致的了解，然后再看有无开发的可行性；第二步是详细调查，即在系统开发具有可行性并已正式立项后，再投入大量人力展开大规模、全面的系统业务调查。在第一步中，初步调查的任务如下。

1) 用户需求分析

初步调查的第一步就是要从用户提出开发新系统的缘由，以及用户对新系统的要求入手，考查用户对新系统的需求，预期新系统所要达到的目的。因为信息系统将会涉及组织管理工作的各个方面，因此这里所说的用户指的是上上下下的各级管理人员。新系统开发的需求状况，新系统的期望目标，是否愿意下大力气参与和配合系统开发，在新系统改革涉及用户业务范围和习惯做法时，用户是否有根据系统分析和整体优化的要求调整自己职权范围和工作习惯的心理准备，以及上一层管理者有无参与开发工组、协调下级管理部门业务和职能关系的愿望等，都是首先要着手了解的内容。

2）现有企业的运行状况

现有企业的基本状况包括企业的性质、企业内部的组织结构、物流生产过程（对企业整体情况的了解）、厂区各办公楼或车间（或连锁商店总店与分店之间）的布局（为今后处理各种模型之间的关系和网络分布以及分布式数据库作准备）、上级主管部门、横向协作部门、下设直属部门等（了解系统的对外信息流通渠道）。这些都与系统开发可行性研究、系统开发初步建议方案以及下一步详细调查直接相关，所以应该在初步调查中弄清楚。除这些现存的基本状况外，还有一点必须调查清楚的，就是企业近期预计变化发生的可能性，它是今后制定以不变应"万变"措施的基础。这些可能的变化包括企业兼并、产品转向、厂址（店址）迁移、周围环境的变化等。

3）管理方式和基础数据的管理状况

现有企业的管理方式和基础数据管理状况是整个系统调查工作的重点，它与将要开发的系统密切相关。但在初步调查阶段，我们只需要对这些作大致的了解，并定性了解对今后的系统开发能否支持即可，进一步深入的了解留待今后详细调查阶段去解决。对管理方式的大致了解包括企业整体管理状况的评估、组织职能机构与管理功能、重点职能部门（如计划、生产、财务、销售等）的大致管理方式，以及这些管理方式今后用计算机系统来辅助人的管理的可行性，可以预见到的将要更改的管理方法以及这些新方法将会对新系统与实际管理问题所带来的影响和新的要求等。

另外，在初步了解管理方式的同时，还必须了解相应的基础数据管理状况，如基础数据管理工作是否完善，相应的管理指标体系是否健全，统计手段和程序是否合理，用户对于新系统的期望值有无实际的数据支持等。如果没有，则让企业增设这些管理数据指标和统计方法，以确定是否具有可行性。基础数据管理工作是实现信息系统和各种定量化管理方法的基础，如果不牢靠，后续的各部分开发就无从做起。

4）现有信息系统的运行状况

信息系统是一个人机结合的开放式系统，广义地说，它并不是因计算机和网络等应用而存在的。所以，在决定是否开发新系统之前，一定要了解现有系统（不论它是手工处理信息的系统还是计算机辅助人工处理的系统）的运行状况、特点、所存在的问题、可利用的信息资源、可利用的技术力量以及可利用的信息处理设备等。这部分调查是提出新系统开发设想方案以及论证这个方案在技术上是否可行的原始资料。

6.2.2　系统调查的原则与方法

1. 调查的原则

系统调查必须有正确的方法。没有正确的原则指导，大规模的系统调查是很难进行的。所谓系统调查原则是指在系统调查过程中应始终坚持的方法、做法和指导思想，它对于确保调查工作客观、顺利地进行至关重要。系统调查的原则可分为以下五个方面。

1）自顶向下全面展开

系统调查工作应该严格按照自顶向下的系统化观点全面展开。首先从组织管理工作的最顶层开始，然后再调查为确保最顶层工作完成的下一层（第二层）的管理工作支持。完成了这两层调查后，再深入一步调查为确保第二层管理工作完成的下一层（第三层）的管理工作支持。依此类推，直至摸清组织的全部管理工作。这样做的目的是使调查者既不会被组织内庞大的管理机构搞得不知所措、无从下手，又不会因调查工作量太大而顾此失彼。

2）存在就有它的道理，先弄清它存在的道理再分析有无改进的可能性

组织内部的每一个管理部门和每一项管理工作都是根据组织的具体情况和管理需要而设置的。一般来说，这个岗位和这项工作既然存在，就必然有其存在的道理，否则早就在企业内部多年的管理实践中淘汰掉了。我们调查工作的目的正是要搞清这些管理工作存在的道理、环境条件以及工作的详细过程，然后再通过系统分析讨论其在新的信息系统支持下有无优化的可行性。所以，我们在进行系统调查时，要保持头脑冷静和开放，实实在在地搞清现实工作和它所在的环境条件。如果调查前脑子里已经有了许多"改革"或"合理化"设想，那么这些设想势必会先入为主，妨碍你接受调查到的现实情况信息。这样往往会造成还未接触实质问题，就感觉到这也不合理、那也不合理，以致无法客观地了解实际问题。

3）工程化的工作方式

对于任何一个工业企业来说，其内部的管理机构都是庞大的，这就给调查工作带来了一定的困难。对于一个大型系统的调查一般都是由多个系统分析人员共同完成的。按工程化的方法组织调查，可以避免调查工作中一些可能出现的问题。所谓工程化的方法就是将工作中的每一步工作事先都计划好，对多个人的工作方法和调查所用的表格、图例、图纸都统一规范化处理，使群体之间都能相互沟通、协调工作。另外，所有规范化调查结果（如表格、问题、流程图、所收集的报表和分析图等）都应整理后归档，以便进一步工作时使用。

4）全面铺开与重点调查相结合

如果是开发整个组织内部的信息处理系统，开展全面的调查工作是当然的。如果我们近期内只需开发组织内部某一局部的信息系统，就必须坚持全面铺开与

重点调查相结合的方法，即自顶向下全面展开，但每次都侧重于与局部相关的分支。例如，即使我们只开发企业的生产作业计划部分，调查工作也必须从组织管理的顶层开始，先了解总经理或厂长的工作，公司或工厂管理委员会的分工，下设各个部的主要工作，企业年度综合计划的制定过程以及所涉及的部门和信息，然后略去其他无关部门的具体业务调查，而将工作重点放在生产部的计划调度处和物资供应处的具体业务上。

5）主动沟通和亲和友善的工作方式

系统调查是一项涉及组织内部管理工作各个方面、涉及各种不同类型人的工作，因此，调查者主动地与被调查者在业务上进行沟通是十分重要的。另外，创造出一种积极、主动、友善的工作环境和人际关系是调查工作顺利开展的基础。一个好的人际关系可能导致调查和系统开发工作事半功倍，反之，则有可能根本进行不下去。但是这项工作说起来容易，做起来却因人而异。它对开发者不但有主观上积极主动和行为心理方面的要求，而且涉及开发者自身素质。所谓的"商学院只能是培养管理者的必要条件，但并非充分条件"，恐怕也是指这方面的问题。

2. 调查的方法

初步调查的方法比较多，常用的方法主要有个人访问法、小组座谈法、头脑风暴法、实地观察法、资料查阅法和问卷调查法。下面对这几种方法进行简单的介绍。

1）个人访问法

个人访问法是通过调查人员直接与被调查者面对面的交谈沟通开展调查，进行资料搜集活动的一种调查方法。根据对访问的内容控制程度不同，可以分为自由访问和半自由访问，前者对访问的内容不作控制；后者则需要事先准备提纲，按照提纲进行访问，而且对访问的时间也会加以控制。

自由访问一般针对平级关系或机动时间较多的被调查者。在访问过程中，被调查者可以自由地发表自己的看法，不受时间限制，也不受提纲的约束，只要是和主题相关的内容就可以说。自由访问就是要纵深挖掘信息。在自由访问中，需要访问者具备良好的表达沟通能力、机敏的应变能力、较强的控制能力和快速的记录能力。半自由访问一般针对机动时间少的人员或上级管理层，如经理、专家等。半自由访问因其访问对象接受访问的时间有限，所以要加以控制，对访问内容的要求也比自由访问要高。半自由访问通常采用自上而下的访问方式，访问"门槛"较高，访问者除了要具备沟通、应变、控制和记录能力外，还应有一定的公关能力，否则很难获得足够的信息资料。个人访问法采取交谈方式，具有灵活性强、拒答率较低、调查对象范围广和便于进行深度访问的优点。

同时，个人访问法也存在一些缺点：首先，调查费用较高；其次，需要调查者具备较高的访问素质和技巧,这并不是所有企业都能够满足的;再次,由于资料搜集容易受到调查人员主观因素的影响,资料的客观性会受到一定程度的影响;最后,有的调查者急于完成任务,或者图省事,又或者为了配合调查目标,容易发生不尽责的情况,如随意修改调查资料、自己编造调查资料、随意终止调查等。对调查者的管理控制比较困难。

2)小组座谈法

小组座谈法是以会议的形式,就管理信息系统的某一方面或几个特定的主题进行集体讨论的一种资料收集方法。小组座谈法通常由开发小组成员作为主持人,开发成员和企业其他各层面的与会成员就议题进行深入讨论,对系统提出各方面的意见与想法,最后得出比较一致的意见与建议。进行小组座谈应注意以下问题:

第一,会议主题的确定。会议主题的确定是做好此次调查的前提条件。一般来说,主题往往围绕系统开发中的焦点问题制定。由于系统开发中遇到的焦点问题可能不止一个,因此要注意问题设置的层次,避免主题的设置过宽或过窄。另外,最好根据议题拟定一个讨论提纲,方便现场操作。

第二,会议成员的确定。小组座谈法的成员人数一般确定为5~10人,成员过多或过少,都会影响调查人员获取信息的质量,达不到调研的目的。会议成员的确定要尽量考虑到企业内部及与系统开发相关的各个层次和各个部门,然后尽量将同一层次的人编为一组,因为不同层次的人对问题的认识层次和角度会不同,从而影响会议讨论的气氛。

第三,会议次数的确定。小组座谈法一般应围绕一个主题组织3~4次会议。每次座谈会最好邀请不同的人员参加,以保证资料信息的全面性和及时更新。多次座谈有利于问题的深入和意见的融合。

第四,会议现场的控制。会议现场的控制是影响小组座谈法调查效果的最关键因素。要做到对会议现场的有效控制就必须抓住几个环节。首先,鼓励与会者积极发言,激发他们的讨论热情;其次,主持人的风格应灵活,防止"偏题"或"跑题",防止出现会场气氛"突然冷却";再次,控制每个议题的时间分配,避免某一问题占用时间过长;最后,主持人应注意及时开发"角落里的资源"。

第五,会议结果的评价。及时对会议的结果作出评价,不仅能够提升资料整理的效率,更是对与会者座谈成果的肯定,有助于以后从与会者那里获取更多的信息。

3)头脑风暴法

在小组座谈法中通常会发生"权威现象"或"从众现象",这样会削弱讨论的批判精神和创造力。为了保证座谈的效果,提高资料的质量,可以采取头脑风暴法。采用头脑风暴法时,应遵守如下原则:首先,对各种意见、方案的评判必须放到最后阶段，此前不能对别人的意见提出批评或评价；认真对待任何一种设想，而不管其是否适当和可行。其次，欢迎各抒己见，自由畅谈。再次，意见越多，产生好意见的可能性就越大。最后，除提出自己的意见外，鼓励参加者对他人已经提出的设想进行补充、改进和综合。

4）实地观察法

实地观察法是通过自己的视角或借助声像摄录设备进行赶场观察和记录状况，以获取资料的一种调查方法。这种方法的特点是调查人员与调查对象不直接接触，而是通过实地观察将调查对象的实际情况记录下来，从而保证资料的真实性。一般来讲，为了保证实地观察法逻辑结构的严密性，要编制统一的观察计划，规定统一的观察内容、统一的观察要求及统一的调查工具和手段，通常我们把这种方法称为结构性观察。另外，在实践或其他环境受到限制的情况下，我们也可以采取一种开发时的观察方法，即没有计划和规定，调查人员只按照自己随时随地观察到的情况进行记录。不过，这种方法不容易被掌握，而且局限性很大，一般只适用于探索性观察。

5）问卷调查法

同以上四种方法一样，问卷调查法也是系统初步调查搜集原始资料时经常使用的方法。问卷调查法的关键就在于调查问卷的设计。问卷设计质量的好坏将直接关系到能否获得准确、可靠的资料。一份高质量的问卷设计要从以下几方面入手：

（1）版面要整齐、美观，要便于阅读和作答；

（2）内容要具体，表述要清楚，主题要突出，结构要完整；

（3）问卷的设计应符合系统调查的目的；

（4）问卷的设计应便于事后的统计和整理。

问卷的基本结构包括标题、说明信、填表说明、基本信息、问题与备选答案、编码和结束语。不过，由于系统初步调查属于内部调查，为了简明扼要，往往问卷的基本结构会对说明和基本信息部分进行简化。

除了上面介绍的五种收集原始资料的方法以外，我们还可以利用资料查阅法收集二手资料。通常情况下，这几种方法都不是单一使用的，往往是几种方法一起综合运用，以保证信息的全面性和可靠性。

■6.3　新系统目标与新系统方案

6.3.1　新系统的目标

新系统目标是新系统建成后要求达到的运行指标，简单地说，就是新系统所要达到的目的。正如一件新产品的开发需事先拟定设计的性能指标一样，在管理信息系统的总体规划时，也必须确定系统目标。

在对当前系统进行初步调查的基础上，我们可以将调查所获得的各种图表、资料综合起来，进行整理和分析。根据当前系统的目标、功能的具体情况以及存在的薄弱环节，结合用户的要求，就可以提出新系统目标，并用精练、准确的文字描述出来。

在制定具体的新系统目标时，应考虑使目标具备以下重要特性：

（1）目标的总体战略性。新系统的目标是整个系统的全局性努力方向，是在各个子系统的共同配合下才能达到的。因此，系统目标将影响和指导整个系统的分析、设计、实施和运行。

（2）目标的多重性。系统目标通常是一组目标体系而不是单一的，这组目标体系可以分解成树形的层次结构，并可以有主次顺序。

（3）目标的依附性。新系统的目标依附于当前系统的目标，在当前系统目标的基础上，针对其薄弱环节并有所发展和提高。

（4）目标的适应性。管理信息系统必须对外部环境的变化有良好的适应性，为此，系统目标首先就应具有一定的适应性。

（5）目标的长期性。管理信息系统的目标通常情况下需长期努力分期分批达到。因此，一般应根据资源条件、开发力量和环境条件等因素，对各个子目标进行排序，先实现重要的。这也是确定子系统开发顺序的一个依据。

根据以上特征，我们所提出的新系统目标应该充分体现当前系统的最高战略目标和基本特点，直接为当前系统的主要任务服务。同时，新系统目标应该与当前系统的各项基本功能密切相关，并且可以分期分批实现，具有较强的适应性。

6.3.2　新系统方案

初步调查和可行性研究要解决的是新系统是否有必要立项开发的问题。如果经初步调查认为有必要立项开发，则下一步就要对新系统初步构想方案的可行性进行分析，分析新系统构想方案以及实现的技术路线是否具有可行性。如图 6-6 所示，新系统方案的初步设想包括如下几个方面：

（1）根据用户要求，新系统应考虑是覆盖整个组织的信息系统还是以某几个重点环节为主的局部环节信息系统。如果是覆盖整个组织的信息系统，还应考虑是以解决日常信息处理业务为主，还是以解决日常办公文档信息处理为主。

（2）新系统大致可按什么规模来开发。例如，有可能采用的计算机系统和网络系统、所覆盖的面积和业务主要有哪些，以及所需要的人力（包括系统开发人员、计算机硬件和软件技术人员、管理专业人员、基础数据统计人员等）和财力、可借用的设备（主要指原信息系统中的网络或计算机设备）以及子系统/模块等。

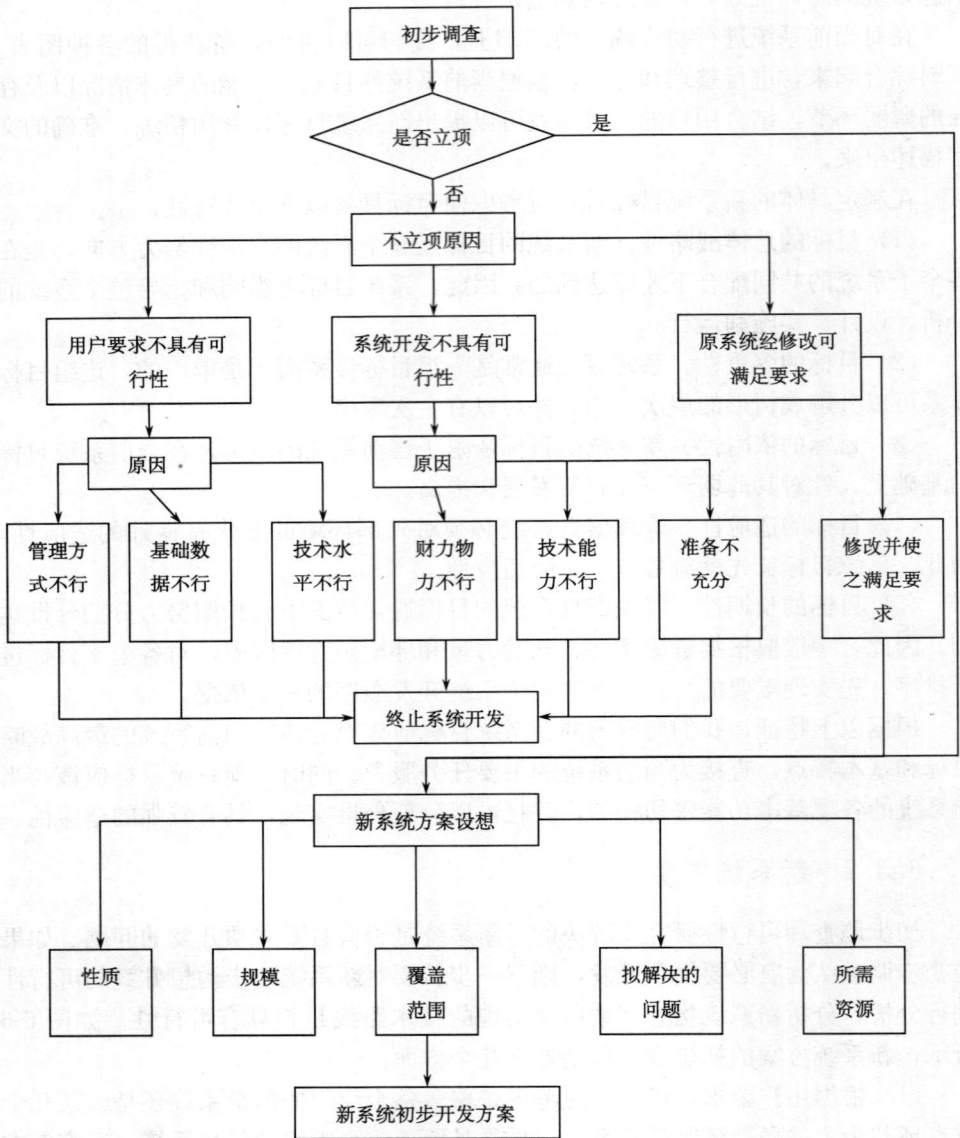

图 6-6　新系统初步开发方案

（3）新系统拟覆盖的范围，即新系统初步考虑可包括多少个子系统。工业企业的 MIS 系统有九个子系统，如图 6-7 所示。一般来说，这九个子系统都是 MIS 应该覆盖的业务范围，但在实际开发工作中，常常因工作量太大而被分步、分阶段地进行开发。这里所要确定的正是本系统目前首先要解决的是哪个或哪几个子系统，为下一步的详细系统调查确定重点业务范围。

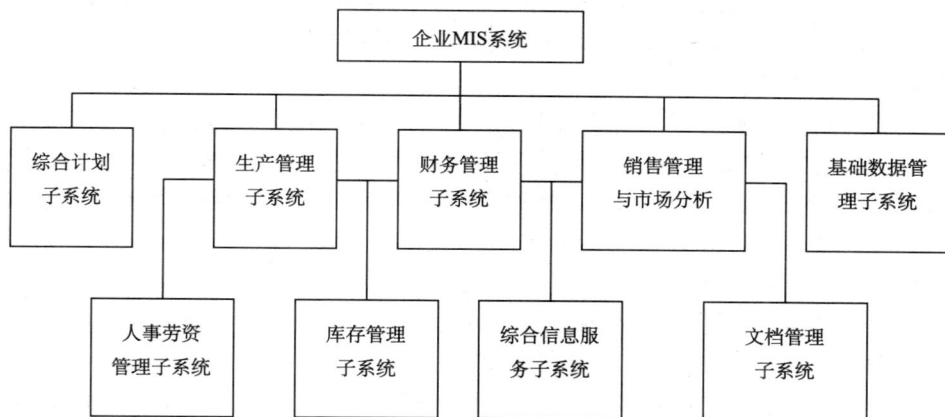

图 6-7　企业 MIS 系统的子系统

（4）新系统拟解决的主要问题。这个问题一般都是根据用户要求和初步分析后得出的。例如，在生产管理子系统中，生产过程监控和生产计划的滚动式调整、生产计划与物料需求计划的衔接、生产计划与生产作业计划的制定等，主要是解决这些管理控制环节中处理模型问题、处理精度问题或处理速度（时间）问题等。而这里所提出的问题一般都只是面上的，真正问题的确定和解决应该在详细调查和系统分析后才能具体确定。

（5）新系统预计的投入和产出比。新系统开发预计的投入和预期的效益是系统立项能否通过的最关键一环。新系统的投入，包括人力资源（开发人员、管理人员、软硬件技术人员、数据统计人员以及操作人员等）的投入、设备资源（已有设备和新增设备的投入）、财力资源（总共需要的资金）投入等。新系统的效益主要包括：拟解决哪些管理问题；可完成哪些原系统想做而又不可能做的事情；整个系统的工作质量（如成本、精度、速度、范围，以及分析的深度和广度）将会有哪些提高；而这些工作质量的提高又会为组织的管理工作提供哪些间接的经济效益。

新系统的信息处理方案就是上述各项分析和优化的结果。

（1）确定合理的业务处理流程。将业务流程分析的结构表现出来，删去或合并多余或重复的处理过程，对优化和改动的业务处理过程进行说明；指出业务流程图中哪些部分计算机可以完成，哪些需要用户配合新系统完成。

（2）确定合理的数据处理流程。再次列出数据流程分析的结构并且加以说明，由用户最终确认，包括数据分析结果基数据流图和数据词典。同时，说明删去或合并哪些多余或重复的数据处理过程，对哪些数据处理过程进行了优化和改动。

（3）确定新系统功能结构和子系统的划分。它可通过 U/C 矩阵的建立和分析来实现。U/C 矩阵是一种聚类分析法，不但适用于功能/数据分析，也适用于过程/数据、功能/组织等其他各方面的管理分析。

功能/数据分析的 U/C 矩阵是通过一个普通的二维表，进行分析汇总数据。表的横坐标栏目定义为数据类变量（X_i），纵坐标栏目定义为该系统的具体功能，亦即业务过程类变量（Y_i），将数据和业务过程之间的关系（X_i 和 Y_i 之间的关系）用 U（use）和 C（create）表示。从理论上讲，建立 U/C 矩阵一般按结构化的系统分析方式进行，即首先分析系统的总体功能；然后自顶向下、逐步分解，逐一确定各项具体的功能和完成此项功能所需要的数据；最后填上功能与数据之间的关系，即完成了 U/C 矩阵的建立过程。

根据子系统划分应当相对独立且内聚性高的原则，通过 U/C 矩阵的聚类求解实现系统结构划分的优化过程。这一过程可以通过表上作业来完成，即调换表中的行变量或列变量，使表中的"C"元素尽量靠近 U/C 矩阵的对角线，然后，再以"C"元素为标准划分子系统。这样划分可以确保子系统不受干扰地独立运行，实现系统的独立性和凝聚性。

（4）确定新系统的数据资源分布。给出新系统数据资源分布方案，即哪些存储在本系统的内部设备上，哪些存储在网络服务器或主机上。

（5）确定新系统中的管理模型。确定在某一具体管理业务中采用的管理模型和处理方法。

■ 6.4 系统的可行性研究

6.4.1 技术上的可行性

技术可行性是规划小组根据确定的问题以及用户的期望收益而提出的新系统能力，从信息技术的适用性和先进性、技术人员的专业和技术水平两方面来论证新系统在技术上实现的可能性，即现有的信息技术以及产品能否支持新系统能力的实现。

采用 WWW 技术、B/W/D 计算模式开发管理信息系统是现行较为推崇的一种方式，但是管理信息系统不是简单的数据处理、信息发布和查询，它还要实现运作流程、管理流程，采用现行 WWW 技术的产品（如 Microsoft 公司的 Visual Studio. Net）用于流程的实现有相当的难度，因此开发时间需要适当加长。

规划小组的主要工作包括：拟定系统的体系结构；确定所需要的信息技术和产品；分析企业的现有人员情况，选择合适的开发方式，估算需要的开发时间；分析技术中的潜在风险（应用软件开发的时间、应用软件维护的能力与难易程度、响应时间、安全等），提出解决的措施。

新系统不是简单的数据处理、信息发布和查询，还要实现大量流程的数字化；系统的用户有固定用户，还有异地用户和移动用户；用户有企业自己的员工，还有大量的合作伙伴（分销商、特约维修商）。因此，新系统要安全、经济、快速，不仅要运行在企业的局域网上，还要运行在公众网络上。从技术上分析，企业现有的内部网络平台可以满足内部固定用户的需求，利用宽带和 VPN 技术，可以使异地用户和移动用户安全、经济、快速地接入本系统；同时，采用 C/S、B/W/D 两种计算模式，采用 PowerBuilder 和 JSP 等实用软件开发程序，能满足不同功能的要求。企业缺少熟悉 PowerBuilder 和 JSP 的员工，但是拥有具备一定程序设计能力的员工，可以采取联合开发方式，以提升企业信息管理的能力。系统开发的潜在风险是系统的安全和速度，以及数据的共享，可由此来判断技术上的可行性。

6.4.2　管理与开发环境的可行性

管理可行性分析是在企业文化的基础上，根据所确定的问题以及技术和经济可行性分析的内容，对相关的运作和管理问题进行分析和研究，确定新系统的开发是否可管理，其目的就是要确定开发的信息系统在管理中存在哪些潜在的风险。

管理可行性分析要对与新系统相关的基础数据、流程、信息载体进行分析。对基础数据的分析包括数据是否完整、正确；对流程的分析包括流程是否存在问题，是否规范、完整，是否需要改革和调整；对信息载体的分析包括信息载体是否规范、完整。

管理可行性分析要分析新系统开发的资源问题，例如，需要的投资和费用是否能够承受，又如何筹措，如何安排人力、物力，存在哪些阻力等。

管理可行性分析还要分析企业高层领导以及员工对新系统开发的认识、信息技术的使用能力。

管理可行性分析要考虑当前系统的管理体制是否有条件提供新系统所必需的各种数据，企业最高层领导及各级管理人员对开发建设一个新系统来替代现有系统的需求是否迫切，即新系统的必要性。此外，新系统运行后将对各方面产生的影响也应加以考虑。例如，用计算机处理大批信息，提高了劳动生产率，一般情况下会造成企业人员的过剩，于是会涉及过剩人员的工作安排问题。另外，还应考虑当前系统的业务人员对新系统的适应能力等。

开发环境的可行性是看企业领导的意见是否一致、有无资金、能否抽出骨干力量参加新系统开发等，简单地说，就是企业是否能为新系统的开发建设提供一个长期的、良好的环境。这是可行性研究阶段必须要考虑的问题。如果企业不能保证资金按期到位，必然会导致开发工作半途夭折。如果企业不能抽出业务骨干参加系统开发，那么最终开发出来的系统就很难满足实际工作的要求。如果企业领导特别是高层领导间的意见不一致，则系统开发方案会经常变动，影响开发的时间进度。

6.4.3 经济投资的可行性

经济可行性分析根据技术可行性分析的结果，分析、研究新系统的经济性，如开发需要的投资和费用、新系统可能产生的效益等，在考虑待解决问题的需求和新系统的经济性的平衡下，给出新系统开发在经济上是否可行的答案。

投资和费用是指系统开发过程中发生的项目，在不同的开发阶段，可能发生的费用也不同。例如，规划阶段管理思想的培训费用、企业内部系统需求分析的调研费用、市场调研的费用、管理咨询费用等。因此，要考虑系统全生命周期的费用，即整体拥有成本（total cost of ownership，TCO）。TCO 是管理信息系统从获得、安装、测试、维护、管理、升级、更新直到报废的全过程所发生的费用，大致由设备费用、技术支持费用、管理费用和用户操作费用等几部分构成。

投资和费用可细分为开发人员的设备费和安装费、人员工资、系统软件费和序列号费、咨询费和支付给第三方的费用、服务费、培训费、实用软件费、差旅费以及其他杂费、连接费、设备维修费、计算机操作费、设备的摊销费、用户培训费、支持费等。

不同的开发方式，所需要的投资和费用是不同的。例如，若采用采购方式，则还要考虑服务支持费用、二次开发费用、因实施延误而损失的收益等费用，专业软件商往往开出很低的应用软件价格，但是收取较高的服务支持费用。通常，服务支持费用与实施的时间天数和人数有关，2003 年水平的软件服务支持费用高达每天 800～1000 美元。美国中小型 ERP 系统的实施服务费，现场服务大多为每小时 150～200 美元。一般电话支持服务也是要收费的，费率与现场服务相同，按时间收费。另外，在提供现场服务时，用户还要承担实施顾问的差旅费。

■6.5 可行性报告的组成

系统规划阶段的文档型成果最主要的就是可行性研究报告。可行性研究报告主要基于对现行系统的分析，针对现行系统存在的问题提出相应的新系统拟建方案，并对新系统开发在经济、技术、运行环境、组织管理等方面的可行性进行必要的分析和论证，提出建设的原则、约束和方法，最终得出有关结论，说明并论证所选定的方案。系统可行性分析研究报告的基本框架和内容如下。

1. 引言

引言主要包括以下内容：

（1）编写目的。说明编写可行性研究报告的目的，指出预期的读者。

（2）背景。说明拟开发的管理信息系统的名称，该项目的任务提出者、开发者、用户（即实现该系统的运行中心或计算机网络），该系统同其他系统及相关部门机构的基本关系。

（3）定义。列出该报告文档中用到的专门术语的定义和外文缩写词的原文。

（4）参考资料。列出相关的参考资料，包括：该项目经核准的计划任务书或合同、上级机关的批文；属于该项目的其他已发表的文件；该报告中各处引用的文件、资料，包括所需用到的开发标准等。

2. 可行性研究的前提

说明对拟开发项目进行可行性研究的前提，如要求、目标、假设、限制等。

（1）要求。说明对拟开发的管理信息系统的基本要求，包括系统的功能、系统的主要性能、每项输出（报告、文件或数据）的特征等。

（2）目标。说明拟开发系统的主要开发目标。

（3）条件、假定和限制。说明对这项开发中给出的条件、假定和所受到的限制。

（4）可行性研究的方法。说明此次可行性研究活动是按照什么样的方法组织开展的，对拟开发系统是如何评价的。简要说明所使用的基本研究方法和策略，如调查、确定模型、建立基准点等。

（5）评价制度及影响系统可行性的主要因素。说明对系统进行评价时所使用的主要尺度，如费用的多少、各项功能的优先次序、开发时间的长短及使用中的难易程度等；列出影响系统可行性的主要因素，如预期收益、技术水平、员工素质等。

3. 对现行系统的分析

现行系统是指当前实际使用的系统化运行机制，可能是计算机系统，也可能是一个机械系统，甚至是一个人工系统。分析现行系统的目的是为了进一步阐明拟开发管理信息系统或修改现行系统的必要性。

（1）处理流程和数据流程。说明现行系统的基本的处理流程和数据流程。此流程可用流程图表示，注意对流程图要加以解释和简要叙述。

（2）工作负荷。列出现行系统所承担的工作及工作量。

（3）费用开支。列出由于运行现行系统所发生的所有费用，如人力、设备、场地、材料等费用以及费用总金额。

（4）人员。列出为运行和维护现行系统所需要的人员的专业技术类别和数量。

（5）设备。列出现行系统使用的各种设备设施。

（6）局限性。列出现行系统存在的主要局限性。

4. 拟开发管理信息系统

拟开发管理信息系统的这部分内容主要说明拟开发系统的目标和要求将如何被满足。

（1）对拟开发系统的基本说明。概括地说明拟开发系统，并说明信息要求将如何得到满足，介绍所使用的基本方法及理论依据。

（2）处理流程和数据流程。做出拟开发系统的处理流程和数据流程。此流程同样可用流程图表示，并加以解释和简要叙述。

（3）改进之处。按前面所列出的所有目标，逐项说明拟开发系统相对于现行系统作出了什么样的具体改进。

（4）影响。主要解释在建设拟开发系统时可能会带来的影响，应该既考虑正面影响，又考虑负面效应。

（5）局限性。说明拟开发系统尚存在的局限性以及这些问题未能消除的原因。

5. 技术条件可行性分析

应着重说明技术条件方面的可行性，包括以下内容：

（1）在目前约束条件下，该系统的功能目标能否达到；

（2）利用现有技术，该系统的功能能否实现；

（3）对开发人员的数量和技术水平的要求，并说明这些要求能否被满足；

（4）在规定的期限内，该系统的开发能否完成。

6. 经济可行性分析

经济可行性分析主要针对以下内容：

（1）支出。叙述所选择的管理信息系统拟开发方案，说明所需的费用。对于存在现行系统的情况，还应注意将该系统继续运行期间所需的费用计算在内。

（2）收益。叙述所选择的管理信息系统拟开发方案能够带来的收益，这里所说的收益，表现为费用的节约或省略、差错的减少、灵活性的增加、动作速度的提高和管理计划方面的改进等。

（3）收益/投资比。求出整个系统生命周期的收益/投资比值。

（4）敏感性分析。所谓敏感性分析是指一些关键性因素，如系统的生命周期长度、系统的工作负荷量、工作负荷类型与这些不同类型之间的合理搭配、处理速度要求，以及设备和软件的配置等变化时，对投资和收益的影响最灵敏的范围估计。在敏感性分析的基础上作出的选择当然比单一选择的结果要好一些。

7. 组织管理的可行性

对企业应承担的法律责任和组织管理的科学化进行说明，包括法律方面和管理方面的可行性。

（1）法律方面的可行性。法律方面的可行性问题很多，如合同责任、侵犯专利权、侵犯版权等，开发人员并不是法律方面的专家，对系统开发过程中应该获得怎样的法律授权、应该承担什么法律责任，开发人员并不熟悉，务必要注意分析和研究。

（2）管理方面的可行性。例如，从应用部门的行政管理、工作制度等方面来看，是否能够使用该软件系统；从工作人员的基础素质和业务水平来看，是否能满足使用该软件系统的要求等，这些都是要考虑的。

8. 可选择的其他系统方案

逐个阐明其他可供选择的方案，包括自主开发的和外包开发的，并重点说明未被推荐的理由。

9. 结论

通常，系统可行性研究报告的结论有以下四种：

（1）可以立即着手进行开发；

（2）需要推迟到某些条件（如资金、人力、设备等）具备之后才能开始进行；

（3）需要对开发目标进行某些修改之后才能开发；

（4）系统项目不可行（如经济上不合算、缺乏技术条件、违背某项法规或条令等）。

➤ 知识拓展：企业建模方法

无论是为了更好地理解企业的生产经营、控制企业的生产经营过程，还是先进制造战略的实施、面向过程的企业组织结构的转变、企业集成和企业性能优化，这些都对企业建模提出了明确的需求。模型是人类研究问题和解决问题的基础，尤其是对企业这样一个复杂的系统，建立企业模型更是人们描述、理解和改进企业行为必需的基础。

企业建模是实现企业集成的基础，是实现企业集成的前提条件，在企业模型的基础上，通过集成基础结构提供的服务可以方便、快捷地实现所需的企业集成。而且，基于对共享企业模型的操作方式来实现不同应用软件系统之间的集成，可以在最大程度上实现应用软件之间的解耦，从而使集成系统的开放性和可升级能力达到最高，为敏捷地实现集成系统的重组奠定了良好的基础。

企业模型是人们通过了解企业而抽象得到的对于企业某个或者某些方面的描述。由于企业是非常复杂的系统，它一般不可能用一个模型描述清楚。因此，企业模型的一个显著特点是，它通常是由一组模型组成的，每个子模型完成企业某一个局部特性的描述，按照一定的约束和连接关系将所有的子模型组成在一起就构成整个企业模型；企业模型的另外一个显著的特点是，企业模型的多视图特性，即需要采用多个视图从不同的侧面描述企业。每个视图从一个侧面描述企业的一部分特性，不同的视图之间相互补充，共同完成对企业的描述任务。比如，功能视图描述企业的功能特性，信息视图描述企业使用的数据之间的关系，组织视图描述企业的组织结构，过程视图描述企业的业务过程，等等。由于这些不同的企业视图描述的是同一个企业对象，所以这些视图之间具有内在的联系，它们相互制约又相互集成。

在我国科学家提出的集成化建模系统结构中，包括过程模型、产品模型、功能模型、信息模型、资源模型、组织模型六个模型。过程模型是一种通过定义组成活动及活动之间的逻辑关系来描述工作流程的模型，它描述企业业务过程、产品开发过程和制造过程中各种活动及它们之间的逻辑关系，过程建模方法根据过程目标和系统约束，将系统内的活动组织为适当的经营过程。企业建模中的产品模型同计算机辅助设计中使用的产品模型有一定的区别，它侧重于表达整个企业的产品类型和产品结构，包括与过程视图、组织视图、资源视图相对应的产品基本结构单元属性信息的定义，以及产品结构树和其他视图关联矩阵的定义。功能模型是以功能活动为视角对整个企业进行的描述，它不仅有助于管理企业，还有助于改进企业现状、促进企业演化。系统的集成更离不开功能模型的建立，功能模型描述了企业各功能模块之间的关系。信息模型是从信息的角度对企业进行描述。企业信息系统用于存储/维护/处理与企业相关的所有信息，而信息是集成的基础，是联系各个功能元素的纽带，因此建立企业信息模型是非常重要的，它为信息共享提供了帮助。通过对系统决策过程的建模，可以了解系统的决策制定原则和机理，了解系统的组织机构和人员配置。组织模型描述组织结构树、团队、能力、角色和权限等。资源模型描述企业的各种资源实体、资源类型、资源池、资源分类树、资源活动矩阵等。产品模型描述产品类型和产品结构等信息，也包括产品和其他企业要素之间的关系。

企业建模是一个通用的术语，它涉及一组活动、方法和工具，它们被用来建立描述企业不同侧面的模型。企业建模是根据关于建模企业的知识、以前的模型、企业参考模型，以及领域的本体论和模型表达语言，来完成建立全部或部分企业模型（过程模型、数据模型、资源模型、新的本体等）的一个过程。

企业建模是一个过程，它通过一系列步骤和采用一定的方法，对实际的企业对象进行分析和简化，在去掉对建模目的的影响不大的许多细节现象后，得到一个抽象的模型。为了能够方便、快速地构建企业模型，在企业建模方法中一般都定义了一组模型构件作为建模的基本组件，一个建模构件是建模语言的一个基本的单元，它的语法和语义有精确的定义。

传统建模系统的体系结构是由三个重要部分构成的三维立方体。体系结构的每个侧面描述企业建模关心的不同阶段、不同视图和不同的建模构件的通用性程度。

（1）生命周期维：建立企业需求分析、系统设计、系统实施和运行维护四阶段的建模方法学，并确定各阶段的研究重点和不同建模阶段之间的模型映射方法，包含需求分析、系统设计、系统实施和运行维护四个重要部分。

（2）视图模型维：研究集成化的企业建模视图结构，该系统以过程视图（工作流模型）为核心，以其他视图（功能视图、信息视图、组织视图、资源视图）为辅助视图来统一集成建模，最终形成具有一定柔性的动态企业模型。

（3）通用性层次维：研究不同建模阶段、不同建模视图的基本构件形式，从而建立基本构件模型库，并以不同的行业为背景建立企业参考模型，在企业中建立专用的企业特定模型。传统企业建模方法是企业经营管理人员对企业的抽象及对企业本身元素的具体概括和归纳，是为了描述企业的所有特征（特质、属性、功能、交互、关联等）而采取的途径、步骤和手段。通常，由此产生的企业模型可以被定义为一个具有相关企业公共特质的描述模板，它的构造遵循一定行业、一定经营方式、一定建模分析方法的要求，这种模板在同一类行业的企业建模过程中保留一定的参考、指导乃至直接应用价值。

国外在企业建模方面的研究已经开展多年，也取得了丰富的研究成果，其中，以 GRAI/GIM 方法、ARIS 体系结构、IDEF 方法、CIMOSA 方法和 BAAN/DEM 方法最为常见。

思考题

1. 管理信息系统总体规划的主要步骤有哪些？
2. 管理信息系统规划的常用方法有哪些？
3. 比较关键成功因素法与战略目标转移法的优缺点。
4. 进行可行性研究的主要工作包括哪些？

上机作业题

上网调查典型案例，说明企业发展规划与 IT 战略规划之间的联系，以及 IT 战略规划对企业发展规划的促进作用。

小组讨论题

1. 管理信息系统开发时为什么必须进行系统规划？
2. 系统调查有何重要性？
3. 为什么要进行可行性分析？

第**7**章

系统分析

■ 7.1 系统分析概述

7.1.1 系统分析的目的

系统分析也称为新系统逻辑设计阶段，它是系统开发的重要工作阶段。它是在可行性研究阶段所得到的现行系统流程图和概况表的基础上，对现行系统作进一步详细调查和研究，提出新系统的各种方案和设想，并对所有的方案和设想进行分析、研究、比较、判断和选择的过程。逻辑模型描述了系统应有的功能，而不涉及具体的物理细节，旨在获得一个最优的新系统的逻辑模型，并在用户理解计算机系统的工作流程和处理方式的情况下，将它明确地表述成书面资料——系统说明书，作为以后各阶段工作的依据。

7.1.2 系统分析的任务与步骤

系统分析阶段的任务是对现行系统作进一步的详细调查，将在系统详细调查中得到的文档资料集中到一起，对组织内部的整体管理状况和信息处理过程进行分析。它侧重于从业务全过程的角度进行分析。分析的主要内容有：业务和设计的流程是否通畅、是否合理；数据、业务过程和实现管理功能之间的关系；原系统管理模式改革和新系统管理方法的实现是否具有可行性等。

1. 系统分析阶段的工作步骤

1）详细调查、收集和分析用户需求

在总体规划时所作的初步调查只是为总体规划和进行可行性分析作准备，相对来说是比较粗糙的。现在，应在初步调查的基础上，进一步收集了解、分析用户的需求，调查用户的有关详细情况——对企业业务领域的各项活动进行详细的了解。

2）确定初步的逻辑模型

逻辑模型是指仅在逻辑上确定的新系统模型，而不涉及具体的物理实现，也就是要解决系统"干什么"而不是"如何干"的问题。逻辑模型由一组图表工具进行描述。用户可通过逻辑模型了解未来的新系统，并进行讨论和改进。

3）编制系统说明书

对上述采用图表描述的逻辑模型进行适当的文字说明，就组成了系统说明书。它是系统分析阶段的主要成果。系统说明书既是用户与开发人员达成的书面协议或合同，也是管理信息系统生命周期中的重要文档。

系统分析阶段的工作步骤如图 7-1 所示。

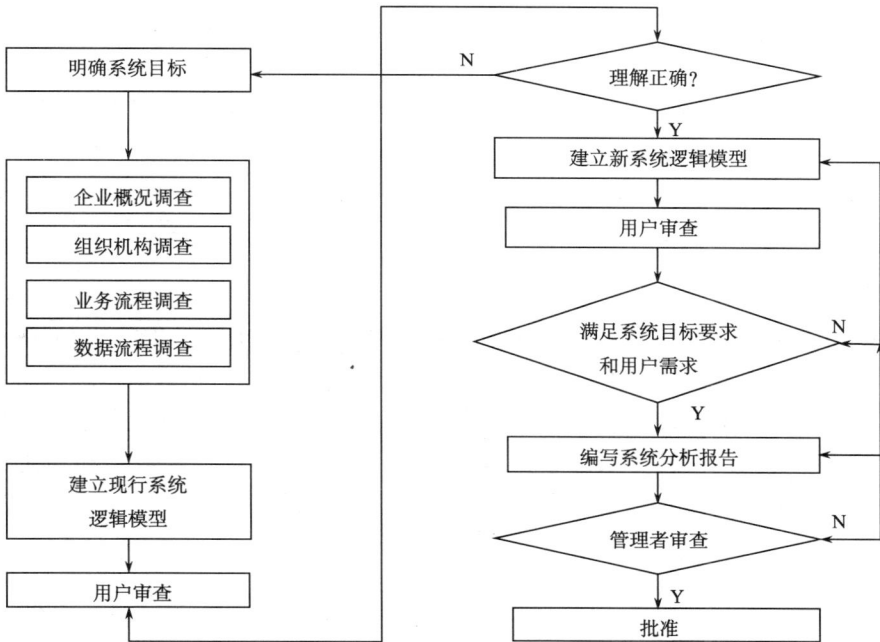

图 7-1 系统分析步骤

2. 系统分析工作的特点

在管理信息系统开发实践中，经过成功和失败的经验与教训，使人们认识到，为了使开发出来的新系统能满足实际需要，在着手编程之前，首先必须要有一定的时间用来认真考虑以下问题：系统所要求解决的问题是什么？为解决该问题，系统应干些什么？系统应该怎么去干？

在总体规划阶段，我们通过初步调查和可行性分析，建立了新系统的目标，已经回答了上面的第一个问题。而第二个问题的解决，正是系统分析的目标，第三个问题则由系统设计阶段解决。

要解决"系统应干些什么"的问题，系统分析人员必须与用户密切协商，这是系统分析工作的特点之一。根据现行信息系统与计算机信息系统各自的特点，认真调查和分析用户需求。所谓用户需求，是指新系统必须满足的所有性能和限制，通常包括功能要求、性能要求、可靠性要求、安全保密要求，以及开发费用、开发周期、可使用的资源等方面的限制。弄清哪些工作交由计算机完成，哪些工作仍由人工完成，以及计算机可以提供哪些新功能，这样就可以在逻辑上规定新系统目标的功能，而不涉及具体的物理实现，也就解决了"系统应干些什么"的问题。

事实上，用户需求是新系统目标的具体化，而系统的逻辑模型则是用户需求的明确、详细表示，三者的关系如图 7-2 所示。

图 7-2　目标、需求和逻辑模型

系统说明书是系统分析阶段的最后结果，它通过一组图表和文字说明描述了新系统的逻辑模型。设计逻辑模型是系统分析工作的另一个特点。逻辑模型包括数据流程图、数据字典、基本加工说明等。它们不仅在逻辑上表示新系统目标所具备的各种功能，而且还表达了输入、输出、数据存储、数据流程和系统环境等。逻辑模型只告诉人们新系统要"干什么"，而暂不考虑系统"怎样来实现"的问题。

7.1.3　结构化系统分析方法

系统分析是保证管理信息系统质量的第一步，它的任务是艰巨的、复杂的。如何分析用户需求、用什么形式表示系统分析说明书等，都需要有相应的方法、模型、语言和工具来配合。自 20 世纪 70 年代以来，逐步出现了多种适用于系统分析阶段的方法，"结构化分析"就是其中具有代表性的一种方法。

"结构化系统分析"方法由美国 Yourdon 公司在 20 世纪 70 年代提出，是一种简单实用、使用广泛的方法。该方法通常与我们以后要介绍的系统设计阶段的结构设计（SD）方法衔接起来使用，适用于分析大型的数据处理系统，特别是管理信息系统的开发。

1. 结构化系统分析的思想

结构化分析方法是一种自顶向下逐层分解、由精到细、由复杂到简单的求解方法。"分解"和"抽象"是结构化分析方法中解决复杂问题的两个基本手段。"分解"就是把大问题分解成若干小问题，然后分别解决。"抽象"就是抓住主要问题忽略次要问题，集中精力先解决主要问题。

"自顶向下逐层解决"是结构化方法按上述思想解决问题的一种策略。例如，设图 7-3 中的 X 是一个复杂的管理系统，为了理解它，我们将它分解成 1、2、3、4 四个子系统。若 1、3 仍然很复杂，可继续将它们分成 1.1、1.2…和 3.1、3.2…子系统，如此逐层分解直至子系统足够简单，能被清楚理解和准确表达为止。

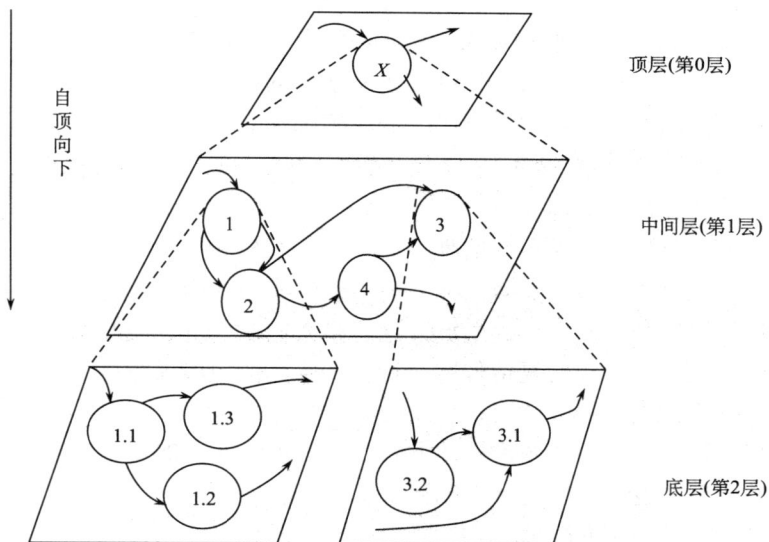

图 7-3　自顶向下逐层分解

分层数据流图一般由顶层、中间层和底层组成。顶层抽象地描述了整个子系统，任何复杂的系统，其顶层图都可符合一定的模式，如图 7-4 所示。底层具体地画出了系统的细节部分，中间层则是从抽象到具体的逐步过渡，对于一些简单的系统，也可不画中间层。

图 7-4　顶层图的模式

　　按照自顶向下逐层分解的方式，不论系统的复杂程度和规模有多大，分析工作都可以有条不紊地开展。对于大的系统只需多分解几层，分析的复杂程度并不会随之增大。这也是结构化分析的特点。

2. 结构化分析的描述方式

　　结构化分析方法在描述方式上的特点是尽量运用图形表示；优点是简明易懂，所表达的意义也比较明确。

　　用结构化系统分析方法获得的系统说明书由以下几部分组成：

　　（1）一套分层的数据流图。用图形描述系统的分解，即系统由哪几部分组成、各部分间有什么联系等。

　　（2）一本数据字典。用图表描述系统中的每一个数据。

　　（3）一组加工说明。用文字详细描述系统中的每一个基本加工和处理。

　　（4）补充材料。用以辅助进行系统的明确描述。

3. 结构化分析方法的特点

　　结构化分析方法具有以下特点：

　　（1）结构化分析方法简单、清晰，易于学习掌握和使用。

　　（2）结构化分析的实施步骤是先分析当前现实环境中已存在的人工系统，在此基础上再构思即将开发的目标系统，这符合人们认识世界和改造世界的一般规律，从而大大降低了问题的复杂程度。目前一些其他的需求分析方法，在该原则上与结构化分析方法是相同的。

　　（3）结构化分析采用了图形描述方式，用数据流图为即将开发的系统描述了一个可见的模型，也为系统的审查和评价提供了有利的条件。

4. 结构化分析方法的局限

　　由于上述长处，结构化分析方法自 20 世纪 70 年代逐步形成以来，在数据处理领域一直相当流行。但是，在长期使用的过程中，也暴露出了结构化分析方法的一些薄弱环节甚至是缺陷，主要体现为以下几点：

　　（1）所需文档资料数量大。使用结构化分析方法，人们必须编写数据流图、数据字典、加工说明等大量文档资料，而且随着对问题理解程度的不断加深或者用户环境的变化，这套文档也需不断修改，如此一来，修改工作是不可避免的。

然而，这样的工作需要占用大量的人力物力，同时文档经反复变动后，也难以保持其内容的一致性，虽然已有支持结构化分析的计算机辅助自动工具（如前面介绍过的 PSL/PSA）出现，但要被广大开发人员掌握使用，还有一定困难。

（2）不少软件系统，特别是管理信息系统，是人机交互式的系统。对交互式系统来说，用户最为关心的问题之一是如何使用该系统，如输入命令、系统响应和输出格式等，所以在系统开发早期就应该特别重视人机交互式的用户需求。但是，结构化分析方法在理解、表达人机界面方面表现很差，数据流图描述和逐步分解技术在这里都发挥不了特长。

（3）结构化分析方法为目标系统描述了一个模型，但这个模型仅仅是书面的，只能供人们阅读和讨论，而不能运行和试用，因此在澄清和确定用户需求方面所起的作用毕竟是有限的。这样，来自用户的反馈信息也太迟，对目标系统的质量有一定的影响。

综上所述，结构化分析方法是有效的，但和其他软件方法一样，结构化分析方法也不是完美无缺的，它有许多局限性。我们应该领会结构化分析方法的基本思想，结合实际开发过程的特点和差异进行灵活运用，才有可能较好地完成系统分析任务。

■ 7.2　组织结构与管理功能的调查

7.2.1　组织结构的调查

要建立管理信息系统，就必须知道当前系统的组织机构设置情况和它们之间的隶属关系。作为系统开发人员，要特别关注那些与计算机管理有关的机构和关系。

通常用组织结构图来描述当前系统组织机构的层次和隶属关系。用矩形框表示组织机构，用箭头表示领导关系。图 7-5 是某企业的行政组织结构图，图中将企业的组织分为三层：企业领导决策层、业务管理层和业务执行层。企业领导决策层由正厂长、副厂长、总工程师、总经济师和总会计师组成，主要职能是决定企业发展目标、确定经营方针、作出生产经营的具体决策。业务管理层包括计划科、财务科、生产科和销售科等机构，主要职能是按照经营方针，在规定的职权范围内对各项业务进行管理。业务执行层由车间、班组等生产第一线的组织机构组成，完成日常的生产、业务和调度。

7.2.2　管理功能的调查

系统有一个总的目标，为了达到这个目标，必须要完成各子系统的功能，而各子系统功能的完成，又依赖于下面各项更具体的功能的执行。功能结构调查的任务，就是要了解或确定系统的这些功能结构和关系。系统功能体系图的结构如图 7-6 所示。

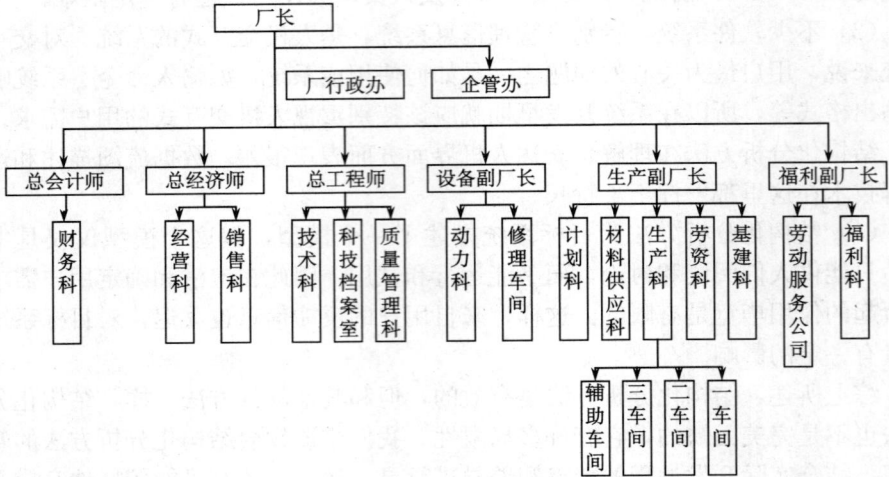

图 7-5 某企业的行政组织结构图

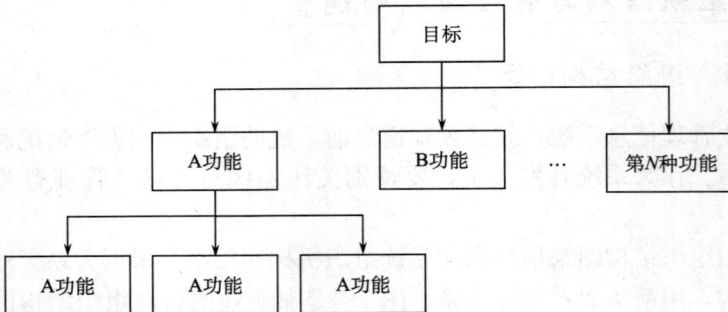

图 7-6 功能体系图的结构

功能要依靠组织机构来具体实现。因此，在理想情况下，功能和组织应该是一致的。但是由于客观情况的复杂性，在当前系统中，功能体系和组织机构并不能一一对应，这就要求我们在进行调查时要认真分析，加以划分。

图 7-7 给出了图 7-5 中某企业的功能体系图，这里仅给出了有关生产管理的内容。

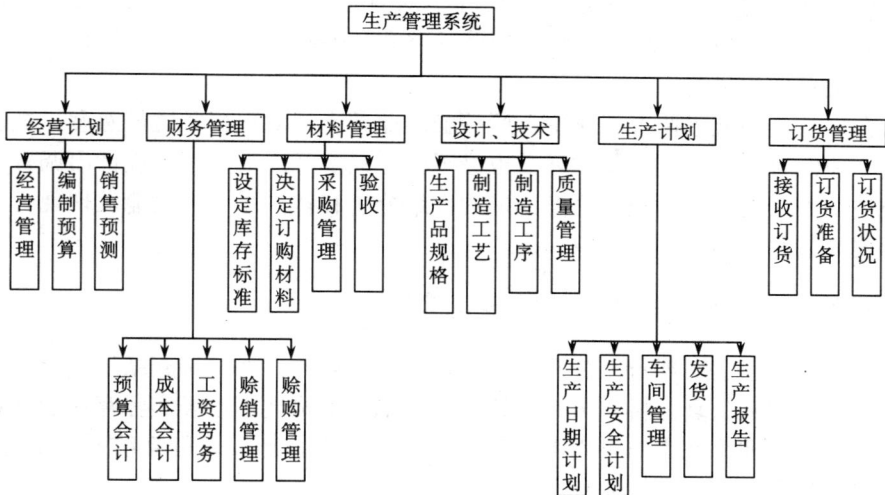

图 7-7 某企业生产系统的功能体系

7.3 业务流程的调查与优化

7.3.1 业务流程的调查

在对现行系统的详细调查中，业务流程的调查也十分重要。业务流程调查是调查各部门各项业务的处理过程，即业务环节、各环节的处理方法，以及各环节之间的数据与实物联系。它对了解现行系统中存在的问题有很大帮助。

1）业务信息的调查与分析

业务信息一般是指系统里的文档、单据和报表等。现行系统中存在大量的文档、单据（原始凭证）和报表，它们都是信息或数据的载体，对它们的调查、收集和分类是为现行系统的数据收集、输入、存储、加工和输出等环节的进一步研究，以及今后详细设计提供依据。

2）业务流程的调查与分析

按现行系统物质、信息或数据流动的过程，逐个调查现行系统中每个环节物质流、信息流或数据的流动，以弄清每个环节的物质流和信息流的来源和去向，并将现行系统业务按数据的加工顺序进行描述。

3）现行系统中薄弱环节的调查

现行系统中的薄弱环节通常正是目标系统中所要解决和改进的主要问题，如数据的及时性、准确性、处理方法及组织结构设置、管理制度、业务流程的合理性、数据处理的成本，以及这些薄弱环节对企业造成的影响。对它们的有效解决，有可能极大地增加目标系统的经济效益和社会效益，从而提高用户对目标系统的开发兴趣和热情。

在进行业务流程调查工作中，所接触的业务人员对现行系统最熟悉、最有发言权，他们对现行系统的薄弱环节也最了解。只要开发人员精心设计出调查表以方便被调查人员回答，经过开发人员的仔细分析和认真思考，就能发现现行系统的薄弱环节并找到其产生的原因。

7.3.2 业务流程图和系统概况表

开发人员通过对现行系统业务流程进行详细调查，并对调查结果进行充分认识、深入理解和认真分析，可在详细调查的基础上描述出已经实际存在的现行系统业务流程，即将调查结果用图表和图形描述出来，形成现行系统业务流程图、系统概况表等。下面介绍业务流程图的具体内容。

1. 业务流程图的基本符号及含义

常用的业务流程图符号及含义如图 7-8 所示。

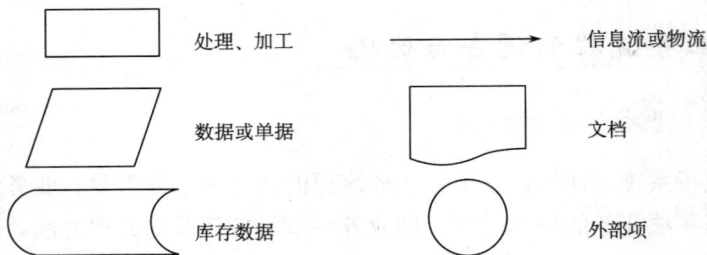

图 7-8 业务流程图的基本符号及含义

2. 业务流程图的实例

1）现行系统业务流程总结

在系统调查阶段，了解到某企业的会计核算形式是科目汇总表的核算形式，其账务处理业务流程如下：

（1）根据审核无误的原始凭证汇总表编制记账凭证，包括现金收付、银行收付、转账凭证；

（2）根据现金收付款凭证登记现金日记账；

（3）根据银行收付款凭证登记银行存款日记账；

（4）根据银行送来的对账单对银行存款日记账进行核对；

（5）根据记账凭证及所付原始凭证登记有关明细账；

（6）根据记账凭证，按相同的借贷方汇总出科目汇总表；

(7) 根据科目汇总表登记汇总分类账；

(8) 将明细账科目余额与财产物资实用数核对；

(9) 将总分类账余额与有关明细账余额核对；

(10) 根据总账和明细账余额编制各种会计报表。

2）业务流程图

根据上述业务流程可以绘制出该企业账务处理现行系统业务流程图，如图 7-9 所示。

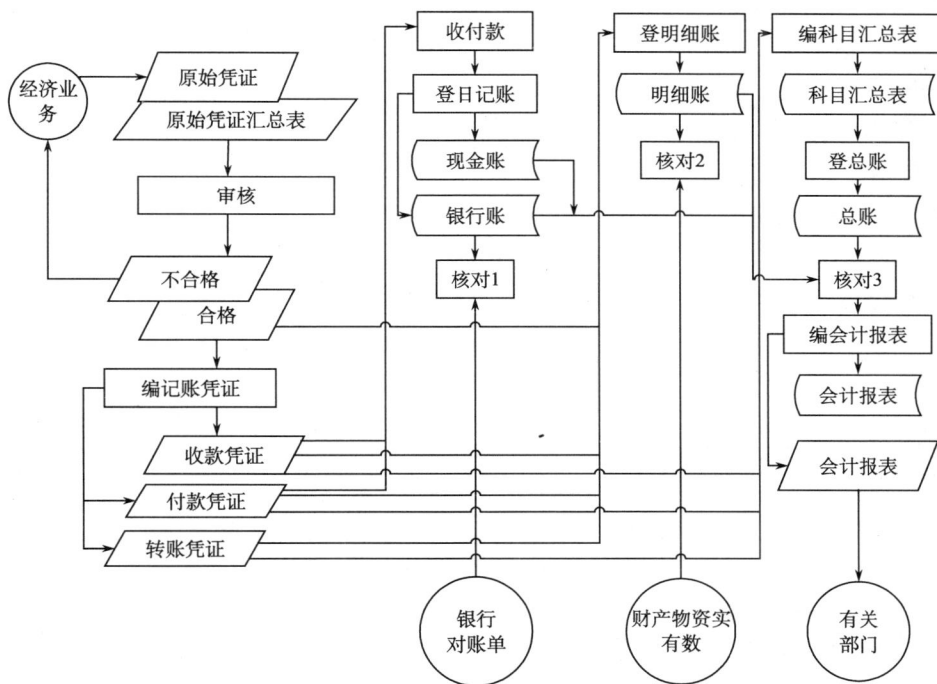

图 7-9 财务处理现行系统业务流程图

3）现行系统概况表

现行系统概况表是在现行系统业务流程图基础上提取系统的基本要素——输入、输出、处理、存储和外部环境等编制而成的。它是流程图的文字概括，两者配合使用。

根据上述账务处理业务流程图，编制现行系统概况表，如表 7-1 所示。

表 7-1 大致分为输入、处理、存储和输出四个部分，清楚地反映了现行系统的各种输入、处理、输出和数据存储。

表 7-1　现行系统概况

名称：现行系统概况表	编号：
输入： 1. 原始凭证 2. 汇总表 3. 银行对账单 4. 财产物资实用数 存储： 1. 现金日记账 2. 银行日记账 3. 明细账 4. 科目汇总表 5. 总账 6. 会计报表	处理： 1. 审核 2. 收付款 3. 编制记账凭证 4. 登记日记账 5. 核对1 6. 登记明细账 7. 核对2 8. 编制科目汇总表 9. 核对3 10. 登记分类账 11. 编制会计报表 输出： 1. 会计报表 2. 各种账簿

业务名称：	制表人：	审核人：
单位名称：	核对人：	年　月　日

7.3.3　业务流程的优化

1. 业务流程优化的核心思想

业务流程优化的核心思想是减少非增值活动，减少等待时间和重复工作，协调工作量，从而提高增值活动效率。

2. 业务流程优化的基本思想

（1）实现从传统的面向职能管理向面向流程管理的转变，将业务的审核与决策点定位于业务流程执行的地方，缩短信息沟通的渠道和时间，从而提高对顾客和市场的反应速度。

（2）强调业务流程中每一个环节上的活动尽可能实现最大化增值，尽可能减少无效的或不增值的活动，如去掉不必要的审核等，并以整体流程全局最优（而不是局部最优）为目标，设计和优化流程中的各项活动。

（3）要求业务流程之间尽量实现单点接触，这不仅有利于流程通畅、责任明确，而且有利于提高内、外部顾客的满意度。

（4）在手工管理方式下，由于受到人的管理能力的局限性约束，一般必须采用授权分工管理，这必然会在一定程度上导致决策分散化，影响决策的有效性。因此，在建立新型"扁平化"组织运行模式时，应重视现代计算机信息技术的应用，以便协调业务分散与管理集中之间的矛盾。

3. 业务流程优化的总体思路

（1）实现从面向"职能"管理到面向"流程"管理的转变。

（2）从"流程"出发调整岗位职责、部门职责及绩效考核指标。

（3）明晰企业控制的三个层次：事先计划、事中监控和事后分析。

4. 业务流程优化的设计原则

（1）流程方面：从面向"职能"管理到面向"流程"管理，对不同部门相同"流程"的业务只按照流程管理的思路进行描述，变复杂流程为简化流程。

（2）信息方面：利用 CIMS 的集成思想，将 ERP 与网络等最新 IT 技术相结合，变信息孤岛为共享平台。

（3）着重点是增加信息共享、扩大信息共享范围、缩短信息共享时延。

7.4　数据流程的调查与分析

7.4.1　数据收集

收集的原始数据一般是杂乱无章的，难以从中直接看出有意义的东西。所以，必须对原始数据加以整理，以便把感兴趣的信息提取出来，并以简明醒目的方式加以表达。

1. 数据收集的范围

数据收集的范围应该是围绕组织内部数据流所涉及领域的各个方面。但应该注意的是，数据流是伴随物流、事务流等产生的，物流、事务流与数据流又都是在组织中流动的。因此，数据收集者所收集数据的范围就不能仅仅局限于信息与数据流，还应该包括企业的生产、经营、管理等各个方面。

2. 数据的收集方法

对当前系统数据的收集是一项烦琐而艰巨的工作，为了使收集工作能顺利进行并获得预期成效，需要掌握有关的方法、要领和一定的技巧。围绕上述收集范围，可根据具体情况设计调查问卷的问题或问卷调查表的栏目，真正弄清现行系统在现阶段工作的详细情况，为以后的分析设计工作作准备。

在管理信息系统开发中采用的数据收集方法通常有以下几种：

（1）收集资料。将各科室和车间日常业务中所用的计划、原始凭据、单据和报表等的格式或样本统统收集起来，以便对它们进行分类研究。

（2）开调查会。这是一种集中征询意见的方法，适合于对系统的定性调查。

（3）访问。开调研会有助于大家互相补充见解，以便形成较为完整的印象。但是由于时间限制等其他因素，不能完全反映出每个与会者的意见，因此，在会后要根据需要再进行个别访问。

（4）书面调查。根据系统特点设计调查表，用调查表向有关单位和个人征求意见和收集数据。该方法适用于比较复杂的系统。

（5）参加业务实践。如果条件允许，亲自参加业务实践是了解系统的最好方法。通过实践，还可加深开发人员和用户的思想交流和友谊，这将有利于下一步的系统开发工作。

（6）发电子邮件。如果企业已经具备网络设施，可通过 Internet 和局域网发电子邮件进行调查，这样可以大大节省时间、人力、物力和财力。

（7）电话和电视会议。如果有条件，可以利用电话和电视会议进行调查，但只能将其作为补充手段，因为许多资料需要亲自收集和整理。

3. 数据收集应注意的事项

（1）安民告示。开发人员要和用户共同制定调查进度的计划，以便事先安排时间、地点和内容，并通知有关人员做好准备。

（2）调查态度。为了取得理想的数据收集效果，开发人员应该具备虚心、耐心、细心、恒心等良好的性格修养和调查态度，并掌握一定的提问技巧。

（3）调查顺序。先自上而下初步调查，在了解总体和全局的基础上，再由上而下进行详细调查。

（4）分析绘制图表。对现行系统的调查过程就是原始素材的汇集过程。开发人员必须将这些原始资料进行整理、研究和分析，并绘制成相应的图表来描述现行系统，以便在较短时间里对当前系统有全面和详细的了解。

（5）调查资料的收集和保存。所有调查的内容（如表格、问题、图、所收集的报表、调查的记录等）和分析的结果都应整理后归档，由负责人签字，以便在进一步工作中使用。

7.4.2　数据分析

数据分析方法包括以下八种

1）线性回归分析

（1）线性回归方程的基本模型。线性回归分析是考察变量之间的数量关系变化规律，它通过一定的数学表达式——回归方程，来描述这种关系，以确定一个或几个变量的变化对另一个变量的影响程度，为预测提供数学依据。

线性回归方程从样本资料出发，一般利用最小二乘法，根据回归只限于向本资料点在垂直方向上的偏离程度最低的原则，进行回归方程的参数的求解。根据线性回归方程自变量的个数，回归方程可分为一元线性回归方程和多元线性回归方程。

一元线性回归模型：一元线性回归模型中两个变量之间的关系可以通过有关的参数直接用直线关系来表示。

多元线性回归模型：多元线性回归模型中自变量的个数在两个以上。

（2）线性回归方程的统计检验。包括回归方程拟合优度检验、回归方程的显著性检验，以及回归系数显著性检验。

（3）回归分析假设条件的检验。包括残差分析、多重共线性和误差项的序列相关。

（4）线性回归分析的基本步骤如下：①确定回归中的自变量和因变量；②以收集到的样本资料为基础，确定自变量和因变量之间的数学关系，即建立回归方程；③对回归方程进行各种统计检验；④利用回归方程进行预测。

在利用统计软件进行回归分析时，只有第一步由用户给定，其他步骤均可由计算机完成。

2）判别分析

（1）判别分析的基本思想 。判别分析是一种进行统计鉴别和分组的技术，最早由费雪（Fisher）于 1936 年提出。它是根据观察或测量到的若干变量值，判断研究对象如何分类的方法。在进行判别分析时，首先必须已知观察对象的分类和若干表明观察对象特征的变量值，然后再从中筛选出能提供较多信息的变量并建立判别函数，再利用其结果对待判对象进行判断分类。在判别分析中，称分类变量为因变量，而用以分类的其他特征变量称为判别变量或自变量。简而言之，判别分析包括以下两步：①分析和解释各类指标之间存在的差异，并建立判别函数；②以第一步的分析结果为依据，对那些未知分类属性的案例进行判别分类。

（2）判别分析基本模型。假设条件是每一个类别都取自一个多元正态总体的样本，所有正态总体的协方差矩阵或相关矩阵都相等。判别分析的基本模型是判别函数，它表示为分组变量与满足假设条件的判别变量之间的线性关系。

（3）分析的基本步骤。①确定研究的问题；②获取判别分析的数据；③进行判别分析；④评价和解释分析结果。

3）聚类分析

（1）聚类分析的基本思想。聚类分析（又称数字分类学）是新近发展起来的一种研究分类问题的多元统计分析方法。它是根据事物本身的特性研究个体分类的方法，其基本原则是同类的个体有较大的相似性，而不同类的个体差异很大。在聚类分析中，根据分类对象的不同，可分为样品聚类（Q 型聚类）和变量聚类（R 型聚类）两种。样品聚类是对事件进行聚类，或是对观测量进行聚类时，使对反映被观测对象特征的变量值进行分类。变量聚类则是当反映事物特点的变量很多时，根据所研究的问题选择部分变量对事物的某一方面进行研究的聚类方法。

（2）聚类分析的主要步骤，包括：确定研究的问题；计算相似性；聚类；聚类结果的解释和证实。

4）因子分析

（1）因子分析的基本思想。因子分析是一项多元统计分析技术，主要目的就是简化数据。它通过研究众多变量之间的内部依赖关系，探求观测数据中的基本结构，并用少数几个假想变量来表示基本的数据结果。这些假想变量是不可观测的，通常称为因子。它们反映了原来众多的观测变量所代表的主要信息，并能解释这些观测变量之间的相互依存关系。

（2）因子分析的基本步骤，包括：确定研究变量；计算所有变量的相关矩阵；构造因子变量；因子旋转。

5）对应分析

（1）对应分析的基本思想。对应分析（correspondence analysis）又称为相应分析，是由法国统计学家 J. P. Beozecri 于 1970 年提出的，是在 R 型和 Q 型因子分析基础上发展起来的一种多元相依的变量统计分析技术。它通过分析由定性变量构成的交互汇总表来揭示变量间的关系。当以变量的一系列类别以及这些类别的分布图来描述变量之间的联系时，使用这一分析技术可以揭示同一变量的各个类别之间的差异，以及不同变量各个类别之间的对应关系。

（2）分析的主要步骤，包括：确定研究的问题；获取分析资料；对列联表作对应分析；解释结果意义。

6）多维偏好分析

（1）主成分分析的基本思想。多维偏好分析采用的统计方法就是主成分分析法，因而必须对主成分分析法有一个初步的了解。主成分分析法就是将原来众多具有一定相关性的指标（如 p 个指标），重新组合成一组新的相互无关的综合指标来代替原来的指标。

（2）分析的主要步骤，包括：确定研究的问题；资料的收集；主成分分析；绘制偏好图并解释结果意义；评价分析结果。

7）多维尺度法

（1）多维尺度法的基本介绍。多维尺度法的基本思想是，将消费者对各种品牌产品的偏好和感觉资料，用 r 维空间的点来表示。品牌的点间距离的次序完全反映原始输入的相似次序（两种品牌间的距离越短，则越相似）。具体主要包括两步：①初步图形结构的构造。构造一个 r 维的坐标空间，并用该空间的点分别表示各种品牌的产品，此时点间的距离未必和原始输入的次序相同。②初步图形结构的修改。通过反复的迭代计算，逐步修改初步图形结构，得到一个新的图形结构，使得在新的结构中各种品牌的点间距离次序和原始输入次序完全一致。

（2）分析的主要步骤，包括：确定研究的问题；资料的收集；作多维尺度分析；作空间图并解释结果意义；评价分析结果。

8）联合分析

（1）联合分析的基本概念。联合分析的基本思想是：通过为消费者提供以不同属性组合形成的产品，请消费者作出心理判断，按其意愿程度给产品组合打分、排序；然后采用数理分析方法对每个属性水平赋值，使评价结果与消费者的给分尽量保持一致，来分析研究消费的选择行为。

（2）分析的主要步骤。包括：确定研究对象；确定属性及水平；实验设计；资料的收集；计算属性的分值；得出评价分析的结果；解释结果。

7.4.3 数据流程分析

1. 数据流图

数据流图（data flow diagram，DFD）是只反映信息在系统中流动和处理情况的图，它是描述系统逻辑模型的工具之一，用便于用户理解系统数据流程的图形表示。它能精确地在逻辑上描述系统的功能、输入、输出和数据存储等，从而摆脱了其物理内容。数据流图是系统逻辑模型的重要组成部分。

1）数据流图的基本符号

数据流图由四种基本符号组成，如图 7-10 所示。

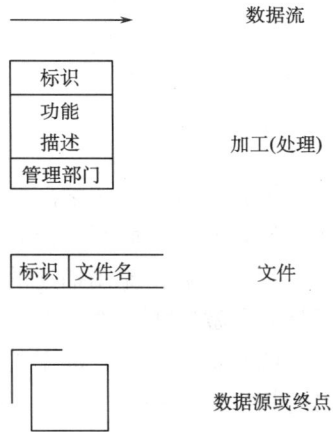

图 7-10　数据流图的基本符号

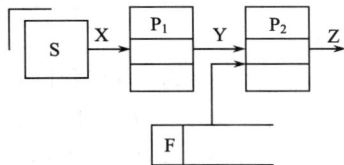

图 7-11　数据流图举例

例如，图 7-11 是一个简单的数据流图，它表示数据 X 从源 S 流出，经 P 加工转换成 Y，接着经 P 加工转换为 Z，在加工过程中，从 F 中读取数据。

2）数据流图基本符号的使用规则

（1）数据流。数据流由一组确定的数据组成。例如，"发票"为一个数据流，它由品名、规格、单位、单价、数量等数据组成。数据流用带有名字的具有箭头的线段表示，名字称为数据流名，表示流经的数据；箭头表示流向。数据流可以从加工流向加工，也可以从加工流进、流出文件，还可以从源点流向加工或从加工流向终点。

对数据流的表示有以下约定：

第一，对流进或流出文件的数据流不需标注名字，因为文件本身就足以说明数据流。而其他的数据流则必须标出名字，名字应能反映数据流的含义。

第二，数据流不允许同名。

第三，两个数据流在结构上相同是允许的，但必须体现人们对数据流的不同理解。例如，图 7-12（a）中的合理领料单与领料单两个数据流，它们的结构相同，但前者增加了合理性这一信息。

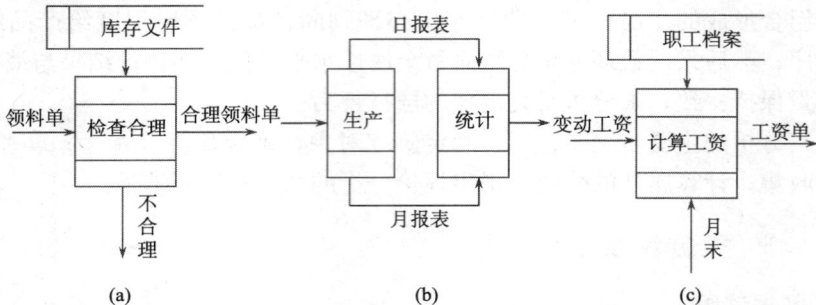

图 7-12　简单流图举例

第四，两个加工之间可以有几股不同的数据流，这是由于它们的用途不同，或它们之间没有联系，或它们的流动时间不同，如图 7-12（b）所示。

第五，数据流图描述的是数据流而不是控制流。如图 7-12（c）中，"月末"只是为了激发加工"计算工资"，是一个控制流而不是数据流，所以应从图中删去。

（2）加工处理。加工处理是对数据进行的操作，它把流入的数据流转换为流出的数据流。每个加工处理都应取一个名字表示它的含义，并规定一个编号用来标识该加工在层次分解中的位置。名字中必须包含一个动词，如"计算"、"打印"等。

对数据加工转换的方式有两种：改变数据的结构，如将数组中各数据重新排序；产生新的数据，如对原来的数据总计、求平均值等。

（3）文件。文件是存储数据的工具。文件名应与它的内容一致，写在开口长条内。从文件流入或流出数据流时，数据流方向是很重要的。如果是读文件，则数据流的方向应从文件流出；写文件时则相反；如果是又读又写，则数据流是双向的。在修改文件时，虽然必须首先读文件，但其本质是写文件，因此数据流应流向文件，而不是双向。

例如，在图 7-12（a）中，检查合理性加工时，只从库存账目文件中读出库存信息与领料单核对，所以数据流从文件流出，箭头指向加工。

（4）数据源和终点。数据源和终点表示数据的外部来源和去处。它通常是系统之外的人员或组织，不受系统控制。

为了避免在数据流图上出现线条交叉，同一个源点、终点或文件均可在不同位置多次出现，这时要在源（终）点符号的右下方画小斜线，或在文件符号左边画竖线，以示重复，如图 7-13 所示。

图 7-13 重复的源点、终点或文件

由图 7-13 可见，数据流图可通过基本符号直观地表示系统的数据流程、加工、存储等过程。但它不能表达每个数据和加工的具体、详细的含义，这些信息需要在"数据字典"和"加工说明"中表达。

2. 数据字典

在数据流图的基础上，还需对其中的每个数据流、文件和数据项加以定义，我们把这些定义所组成的集合称为数据字典（data dictionary）。数据流图是系统的大框架，而数据字典以及下面将要介绍的加工说明则是对数据流图中每个成分的精确描述。它们有着密切的联系，必须结合起来使用。

数据流、文件和数据项的定义可以作为数据字典中的一个条目。因此，在数据字典中有三种类型的条目：数据流条目、文件条目和数据项条目。

1）数据流条目

数据流条目对每个数据流进行定义，它通常由四部分组成：数据流名、别名、组成和注释。其中，别名是前面已定义的数据流的同义词；组成栏是定义的主要部分，通常是列出该数据流的各组成数据项；注释栏用于记录其他有关信息，例如，该数据流在单位时间中传输的次数等。

如果数据流的组成很复杂，则可采用"自顶向下，逐步分解"的方式来表示。例如，"课程"数据流可写成

课程 = 课程名 + 教师 + 教材 + 课程表
课程表 = ｛ 星期几 + 第几节 + 教室 ｝

只要依次查这两个条目，就可确切了解"课程"的含义。

在数据字典各条目的定义中，常使用下述符号：

- = 表示"等价"。
- + 表示"与"。
- ［｜］表示"或"，即选括号中的某一项，括号中各选择项用"｜"隔开。例如，三好学生 = ［甲｜乙｜丙｜丁］。
- （）表示"可选"，即从括号中任选一项，也可一项都不选。
- ｛｝表示"重复"，即重复括号内的项，重复次数的上、下界标在括号右边。例如，$\{X\}_1^5$ 表示把 X 加工重复 1～5 次。若在重复括号上没有附加重复次数的上下界时，则表示 0 次或多次重复。

数据流条目的编写格式见表 7-2、表 7-3 中"职工基本情况"和"查询条件"数据流条目。

表 7-2　职工基本情况

数据流名：职工基本情况	
别　　名：无	
组　　成：职工号＋姓名＋性别＋出生时间＋参加工作时间＋职称＋工作部门＋工资＋婚否	
注　　释：	

表 7-3　查询条件

数据流名：查询条件	
别　　名：无	
组　　成：［查工资情况｜查工作部门｜查职称｜查职工号］	
注　　释：数据量：约 70 次/天；今后还要增加查询种类	

2）文件条目

文件条目用来对文件（或数据库）进行定义。它由五部分组成：文件名、编号、组成、结构和注释。其中，组成栏的定义方法与前面的数据流条目相同。结构栏用于说明重复部分的相互关系，如指出是顺序还是索引存取。文件条目的格式见表 7-4 "人事档案文件"。

表 7-4　人事档案文件

文件名：人事档案文件	
编　　号：EMP	
组　　成：职工号＋姓名＋出生时间＋参加工作时间＋职称＋工作部门＋工资＋婚否	
结　　构：以职工号为关键字、索引存取	
注　　释：今后还将增加数据项	

3）数据项条目

数据项条目用来给出数据项的定义。由于数据项是数据的最小单位，不可分割，因此数据项条目只包含名称、代码、类型、长度和值的含义等。对于那些足以从名称中看出含义的"自说明"型的数据项，不必在条目中再解释其含义。数据项条目的格式见表 7-5 的"人事管理系统数据项条目"。

表7-5　人事管理系统数据项条目

数据项名	代码	类型	长度	小数位	含义	别名	注释
职工号	ZGH	数值型	6				
姓名	XM	字符型	8				
性别	XB	字符型	2				
出生时间	CSSJ	日期型	8				
参加工作时间	CZSJ	日期型	8				
婚否	HF	逻辑型	1				H——已婚，F——未婚
职称	ZC	字符型	8				
工作部门	BM	字符型	10				
工资	GZ	数值型	6	2			

3. 加工说明

利用数据字典可以对数据流图中的数据流、文件和数据项加以定义。对数据流图中的基本加工的定义是结构化分析的关键部分，基本加工的定义描述称为"加工说明"。

这里讲的"加工说明"是指对数据流图中功能单元（不能再作分解的加工）的描述，而对数据流图中的其他加工则可以没有加工说明。

1）编写加工说明的要求

• 对数据流图中的每个功能单元都必须有一个加工说明。

• 加工说明必须描述功能单元把输入数据流转换为输出数据流的转换规则。

• 每个加工说明必须描述转换的策略，而不是转换的实现细节。即主要描述每个加工"做什么"，而不是用程序设计语来描述具体的加工过程。

• 加工说明应力求完整、严密、易于理解。

2）加工说明的描述工具

由于自然语言不够精确、简练，不适合编写加工说明，目前已有许多适用加工说明的描述工具。下面我们介绍三种最常用的工具：结构化语言、判定表和判定树。

（1）结构化语言。自然语言的优点是容易理解，但是它不精确，可能有多意性。程序设计语言的优点是严格精确，但它的语法规定太死板，使用不方便。结构化语言（structured language）则是介于自然语言和程序设计语言之间的一种语言，它是带有一定结构的自然语言。在我国，通常采用较易为用户和开发人员双方接受的结构化语言。

在用结构化语言描述问题时，只允许使用三种基本逻辑结构：顺序结构、选择结构和循环结构。配合这三种结构所使用的词汇主要有三类：陈述句中的动词；在数据字典中定义的名词；某些逻辑表达式中的保留字、运算符、关系符等。下面我们来具体说明这三种语句的使用方式。

A. 顺序结构。由一组有先后顺序的陈述句组成。陈述句是指要做什么事情，它至少包括一个动词和一个宾语（名词），动词说明要执行的功能，宾语表示动作的对象。例如，"打印工资单"，"按职工号查该职工的姓名、职称和工作部门"等。

B. 选择结构。与程序设计语言结构 IF-THEN-ELSE 类似，在结构化语言中有以下形式：

如果　　　　　　条件

　　　　　　则动作 A

否则

　　　　　　　　就动作 B

如果一个条件有若干不同的状态，而这些状态只发生其中的一种，不可能同时发生，则可对不同状态选择执行相应的动作。形式与 CASE 语句类似。例如：

如果　　　情况 1　　则动作 1

　　　　　情况 2　　则动作 2

　　　　　　$\vdots$

　　　　　情况 n　　则动作 n

这里的动作是陈述句或它的复合语句。

C. 循环结构。由一个循环判定条件和一组重复执行的动作组成，与程序设计中的 DOWHILE 和 REPEAT-UNTIL 结构类似。例如：

　　　　　　对每位职工

　　　　　　　计算本月扣款小计和实发数

　　　　　　　打印实发数

为了减少复杂性，便于人们理解，编写加工说明时需要注意以下几点：

第一，避免结构复杂的常句。

第二，所用名词必须在数据字典中有定义。

第三，不要用意义相同的多种动词，用词名应始终如一。例如，"修正"、"修改"、"更改"含义相同，一旦确定使用其中一个以后，就不要再用其余两个。

第四，为提高可读性，书写时可采用"阶梯形"格式。

第五，嵌套使用各种结构时，应避免嵌套层次过多而影响可读性。

表 7-6、表 7-7 为两个加工说明的例子。

表 7-6　人事档案系统修改说明

加　工　号：修改

加工编号：RS2

输　　　入：功能代号 2

加工逻辑：输入职工号，可对相应职工的各数据项进行修改

输　　　出：修改后的职工数据

注　　　释：在人事数据有变化时，随即使用该功能

表 7-7　人事档案系统查询说明

加　工　名：查询

加工编号：RS3

输　　　入：功能代号 3

加工逻辑：

如果　　选择工资　　可按职工号查工资额

　　　　选择工作部门　可按职工号查工作部门

　　　　选择职称　　可按职工号查职称

　　　　选择职工号　可按姓名查职工号

输　　　出：工资额、工作部门、职称、职工号

注　　　释：

（2）判定表。对于具有多个互相联系的条件和可能产生多种结果的问题，用结构化语言描述则显得不够直观和紧凑，这时可用以清楚、简明为特征的判定表（decision table）来描述。

判定表采用表格形式来表达逻辑判断问题，表格分成四个部分：左上角为条件说明；左下角为行动说明；右上角为各种条件的组合说明；右下角为各条件组合下相应的行动。下面我们用例子来说明如何使用判定表。

【例】某商业批发公司本着薄利多销的原则制定了折扣政策，规定在与客户成交时，可根据不同情况对客户应交货款打一定折扣。表 7-8 显示了使用判定表描述的该公司的折扣政策。其中，C1～C3 为条件，A1～A4 为行动，1～8 为不同条件的组合，Y 为条件满足，N 为条件不满足，X 为该条件组合下的行动。例如，条件 4 表示若交易额在 50 000 元以上、最近 3 个月中有欠款且与本公司交易在 20 年以上，则可享受 5%的折扣率。

表 7-8 公司的折扣政策判定表

条件和行动＼不同条件组合	1	2	3	4	5	6	7	8
C1：交易额在 50 000 以上	Y	Y	Y	Y	N	N	N	N
C2：最近 3 个月无欠款单据	Y	Y	N	N	Y	Y	N	N
C3：与本公司交易 20 年以上	Y	N	Y	N	Y	N	Y	N
A1：折扣率 15%	X	X						
A2：折扣率 10%			X					
A3：折扣率 5%				X				
A4：无折扣率					X	X	X	X

　　判定表是根据条件组合进行判断的，上面表格中每个条件只存在"Y（是）"和"N（非）"两种情况，所以三个条件共有 $2^3＝8$ 种可能性。在实际使用中，有的条件组合可能是矛盾的，需要剔除；有的则可以合并。因此，需在原始判定表的基础上进行整理和综合，才能得到简单明了、便于使用的判定表。同时，在整理过程中，还可能对用户的原有业务过程进行改进和提高（表 7-9 是由表 7-8 合并得到的，其中，"—"表示"Y"或"N"均可）。

表 7-9 合并整理后的判定表

条件与组合＼不同条件组合	1 (1/2)	2 (3)	3 (4)	4 (5/6/7/8)
C1：交易额在 50 000 以上	Y	Y	Y	N
C2：最近 3 个月无欠款单据	Y	N	N	—
C3：与本公司交易 20 年以上	—	Y	N	—
A1：折扣率 15%				
A2：折扣率 10%		X		
A3：折扣率 5%			X	
A4：无折扣率				X

　　根据表中条件取值的状态不同，判定表可分为有限判定表（limited entry table）、扩展判定表（extended entry table）和混合判定表（mixed entry table）。它们各有特色，若能合理选择和灵活运用，则可描述和处理更为广泛、复杂的判断过程。详细的内容可参阅有关书籍，这里不作具体介绍。

　　（3）判定树。判定树（decision tree）是用来表示逻辑判断问题的一种图形工具。它用"树"来表达不同条件下的不同处理，比语言、表格的方式更为直观。

判定树的左侧（称为树根）为加工名，中间是各种条件，所有的行动都列于最右侧。

前面例子给出的某商业批发公司的折扣政策（表 7-9），可以用图 7-14 所示的判定树来进行描述。

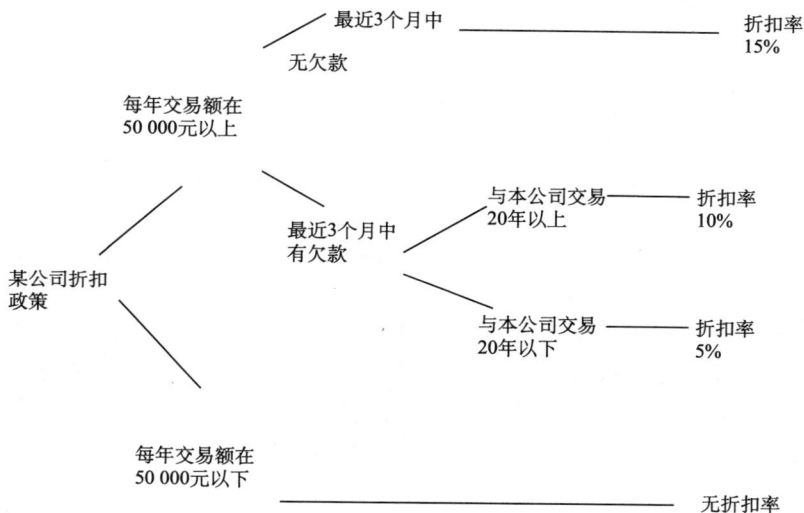

图 7-14　判定树

（4）几种表达工具的比较。以上介绍的三种用于描述加工说明的工具各自具有不同的优点和不足，它们之间的比较如表 7-10 所示。

表 7-10　几种表达工具的比较

比较指标	结构化语言	判定表	判定树
逻辑检查	好	很好	一般
表示逻辑结构	好（所有方面）	一般（仅是决策方面）	很好（仅是决策方面）
使用方便性	一般	一般	很好
用户检查	不好	不好（除非用户受过训练）	好
程序说明	很好	很好	一般
机器可读性	很好	很好	不好
机器可编辑性	一般（要求句法）	很好	不好
可变性	好	不好（除非是简单的组合变化）	一般

通过比较可以看出它们的适用范围：

（1）结构化语言最适用于涉及具有判断或循环动作组合顺序的问题。

（2）判定表较适用于含有 5～6 个条件的复杂组合，条件组合过于庞大则会造成不便。

（3）判定树适用于行动为 10～15 的一般复杂程度的决策。必要时可将判定表上的规则转换成判定树，以便用户使用。

（4）判定表和判定树也可用于系统开发的其他阶段，并被广泛地应用于其他学科。

7.5　新系统逻辑模型

7.5.1　新系统的功能结构

大的系统通常是由各个功能子系统构成的。把系统划分为不同的功能子系统，可以大大简化系统的设计工作。子系统划分完成以后，只要定义好子系统之间的连接关系，每一个子系统的设计、调试就可以独立进行。如果部分功能发生变化，只需要对个别子系统进行维护或重新设计，而不需要对整个系统进行大的改动。一般子系统的划分是在系统逻辑设计阶段，根据对系统的功能/数据分析的结果提出的。在子系统划分时，还要对子系统的数据联系及系统整体协调和优化的方法进行统一考虑。

7.5.2　新系统的业务处理流程

新系统的业务处理是指分析原系统业务流程的不足，提出业务流程改造和重新设计的方法，建立新的业务流程，确定新系统流程中人机界面的划分。原系统的不足可能是管理思想和方法落后，业务流程不尽合理。计算机系统的应用为优化原系统业务流程提供了新的可能性，需要在对现有流程进行分析的基础上，根据新技术条件下信息处理的特点进行分析和重新设计，产生更为合理的业务流程。

7.5.3　新系统的数据处理方案

数据流程是系统中信息处理方法和过程的统一。由于老系统的数据处理是建立在手工处理或陈旧的信息处理技术之上的，信息技术的发展必然会为数据处理提供更为有效的手段。因此，与业务流程的改造相对应，在新系统开发中，还应该分析原数据流程中的不适应新系统处理方法的部分，通过数据流程的优化和改进，建立新的数据流程，确定新的数据流程中人机界面的划分。

7.5.4　新系统可能涉及的管理模型

确定新系统的管理模型就是要确定今后系统在每一个具体的管理环节上的处理方法。这个问题一般应根据系统分析的结果和管理科学方面的知识来决定，在此无法给出一个预先规定的新系统模型或产生该模型的条条框框。

在手工系统中，由于受信息获取、传递和处理手段的限制，只能采用一些简单的管理模型，而在计算机技术的支持下，像 MRP II 等现代管理方法的应用就具有了现实的可能性。系统分析中要根据业务和数据流程，对每个处理过程进行认真分析，研究每个管理过程的信息处理特点，找出相适应的管理模型。

为方便读者，这里仅示意性地给出若干新系统管理模型，以供借鉴和参考。

1. 综合计划模型

综合计划模型是企业一切生产经营、管理活动的纲领性文件。一个切实可靠的综合计划方案，基本上就奠定了企业生产、经营活动的基础。综合计划模型一般由综合发展计划模型和资源限制模型两大部分组成。

1) 综合发展模型

该模型主要用来反映企业的近期发展目标，它包括利税发展指标、生产发展规模等，一般常用的有：企业的中长期计划模型；厂长（或经理）任期目标的分解模型；新产品开发和生产结构调整模型；中长期计划滚动模型。

2) 资源限制模型

该模型主要是反映企业现有各类资源和实际情况对综合发展模型的限制情况，常用的限制模型有数学规划模型和资源分配限制模型。

2. 生产计划管理模型

生产计划的制定主要包括生产计划大纲的编制和详细的生产作业计划。

（1）生产计划大纲的编制主要是安排与综合计划有关的生产量指标。一般来说，这部分包括：安排预测和合同订货的生产任务模型；物资需求计划模型；设备负荷和生产加工能力模型；量、本、利分析模型；投入产出模型；数学规划模型。

（2）详细的生产作业计划是要具体给出产品生产数量、加工路线、时间安排、材料工业以及设备生产能力符合平衡等方面的要求。

常用方法有投入产出矩阵模型、网络计划模型/关键路径法模型、排序模型、物资需求模型、设备能力负荷平衡模型、滚动式生产作业计划模型；经验方法。

生产计划模型在选定上述方法以后，根据单位的实际情况还会有很多具体的变化，这需要视系统分析的情况而定。

3. 库存管理模型

库存管理有很多不同的模型，如最佳经济批量模型等。我们一般常用的是下面介绍的这种程序化的管理模型。

（1）库存物资的分类法。据统计分析，一般库存物资都遵循 ABC 分类规律。即 A 类物资品种数占库存物资总数的不到 10%，但金额数却占总数的约 75%；B 类物资的这两项比例数分别为 20% 和 20% 左右；C 类物资则为 70% 和 5%，据此建立模型。

因此，库存管理首先要确定库存物资的分类以及具体的分类方法。

(2) 库存管理模型。例如，画出库存量的时间变动曲线，根据订货点和经济订货批量等控制模型。

4. 财会管理模型

财会管理模型相对比较固定，确定一个财会管理模型主要有以下几个方面：

(1) 会计记账科目的设定（一般第一、二级科目都由国家和各行业/补办规定，第三、四级由单位自定）。

(2) 会计记账方法的确定（主要是借贷法）。

(3) 财会管理方法。

(4) 内部核算制度或内部银行的建立以及具体的核算方法等。

(5) 安全保密措施以及与其相对应的运行制度和管理方法。

(6) 文档、数据、原始凭证的保存方法与保存周期。

(7) 审计和随机抽查的形式、范围和对账方法等。

5. 成本管理模型

1）成本核算模型

产品的成本一般由几部分组成，故成本核算也必须考虑两方面的计算问题。

第一，间接费用分配方法的选取。目前，常用的方法有完全成本计算方法和变动成本计算方法。

第二，直接生产过程消耗部分计算方法的选取。目前，常用的计算方法有品种法、分步法、逐步结转法、平行结转法、定额差异法等。

2）成本预测模型

目前常用的有数量经济模型、投入产出模型、回归分析模型、指数平衡模型等。

3）成本分析模型

成本分析模型有很多种，一般常用的方法有、实际成本与定额成本比较模型、本期成本与历史同期可比产品成本比较模型、产品成本与计划指标比较模型、量、本、利分析模型。

6. 经营管理决策模型

经营管理决策是一个广义的概念，它涉及企业高层管理人员围绕经营管理目标所进行的所有努力，包括信息的收集，信息的处理（模型算法等），决策者的经验、背景和分析判断能力，以及环境条件的约束限制等多个方面。可以说，经营管理决策模型是整个信息系统的核心和最高层次的处理环节，也是企业领导层（决策层）最为关心的内容。

确定一个有效的经营管理决策模型不是一件容易的事情，一般需要同用户

（即决策者）在系统分析阶段进行反复协商来共同确定。

7. 统计分析模型

统计分析模型常常用以反映销售状况、市场占有情况、质量指标、财务状况等方面的综合、总量变化情况。这类模型在信息系统中常用各种分析图形的方式给出。

常用的统计分析方法有产品市场占有率分析、市场消费变化趋势分析、产品销售统计分析、产品销售额与利润变化趋势分析、质量状况及指标分布状况分析、生产统计分析、财务统计分析、企业综合经济效益指标统计分析。

8. 预测模型

预测模型与统计分析模型一样，可以广泛地用于生产产量、销售量、市场变化趋势等方面。常用的预测模型有多元回归预测模型、时间序列预测模型、普通类比外推模型等。

7.6 系统分析报告

经过上述过程，完成了建立目标系统逻辑模型的任务，即已经完成了整个系统分析阶段的工作。作为该阶段的一个工作成果，应提交一份完整的系统分析报告。系统分析报告一经确认（由用户认可接受后），就成为具有约束力的指导性文件，成为下一阶段系统设计工作的依据和今后验收目标系统的检验标准。

一份完整的系统分析报告一般包括下述内容。

1. 系统概述

（1）目标系统的名称、目标和主要功能。

（2）背景、系统的用户、开发者以及本系统与其他系统或机构的关系和联系。

（3）参考资料和专门术语说明。

2. 现行系统概况

（1）现行系统现状调查说明：通过现行系统的组织结构图、数据流图、概况表等图表及说明，说明现行系统的目标、规模、主要功能、组织机构、业务流程、数据存储和数据流，以及存在的薄弱环节。

（2）系统需求说明：用户要求以及现行系统存在的主要问题等。

3. 新系统逻辑设计

（1）系统功能及分析：提出明确的功能目标，并与现行系统进行比较分析，重点要突出计算机处理的优越性。

（2）系统逻辑模型：各个层次的数据流图、数据字典和加工说明。

（3）出错处理要求。

（4）其他特性要求：如系统的输入输出格式、启动和退出等。

（5）遗留问题：根据目前条件，暂时不能满足的一些用户要求或设想，并提出今后解决的措施和途径。

4. 系统设计与实施的初步计划

（1）工作任务的分解：根据资源及其他条件，确定各子系统开发的先后次序，在此基础上分解工作任务，将其落实到具体的组织或个人。

（2）时间进度安排。

（3）预算：对开发费用的进一步估计。

5. 用户领导审批意见

在系统分析报告中，数据流图、数据字典和加工说明这三部分是主体，是系统分析报告中必不可少的组成部分。而其他各部分内容，则应根据所开发新系统的规模、性质等具体情况酌情选用，不必生搬硬套。总之，系统分析报告必须简明扼要、抓住本质，反映出新系统的全貌和开发人员的设想。

系统分析阶段所提供的系统分析报告主要有以下三个作用：

（1）描述新系统的逻辑模型，作为开发人员进行系统设计和实施的基础。

（2）作为用户和开发人员之间的协议或合同，为双方的交流和监督提供基础。

（3）作为新系统验收和评价的依据。

系统说明书编写完成后，必须组织各方面的人员对已经形成的逻辑方案进行审查，尽可能地发现其中的问题和遗漏。对于问题、遗漏要及时纠正；对于有争论的问题，要重新核实当初的原始调查资料或进一步地深入调查研究；对于重大的问题，甚至可能需要调整或修改系统目标，重新进行系统分析。因此，系统分析报告是系统开发过程中的一份重要文档，必须要求该文档完整、一致、精确且简明易懂，易于维护。

➢ 知识拓展：企业流程再造（BPR)

企业流程再造的概念

企业流程再造（business process reengineering，BPR）是指为了在衡量绩效的关键指标上取得显著改善，从根本上重新思考、彻底改造业务流程。其中，衡量绩效的关键指标包括产品和服务质量、顾客满意度、成本、员工工作效率，等等。

电子商务流程再造是组织为满足顾客的要求和市场竞争的需要，充分利用Internet /Intranet 技术，对组织内部以及组织之间的商务流程进行重新设计和建立，以达到资源及时、准确共享的目的，从而降低成本，提高效率和质量。

从现代组织学的观点看，BPR 属于组织转型的范畴；从管理理论学派划分的角度看，BPR 起源于管理过程学派，是对管理过程学派的创新；从管理理论的经济学原理看，BPR 是对古典分工理论的否定，它提出了"合工"的思想。BPR 并不是一门科学，而是电子商务时代的一种管理技术。

BPR 是供应链、工作流、物流、信息流、资金流的接口，是企业快速响应市场需求的重要技术方法。基于因特网、WWW 和电子商务的企业流程再造是使企业最大限度地连接到全世界，成为涵盖全球性的企业；是不断改变、修正和重组企业过程，包括供应、购买、销售生产和企业运营的全过程；是使企业进行理顺和规范化的管理技术。将 ERP 与 BPR 相结合，对企业总体结构、组织、流程以及所有环节进行考察和重组，建立新的管理程序，能够真正实现企业的合理化和现代化。

可以从以下四个方面深入了解 BPR 的概念：

（1）BPR 需要从根本上（fundamental）重新思考企业业已形成的基本信念，即对长期以来企业在经营中遵循的基本概念，如分工思想、等级制度、规模经营、标准化生产和官僚体制进行重新思考。需要打破定势，进行创造性思维。

（2）BPR 是一次彻底的（radical）变革，是脱胎换骨式的改革，它抛弃现有的业务流程和组织结构以及陈规陋习，而不是修修补补。

（3）BPR 可望取得显著的（dramatic）进步。

（4）BPR 从重新设计业务流程（processes）入手。业务流程是企业以输入各种原材料和顾客需求为起点，到企业创造出对顾客有价值的产品或服务为终点的一系列活动。BPR 确定再造的流程包括绩效低下的流程、重要的流程以及具有再造可行性的流程。

BPR 与以前渐进式的变革理论有本质区别，它是电子商务环境下组织的再生策略，需要全面检查和彻底翻新原有的工作方式，把分散的业务流程重新组装，建立一个扁平化的、富有弹性的新型组织。BPR 主要是为了大幅度提高企业的整体绩效而对企业的现有业务流程进行彻底的重新塑造；更深层次的含义，是将以部门为中心的传统企业转变为以流程为中心的新型企业；再进一步，是要求企业走出自身的界限，将企业纳入整个社会系统中重新审视和定位。

企业流程再造的原则

BPR 的指导思想包括三个方面，即顾客至上、以人为本和彻底改造。尽管这些管理变革思想早已被提出过，但随着信息技术的发展和人类总体生活水平的提高，这些管理思想已经具有了新的含义。BPR 将使得这些富有新含义的管理思想在实践中付诸实现，从而使企业再造运动具有划时代的意义。

（1）BPR 的立足点充分显示"优化流程"是为顾客提供增值，提高企业效益。减少企业业务过程中不必要的浪费，使得关键业务流程合理有效，可以显著地缩短时间，提高业务工作质量和工作效率，降低整个业务流程成本。

（2）BPR"以客户为中心"的原则，表明客户是企业最重要的资源，本着提高客户满意度而服务，并提高企业核心竞争能力。

（3）BPR以"速度和效率"为核心，而不是以专业职能部门为核心，在业务流程中体现"以客户为中心"和以"速度和效率"为中心的特征。

（4）BPR以"标准化"为原则，把业务工作流程的"规则"定好，既要满足客户化的业务工作要求，又要考虑ERP系统处理的要求。只有定好了规则，才能发挥快捷、流畅、高效运作的性能。

BPR是在以往全部管理科学研究与实践的基础上，充分运用现代信息技术和网络技术进行的一场全新的管理革命。流程再造使人们重新认识企业的本质和企业运营过程的结果，摆脱僵化的企业观念，使企业具有更为灵活而开放的形态。

企业流程再造的步骤

BPR所需变革的规模和范围意味着主要的挑战不在于理解和设计流程，而在于实施这些变革，取得预期的目标。

BPR的具体步骤包括以下三个方面：

（1）业务流程诊断。包括确定流程的主要问题是什么、问题出在某个流程内部还是出在流程之间的关系上、管理流程与经营流程是否一致。

业务流程诊断首先是要营造业务流程再造的环境，利用先进的技术方法进行业务流程的诊断工作。主要任务包括：获得企业高层领导的有力支持；做好企业电子商务流程再造的宣传工作；组成企业电子商务流程再造的工作小组并制定工作计划；确定企业的核心业务流程和选定企业电子商务流程再造的备选流程，以及识别电子商务技术环境。

业务流程诊断主要是再造流程分析和流程重新设计。具体工作包括：对备选流程的进一步分析；制定流程再造计划；对备选流程进行诊断，分析流程中存在的问题；重新设计流程；设计与之相适应的人力资源结构；选择电子商务平台。

（2）业务流程改造策略。即利用创造性的策略，构造新流程。利用各种流程再造方法，如角色扮演、文件处理测试以及工作流设计等方法，确认流程进一步改造的机会，以直观的方式描述新流程，展示给高层管理者。并将采纳的方案就需要对流程各个阶段的人力资源重新组织、信息服务开发和执行、流程程序简化等提供整体的策略方案。

在改造策略实施时必须注意各种问题。例如，在设计人力资源结构时尽量减少员工的不满；在以新的流程为基础的环境中，对员工的培训十分重要，等等。

（3）监控与评价。再造流程的监控和评价包括对在流程再造启动阶段设置的质量目标以及新流程进行动态监控。

对流程的度量需要考虑以下几个方面：流程表现，即循环期、成本、顾客满意度、资源消耗；信息技术表现，即故障时间、文件减少量；生产率指数，即每小时的订单处理，销售数量等。评价阶段和诊断实施阶段之间的有效反馈是必要的，它一方面提供对重新设计流程行为的审计，另一方面也为新流程的进一步调整提供依据。新流程与其使用的信息技术的协调是有一个过程的，而且新流程的执行过程是一个不断调整的过程。

思考题

1. 系统分析阶段的主要任务是什么？
2. 什么是结构化分析方法？其特点是什么？
3. 系统详细调查的内容包括哪几个方面？
4. 数据流图的功能是什么？如何画数据流图？
5. 简述数据流图和现行系统流程图的关系及各自的特点。
6. 什么是数据字典？它的内容是什么？
7. 新系统的逻辑加工说明包括哪些内容？
8. 描述加工说明有哪些工具？用结构化语言、判定表、判定树分别描述一个加工说明。
9. 结构化分析的基本步骤及主要内容是什么？

上机作业题

用软件工具画出某个企业的系统业务流程图及数据流图。

小组讨论题

什么是企业流程再造（BPR）？你对它有何认识？

第 8 章

系统设计

在第 7 章中，介绍了系统分析阶段所做的工作及使用的结构化系统分析方法。系统分析阶段解决了"系统干些什么"的问题，给出了系统的逻辑模型。系统设计阶段的主要任务是根据目标系统的逻辑模型，建立目标系统的物理模型，以及根据目标系统逻辑功能的要求，考虑实际情况，详细地确定目标系统的结构和具体的实施方案。如果说系统分析是解决"系统干什么"的问题，那么系统设计则是解决"系统怎样去干"的问题。

8.1 系统设计概述

8.1.1 系统设计的目的

系统设计的目的是在保证实现逻辑模型的基础上，尽可能提高目标系统的简单性、可变性、一致性、完整性、可靠性、经济性、系统的运行效率和安全性。也可以说，系统设计的目的就是为下一阶段的系统实施（如编程、调试、试运行等）制定蓝图。

8.1.2 系统设计的原则

一般来说，企业建立基于计算机的信息系统是为了提高信息处理效率和增强信息处理功能。系统设计的优劣直接影响到目标系统的质量和经济效益，为了使所设计的目标系统成为一个满足用户需要的、具有较强生命力的系统，通常可以采用以下设计目标来评价一个设计方案的优劣，也就是在系统设计时必须遵循下列基本原则。

1. 简单性

在达到预定的目标、具备所需要的功能的前提下，系统应当尽量简单。这样可减少处理费用，提高系统效益，同时也便于管理。

2. 可变性

现代化企业的特点之一，就是其对外界环境的变化有很强的适应能力。作为企业的管理信息系统，也必须具有相当的灵活性，以便适应外界环境的不断变化。这就要求系统具有可变性，系统的可变性是指允许系统被修改和维护的难易程度。由于系统环境的不断变化，系统本身也需不断修改和改善。一个可变性好的系统，各个部分独立性强，容易进行变动，从而可以不断地提高系统的性能，满足系统目标的变化要求。此外，如果一个信息系统容易被修改以适应其他类似组织的需要，无疑地，这将比重新开发一个新系统成本要低得多。

要提高系统的可变性，就必须在系统分析和设计的过程中，始终采用结构化、模块化的方法。

3. 一致性和完整性

一致性有利于子系统之间、多系统之间的联系与合作。因此，系统中的信息编码、采集、信息通信要具备一致性，设计规范标准。由于系统是作为一个统一的整体而存在的，所以系统的功能应当尽量完整。

4. 可靠性

系统的可靠性指系统硬件和软件在运行过程中抵抗异常情况的干扰及保证系统正常工作的能力。衡量系统可靠性的指标是平均故障间隔时间和平均维护时间。前者指平均前后两次发生故障的时间，反映系统安全运行时间；后者指发生故障后平均每次所用的修复时间，反映系统可维护性的好坏。只有可靠的系统，才能保证系统的质量并得到用户的信任。因此，系统必须是可靠的，否则就是没有使用价值的。提高系统可靠性的途径主要有以下几种：

（1）选取可靠性较高的主机和外部设备；

（2）硬件结构的冗余设计，即在高可靠性的应用场合，应采取双机或双工的结构方案；

（3）对故障的检测处理和系统安全方面的措施，如对输入数据进行校检、建立运行记录和监督跟踪、规定用户的文件使用级别、对重要文件的拷贝等。

5. 经济性

系统的经济性是指系统的收益应大于系统支出的总费用。系统支出费用包括系统开发所需的投资系统运行、维护的费用之和；系统收益除有货币指标外，还有非货币指标。在系统设计时，系统经济性常是确定设计方案的一个重要因素。

系统应该给用户带来相应的经济效益。系统的投资和经营费用应当得到补偿。需要指出的是，这种补偿有时是间接的或不能定量计算的。特别是对于管理信息系统，它的效益中有很大一部分不能以货币来衡量。

6. 系统的运行效率

系统的运行效率包括三个方面：

（1）处理能力，即在单位时间内处理的事务个数；

（2）处理速度，即处理单个事务的平均时间；

（3）响应时间，即从发出处理要求到给出回答的时间，一个系统通常希望有具体的计算机实现时间。

7. 安全性

系统的安全性是指系统的保密功能和防病毒功能。随着计算机在各行各业的日益普及，特别是在金融领域的使用，计算机罪犯也开始出现。他们专门以盗窃计算机信息资源和财务资源为目的，同时也有一些人专门制造病毒以破坏计算机系统，尤其是联网的大型系统更容易受到病毒的侵害。因此，如何保证系统的安全，已经成为确定当前设计方案的尤为重要的考虑因素。

上述七个方面系统设计的目标，也是系统设计的原则。它们在一定程度上既是互相矛盾又是相辅相成的。例如，为了提高可靠性而采取各种校验和控制措施，会延长机器的工作时间、降低工作效率或提高成本，但是高的可靠性也使工作效率得到了保证。从系统开发和维护的角度考虑，系统的可变性是最重要的指标。只有可变性好，才能使系统容易被修改以满足对其他指标的要求，从而使系统始终具有较强的生命力。对于不同的系统，由于功能及系统目标的不同，对上述原则的要求也会有所侧重。例如，对联机情况检索系统来说，响应时间是最重要的指标；而对银行系统来说，可靠性与安全性则是首要考虑的因素。

8.1.3　系统设计的任务与步骤

在系统设计阶段，主要任务就是依据系统分析报告和开发者的知识与经验，在各种技术和实施方法中权衡利弊、精心设计，合理地使用各种资源，将分析阶段所获得的系统逻辑模型，转换成一个具体的计算机实现方案的物理模型，最终勾画出新系统的详细设计方案，提交一个系统配置方案报告和一份系统设计报告。

系统设计的步骤如图 8-1 所示。

8.1.4　结构化系统设计的方法

结构化设计（structured design，SD）方法是使用最广的一种设计方法，由美国 IBM 公司的 W. Stevens、G. Myers 和 L. Constantine 等提出。该方法结合于软件系统的总体设计，通常与第 7 章介绍的结构化分析（SA）方法结合起来

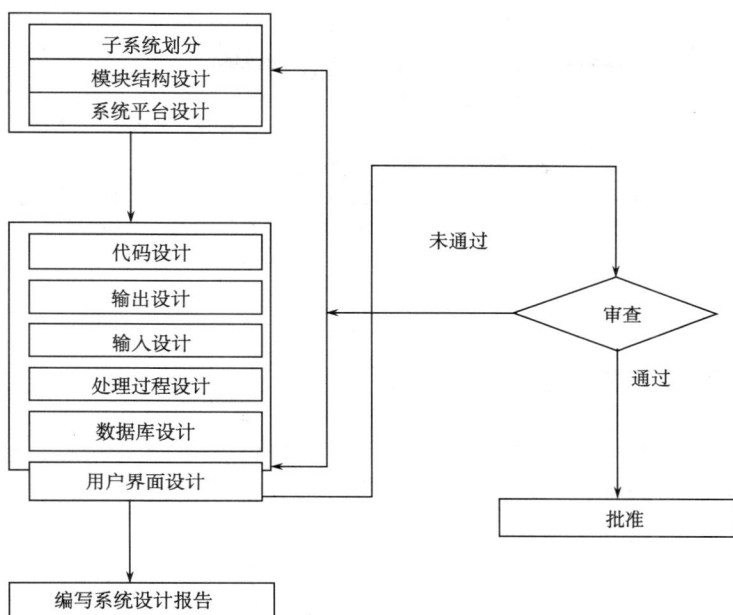

图 8-1　系统设计的步骤

使用，它具有以下特点。

1）相对独立、功能单一的模块结构

结构化设计的基本思想是将系统设计成由多个相对独立、功能单一的模块组成的结构。由于模块之间相对独立，每一模块就可以单独地被理解、编写、测试、排错和修改，从而有效防止错误在模块之间扩散蔓延，提高了系统的质量（可维护性、可靠性等），大大简化了系统研制开发的工作。

2）“高内聚，低耦合”的模块性能标准

“模块内部联系要大，模块之间联系要小”，这是结构化设计中衡量模块“相对独立”性能的标准。事实上，块内联系和块间联系是同一件事的两个方面。系统中各组成成分之间是有联系的，若把联系密切的成分组织在同一模块中，块内联系高了，块间联系自然就少了；反之，若把密切相关的一些组成成分分散在各个模块中，势必造成很高的块间联系，这将影响系统的可维护性。所以，在系统设计过程中，一定要以结构化设计的模块性能标准为指导方针。

3）采用模块结构图的描述方式

结构化设计方法使用的描述方式是模块结构图。模块结构图不仅描述了系统的分层模块结构，清楚地表示了每个模块的功能，而且直观地反映了块内联系和块间联系等特性。例如，图 8-2 表示了一个工资程序的模块结构图。

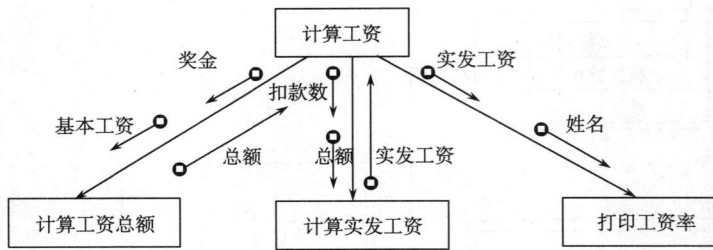

图 8-2　工资程序的模块结构图

■ 8.2　总体结构设计

系统总体结构设计是要根据系统分析的要求和组织的实际情况，对新系统的总体结构形式和可利用的资源进行大致设计，它是一种宏观、总体上的设计和规划。

8.2.1　子系统划分

系统总体结构设计的一个主要内容是合理地对系统进行分解，将一个复杂的系统设计转为若干子系统和一系列基本模块的设计，并通过模块结构图把分解的子系统和一个个模块按层次结构联系起来。如何将一个系统划分成多个合理的子系统呢？一个合理的子系统，应该是内部联系强，子系统间尽可能独立，接口明确、简单，尽量适应用户的组织体系，并有适当的公用性。

系统划分的原则有以下几点。

1）子系统要具有相对独立性

子系统的划分必须使得子系统内部功能、信息等各方面的凝聚性较好。在实际中，我们都希望每个子系统或模块相对独立，尽量减少各种不必要的数据调用和控制联系，并将联系比较密切、功能近似的模块相对集中，这样对于以后的搜索、查询、调试、调用都比较方便。

2）要使子系统之间数据的依赖性尽量小

子系统之间的联系要尽量少，接口要简单、明确。一个内部联系强的系统对外部的联系必然很少，所以划分时应将联系较多的模块列入子系统内部；相对集中的模块列入各个子系统内部；剩余的一些分散、跨度比较大的模块联系，就成为这些子系统之间的联系和接口。这样划分的子系统将来调试、维护和运行都是非常方便的。

3）子系统划分的结果应使数据冗余较小

如果忽视这个问题，则可能会使相关的数据分布到各个不同的子系统中，大量的原始数据需要调用，大量的中间结果需要保存和传递，大量的计算工作将要重复进行，从而使得程序结构紊乱、数据冗余，不但给软件编制工作带来很大的困难，而且系统的工作效率也会大大降低。

4）子系统的设置应考虑今后管理发展的需要

子系统的设置光靠上述系统分析的结果是不够的，因为现存的系统由于这样或那样的原因，很可能没有考虑到一些高层次管理决策的要求。

5）子系统的划分应便于系统的分阶段实现

信息系统的开发是一项较大的工程，它的实现一般都要分期分步进行，所以子系统的划分应能适应这种分期分步的实施。另外，子系统的划分还必须兼顾组织机构的要求（但又不能完全依赖于组织，因为在一些特殊情况下，组织结构可能相对来说是不稳定的），以便系统实现后能够符合现有的情况和人们的习惯，从而更好地运行。

6）子系统的划分应考虑到各类资源的充分利用

各类资源的合理利用也是系统划分时应该注意到的。一个适当的系统划分应该既考虑有利于各种设备资源在开发过程中的搭配使用，又考虑到各类信息资源的合理分布和充分使用，以减少系统对网络资源的过分依赖，减少输入、输出、通信等设备压力。

8.2.2　模块结构设计

总体设计的主要内容是合理地进行模块的分析和定义，使一个复杂的系统设计转为若干个基本模块设计，并通过模块结构图把分解的一个个模块按层次结构联系起来。

1. 模块结构图

1）模块的概念

模块结构图是由模块组成的，模块是组成系统的基本单位，它的特点是可以组合、分解和更换。系统中任何一个处理功能都可以看成是一个模块。根据模块功能具体化程度的不同，可以分为逻辑模块和物理模块。在系统逻辑模型中定义的处理功能可视为逻辑模块。物理模块是逻辑模块的具体化，可以是一个计算机程序、子程序或若干条程序语句，也可以是人工过程的某项具体工作。

一个模块应具备以下四个要素：

（1）输入和输出，模块的输入来源和输出去向都是同一个调用者，即一个模块从调用者那里取得输入，进行加工后再把输出返回调用者。

（2）处理功能，指模块把输入转换成输出所做的工作。

（3）内部数据，指仅供该模块本身引用的数据。

（4）程序代码，指用来实现模块功能的程序。

前两个要素是模块的外部特性，即反映了模块的外貌；后两个要素是模块的内部特性。在结构化设计中，主要考虑的是模块的外部特性，其内部特性只作必要了解，具体的实现将在系统实施阶段完成。

2）模块结构图的基本符号

模块结构图是结构化设计中描述系统结构的图形工具。作为一种文档，它必须严格地定义模块的名字、功能和接口，同时，还应当在模块结构图上反映出结构化设计的思想。模块结构图由模块、调用、数据、控制和转接等五种基本符号组成，如图 8-3 所示。

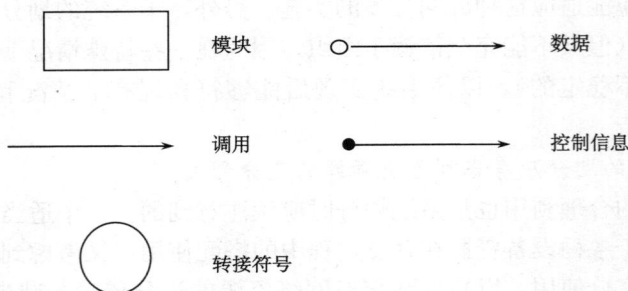

图 8-3　模块结构图的基本符号

（1）模块。这里所说的模块通常是指用一个名字就可以调用的一段程序语句。在模块结构图中，用长方形框表示一个模块，长方形中间标上能反映模块处理功能的模块名字。模块名通常由一个动词和一个作为宾语的名词组成。

（2）调用。在模块结构图中，用连接两个模块的箭头表示调用，箭头总是由调用模块指向被调用模块，但是应该理解成被调用模块执行后又返回到调用模块。

如果一个模块是否调用一个从属模块，决定于调用模块内部的判断条件，则该调用称为模块间的判断调用，采用菱形符号表示。如果一个模块通过其内部的循环功能来循环调用一个或多个从属模块，则该调用称为循环调用，用弧形箭头表示。判断调用和循环调用的表示方法如图 8-4 表示。

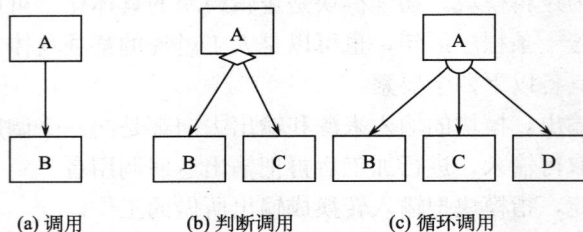

图 8-4　模块调用示例

（3）数据。当一个模块调用另一个模块时，调用模块可以把数据传送到被调用模块处以供处理，而被调用模块又可以将处理的结果数据送回到调用模块。在模块之间传送的数据，使用与调用箭头平行的带空心圆的箭头表示，并在旁边标上数据名。例如，图8-5（a）表示模块A调用模块B时，A将数据X、Y传送给B，B将处理结果数据Z返回给A。

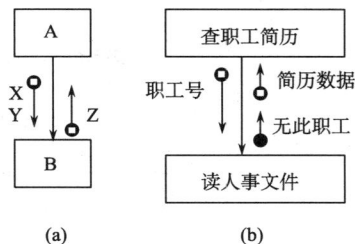

图 8-5　模块间的数据传递

（4）控制信息。为了指导程序的下一步执行，模块间有时还必须传送某些控制信息。例如，数据输入完成后给出的结束标志，文件读到末尾所产生的文件结束标志等。控制信息与数据的主要区别是前者只反映数据的某种状态，不必进行处理。在模块结构图中，用带实心圆点的箭头表示控制信息。例如，图8-5（b）中"无此职工"就是用来表示送来的职工号有误的控制信息。

（5）转接符号。当模块结构图在一张图面上画不下，需要转接到另外一张纸上，或为了避免图上线条交叉时，都可使用转接符号，在圆圈内加上标号，如图8-6所示。

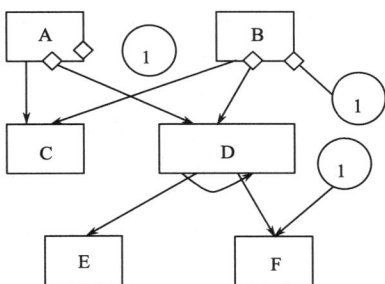

图 8-6　转接符号的使用

现在，可以自己去理解一下图8-2所示的工资计算程序模块结构图。

2. 模块结构图的标准形式

一个系统的模块结构图有两种标准形式：变换型模块结构和事务型模块结构。下面我们分别讨论。

1）变换型

变换型模块结构描述的是变换型系统，变换型系统由三部分组成：输入、数据加工（中心变换）和输出，它的功能是将输入的数据经过加工后输出，如图8-7所示。

变换型系统工作时，首先主模块受到控制，然后控制沿着结构逐层达到底层的输入模块，当底层模块输入数据A后，A由下至上逐层传送，逐步由"物理输入"变成"逻辑输入"C，接着在主控模块控制下，C经中心变换模块转换成逻辑输出D，D再由上至下逐层传送，逐步把"逻辑输出"变成"物理输出"E。这里的"逻辑输入"和"逻辑输出"分别为系统主处理的输入数据流和输出数据流，而"物理输入"和"物理输出"是指系统输入端和系统输出端的数据。

2）事务型

事务型系统由三层组成：事务层、操作层和细节层，它的功能是对接收的事务按其类型选择某一类事务处理,如图 8-8 所示。

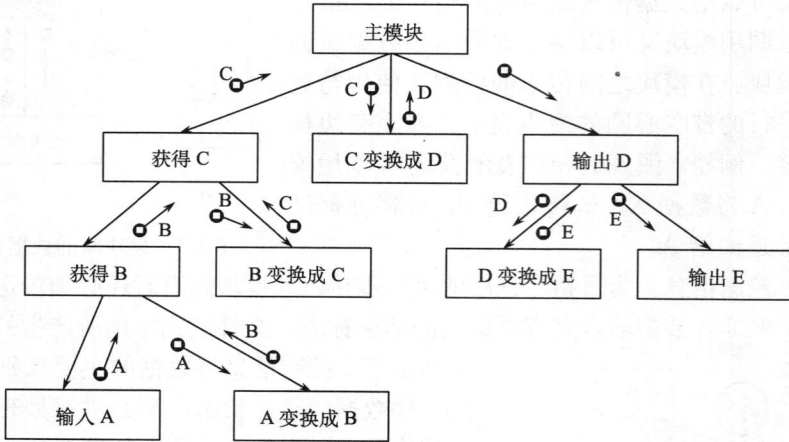

图 8-7　变换型模块结构

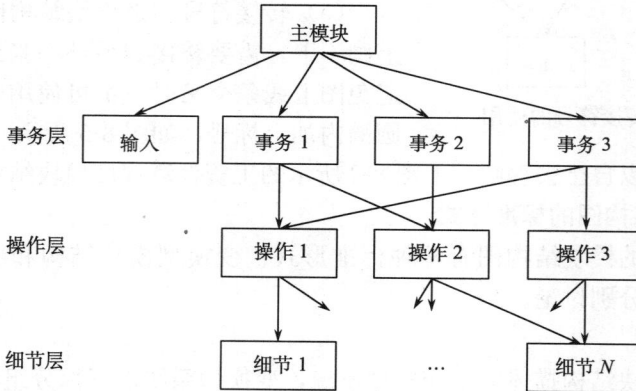

图 8-8　事务型模块结构

　　事务型系统在工作时,主模块将按事务的类型选择调用某一事务处理模块,事务处理模块又调用若干操作模块,而每个操作模块又调用若干操作模块。在实际系统中,由于不同的事务可能有共同的操作,而不同的操作又可能有共同的细节,因此事务型系统的操作模块和细节模块可以达到一定程度的共享。

　　变换型和事务型模块结构都有较高的模块内聚和较低的块间耦合,因此便于修改和维护。在管理信息系统中,经常将这两种结构结合使用。

　　3. 从数据流图导出初始结构图

　　在系统分析阶段,采用结构化分析方法可以得到由数据流图、数据字典和加工说明等组成的系统的逻辑模型。根据一些规则，可以从数据流图导出系统初始的模块结构图。

数据流图通常可分为两种典型的结构，即变换型结构和事务型结构。变换型结构的数据流图呈现一种线性状态，如图 8-9 所示，它所描述的工作可表示为：输入、主处理、输出。事务型结构的数据流图则呈束状形，如图 8-10 所示，即一束数据流平行流入或流出，可能同时有几个事务要求处理。

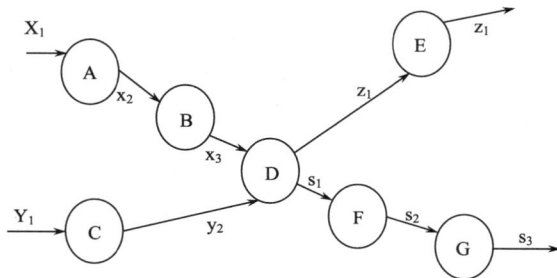

图 8-9　变换型结构的数据流图

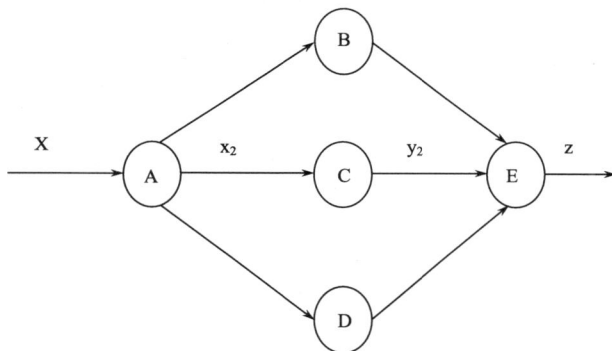

图 8-10　事务型结构的数据流图

这两种典型的结构分别可通过"变换分析"和"事务分析"技术，导出"变换型"和"事务型"初始的模块结构图。这两种方法的思想是首先设计顶层模块，然后自顶向下，逐步细化，最后得到一个满足数据流图所表示的用户要求的系统的模块结构图，即系统的物理模型。

下面分别讨论通过"变换分析"和"事务分析"技术，导出"变换型"和"事务型"初始结构图的技术。

1）变换分析

变换型结构一般由输入、主处理和输出三部分组成。从变换型结构的数据流图导出变换型模块结构图，可分三个步骤进行。

（1）找出系统的主加工，为了处理方便，先不考虑数据流图中的一些支流，如出错处理等。

通常，在数据流图中，多股数据流的汇合处往往是系统的主加工。若没有明显的汇合处，则可先确定哪些数据流是逻辑输入和逻辑输出，从而获得主加工。

从物理输入端一步步向系统中间移动，直至到达这样一个数据流，它不能再被作为系统的输入，则前一个数据流就是系统的逻辑输入。即离物理输入端最远的，但仍可视为系统输入的那个数据流就是逻辑输入。

用类似方法，从物理输出端一步步向系统中间移动，则离物理输出端最远的，但仍可视为系统输出的那个数据流就是逻辑输出。

逻辑输入和逻辑输出之间的加工就是要找的主加工，如图 8-11 所示。

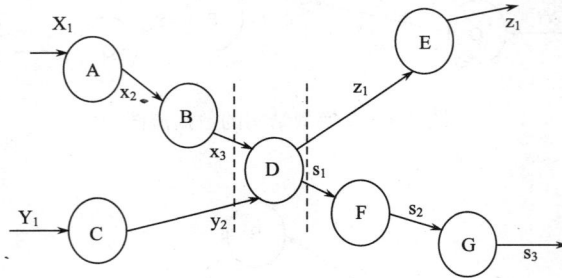

图 8-11　在数据流图中找系统的主加工

（2）设计顶层模块和第一层模块。首先，在与主加工对应的位置上画出主模块（图 8-12），主模块的功能就是整个系统要做的工作，主模块又称主控制模块。主模块是模块结构图的"顶"，按"自顶向下，逐步细化"的思想，接下来可以画出模块结构图顶下的第一层。第一层主要分为输入、变换、输出三大部分。

模块结构图第一层的画法为：首先，为每一个逻辑输入画一个输入模块，其功能是向主模块提供数据；其次，为每一个逻辑输出画一个输出模块，其功能是输出主模块提供的数据；最后，为主处理画一个变换模块，其功能是把逻辑输入变换成逻辑输出。

至此，模块结构图的第一层就完成了。

在作图时，应注意主模块与第一层模块之间传送的数据，要与数据流图相对应（图 8-12）。

（3）设计中、下层模块。因为输入模块的功能是向调用它的模块提供数据，所以它自己也需要一个数据来源。此外，输入模块必须向调用模块提供所需的数据，因此它应具有变换功能，能够将输入数据按模块的要求进行变换之后，再提

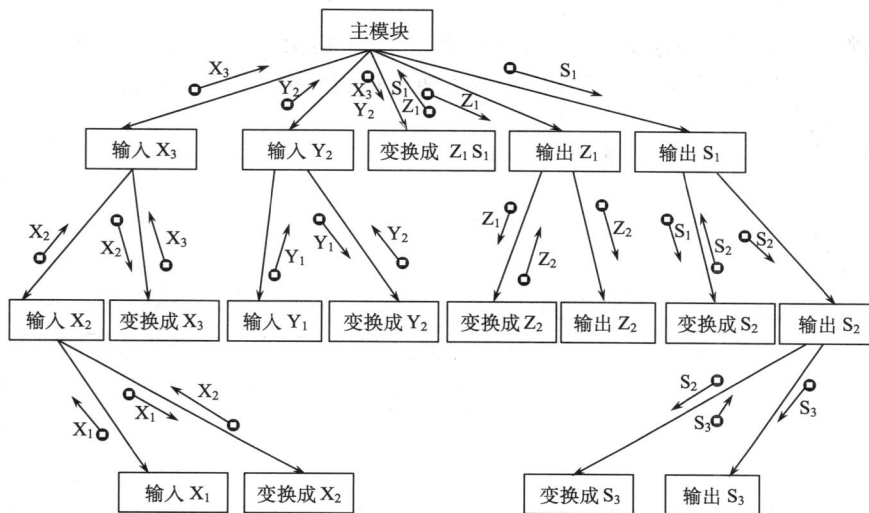

图 8-12 由变换型数据流图导出的初始模块结构图

交该调用模块。因此，要为每个输入模块设计两个下层模块，其中一个是输入模块，另一个是变换模块。

同理，也要为每个输出模块设计两个下层模块：一个是变换模块，将调用模块所提供的数据变换成输出的形式；另一个是输出模块，将变换后的数据输出。

该过程由顶向下递推进行，直到到达系统的物理输入端或物理输出端为止，如图 8-12 所示。

每设计出一个新模块，应同时给它起一个能反映模块功能的名字。

运用上述方法，就可获得与数据流图相对应的初始结构图，如图 8-12 所示。

2）事务分析

当数据流图呈现"束状"结构时，应采用事务分析的设计方法。就步骤而言，该方法与变换分析方法大部分类似，主要差别在于由数据流图到模块结构的影射方式不同。

进行事务分析时，通常采用以下四个步骤：

（1）确定以事务为中心的结构，包括找出事务中心和事务来源。以图 8-10 的典型事务型数据流结构为例，A 是事务中心，X 则为事务来源。

（2）按功能划分事务，将具备相同功能的事务分为同一类，建立事务模块。

（3）为每个事务处理模块建立全部的操作层模块。其建立方法与变换分析方法类似，但事务处理模块可以共享某些操作模块。

（4）若有必要，则为操作层模块定义相应的细节模块，并尽可能使细节模块被多个操作模块共享。

例如，图 8-13 是一个事务型中心数据流图实例，显然，加工"确定事务类型"是它的事务中心，由该数据流图经事务分析所得到的模块结构图如图 8-14 所示。

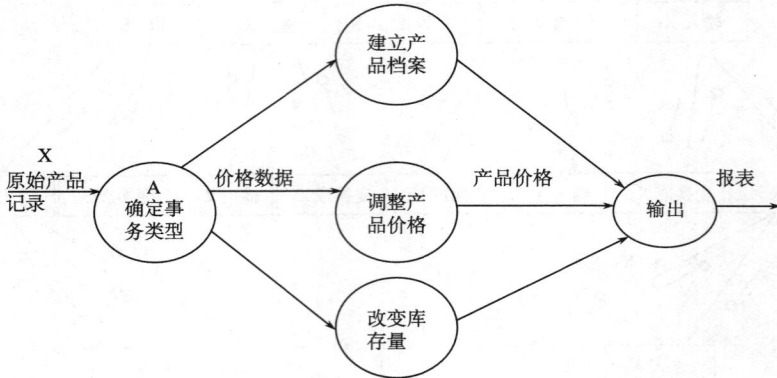

图 8-13   事务型中心数据流图实例

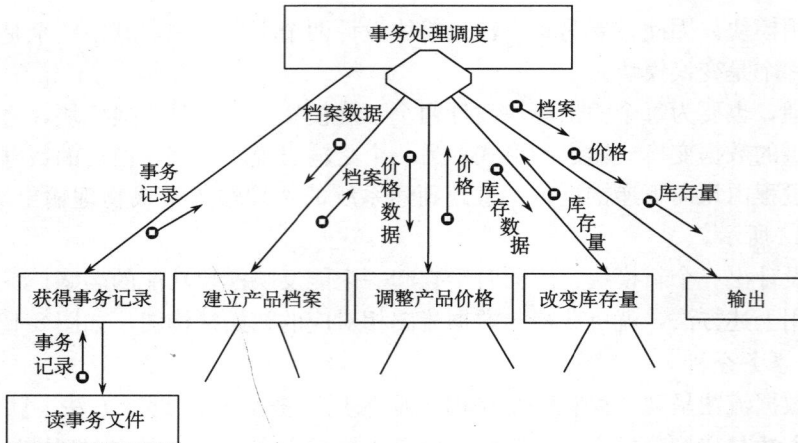

图 8-14   事务型模块结构图实例

3）混合结构的分析

在规模较大的实际系统中，数据流图往往是变换型和事务型的混合结构，如图 8-15 所示。此时，可把变换分析和事务分析应用在同一数据流图的不同部分。例如，可以以"变换分析"为主、"事务分析"为辅进行设计。先找出主处理，设计出结构图的上层，然后根据数据流图各部分的结构特点，适当选用"变换分析"或"事务分析"，就可得出初始结构图的某个方案。

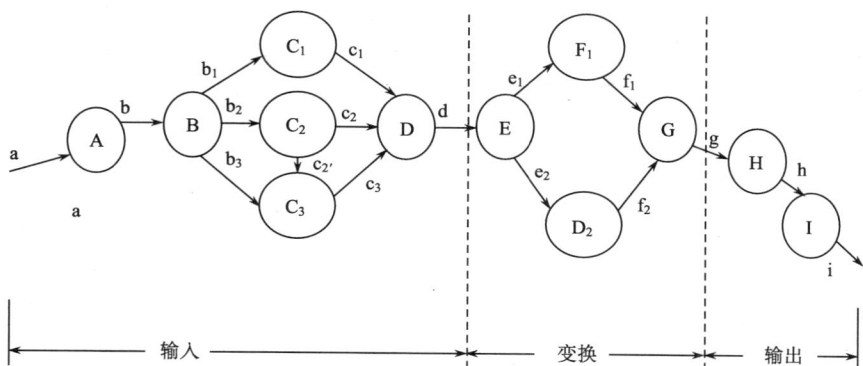

图 8-15　变换型和事务型混合结构的数据流图

如图 8-16 所示，第一层是用变换分析得到的，而模块"使 b 变成 d"及下层模块和模块"变 d 为 g"及下层模块则是采用事务分析得到的。

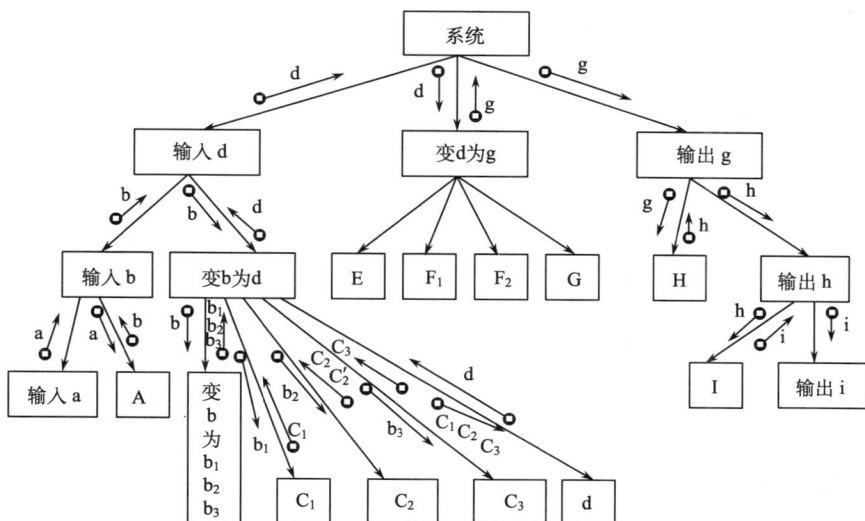

图 8-16　变换分析与事务分析的混合使用

必须指出的是，由于开发人员的素质、经验和个人理解程度不同，采用上述方法导出的初始模块结构图也不是唯一的。事实上，满足系统说明书要求的任何模块结构图都可以作为初始结构图。

4. 模块结构图的改进

从目标系统的逻辑模型，即数据流图导出系统的初始结构图中，模块的划分工作是在尚未进行输入、输出设计的情况下进行的，其主要目的仅仅是为了掌握系统处理的整个过程和便于输入、输出等的设计工作。因此，目前的模块划分是不充分的，不可能满足系统实施阶段的要求，还需要对初始结构图作进一步的调整和改进。

1）对模块划分进行调整的依据

一个合理的模块划分，应该是内部联系强，模块间尽可能独立，接口明确、简单，尽量适应用户的组织体系，并有适当的共用性，也就是我们前面所说的"耦合小，内聚大"。按照结构化设计的思想，对模块（或子系统）划分进行调整的依据通常有以下几种：

（1）按逻辑划分，把类似的处理逻辑功能放在一个模块里。例如，把"对所有业务输入数据进行编辑"的功能放在一个模块里，那么不管是库存还是财务，只要有业务输入数据都由这个模块来校错、编辑。

（2）按时间划分，把要在同一时间段执行的各种处理结合成一个模块。

（3）按过程划分，即按工作流程划分。从控制流程的角度看，同一模块的许多功能都应该是相关的。

（4）按通信划分，把相互需要较多通信的处理结合成一个模块。这样可减少子系统或模块间的通信，使接口简单。

（5）按智能划分，即按管理的功能进行划分。例如，财务、物资、销售子系统，输入记账凭证，计算机优解模块，等等。一般来说，按职能划分子系统、按逻辑划分模块的方式是比较合理和方便的。图 8-17 显示了按这种方式划分所组成的系统。

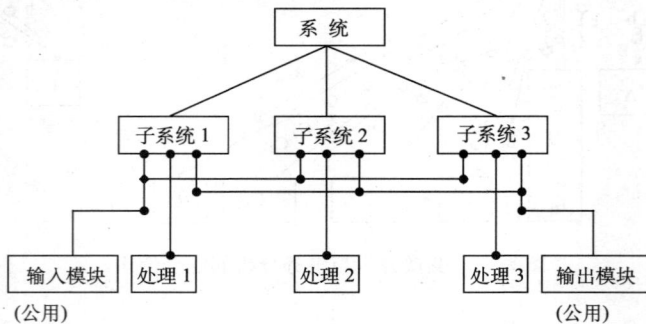

图 8-17　子系统按职能、逻辑模块划分所形成的系统

2）补充、完善和修改

在系统分析阶段，加工说明中所反映的用户要求（如出错处理、过程信息以及种种限制等）不能完全在数据流图中得到反映。然而，在系统设计阶段的系统模

块结构图中，必须体现出用户的所有要求。因此，对由数据流图导出的初始模块结构图必须进行补充、完善，还要根据模块分解的原则进行修改，才能达到上述要求。

3）消除重复的功能

设计过程中，若发现几个模块的功能相似，则应设法消去其中的重复功能。因为同一功能的程序段多次出现，不仅浪费了编码时间，而且会给调试和维护带来困难。

8.2.3　系统平台设计

信息系统平台包括硬件平台、网络平台和软件平台。系统设计的首要任务是根据新系统的功能与性能要求，构建能够支持新系统运行的软硬件环境，也就是进行系统平台设计。

1. 系统平台的选择

在选择系统平台的配置方案时，应从以下几个方面考虑：

（1）信息的吞吐量。每秒钟执行的作业数目称为吞吐量。系统的吞吐量越大，处理能力就越强。系统的吞吐量与软硬件有直接关系，计算机性能越高，吞吐量就越大。

（2）系统的响应时间。从用户向系统发出一个作业请求开始，经系统处理后，给出应答的时间称为系统的响应时间。如果要求较短的响应时间，就应当选择运算速度快的计算机及传输率高的通信线路。

（3）系统的可靠性。系统的可靠性用连续工作时间表示。例如，对于每天需要 24 小时连续工作的系统，系统的可靠性就应该要求很高，这时可以采用双机热备方式。

（4）集中式还是分散式。如果一个系统的处理方式是集中式的，则信息系统既可以是主机系统，也可以是网络系统；若系统的处理方式是分布式的，则采用微机网络将更能有效地发挥系统的性能。

（5）地域范围。对于分布式系统，要根据系统覆盖的范围决定采用广域网还是局域网。

（6）数据管理方式。以前多采用文件系统方式管理数据，而现在大都采用数据库方式，此时要根据应用的特点，决定采用哪种数据模型（层次型、网络型、关系型），并配备相应的 DBMS。

2. 网络系统设计

信息系统可以采用主机/终端或微机网络式结构。

（1）网络拓扑结构。网络拓扑结构一般有总线型、星型、环型等。在网络选择上，应根据应用系统的地域分布和信息流量进行综合考虑。通常，应尽量将信息流量最大的应用放在同一网段上。

（2）网络的逻辑设计。通常，首先按软件将系统从逻辑上分为若干子系统，然后按需要配备设备，如主服务器、主交换机、分系统交换机、子系统集线器、通信服务器、路由器和调制解调器等，并考虑各设备之间的连接结构。

（3）网络操作系统。目前，流行的网络操作系统有 UNIX、NetWare、Windows NT 等。UNIX 历史最早，是唯一能够适用于所有应用平台的网络操作系统；NetWare 网络操作系统适用于文件服务器/工作站模式，具有较高的市场占有率；Windows NT 由于其 Windows 软件平台的集成能力，随着 Windows 操作系统的发展和客户机/服务器模式向浏览器/服务器模式延伸，无疑是最有发展前途的网络操作系统。

3. 数据库管理系统的选择

管理信息系统以数据库系统为基础，一个好的数据库管理系统对管理信息系统的应用有着举足轻重的重要影响。

在数据库管理系统的选择上，主要考虑：① 应是国际上流行的，要支持关系数据模型；②支持结构化查询语言 SQL；③具有远程数据存取和分布式处理功能；④具有良好的安全保密性能；⑤原来使用的数据库需要升级换代，所选用的新数据库应与原来的数据库兼容或有开发工具进行转换。

目前，软件市场上有许多数据库管理系统，如 Oracle、Sybase、SQL Server、Informix、FoxPro 等。Oracle、Sybase 是大型数据库管理系统，运行于客户-服务器模式，是开发大型 MIS 的首选；FoxPro 在小型 MIS 中最为流行。Microsoft 推出的 Visual FoxPro 在大型管理信息系统开发中也得到了大量应用，而 Informix 则适用于中型 MIS 的开发。

4. 软硬件选择

1）软件系统选择指标

软件系统选择指标包括：软件的功能应能满足应用的需求；各种软件应配套齐全；尽量选用现成软件，以加快系统开发进度；具有较强的适应性，与其他软件配套使用时，能满足应用要求；软件的可靠性强，具有容错能力；安全保密方面能满足用户需要；性能价格比高。

2）硬件系统选择指标

硬件系统选择指标包括：中央处理器（CPU）的速度和性能；内、外存容量及可扩充量；外设的配置，主要考虑输入设备、输出设备、通信接口设备等；该硬件系统支持软件的能力，主要考虑硬件系统可支持本厂家及其他厂家软件的能力，特别要考虑汉字的处理能力。

8.3　详细设计

进行了系统的总体设计后，即可在此基础上进行系统的详细设计，即各种输入、输出、处理和数据存储等的详细设计。

8.3.1　代码设计

代码是用来表示事物名称、属性状态等的符号。在管理信息系统中，代码是人和机器的共同语言，是系统进行信息分类、校对、统计和检索的依据。代码设计就是要设计出一套能为系统各部门公用的、优化的代码系统，这是实现计算机管理的一个前提条件。

1. 代码设计的原则

代码设计是一项重要的工作，合理的编码结构是使管理信息系统具有生命力的重要因素。设计代码的基本原则如下：

（1）具备唯一确定性。每一个代码都仅代表唯一的实体或属性。

（2）标准化与通用性。凡国家和主管部门对某些信息分类和代码有统一规定和要求的，则应采用标准形式的代码，以使其通用化。

（3）可扩充且易修改。要考虑今后的发展，为增加新代码留有余地。当某个代码在条件或代表的实体改变时，容易进行变更。

（4）短小精悍。代码的长度会影响所占据的内存空间、处理速度以及输入时的出错概率，因此代码要尽量短小。

（5）具有规律性。便于编码和识别。代码应具有逻辑性强、直观性好的特点，便于用户识别和记忆。

2. 代码的种类

目前，人们对代码分类的看法很不一致。一般来说，代码可按文字种类或功能进行分类。按文字种类可分为数字代码、字母代码（英语字母或汉语拼音字母）和数字字母混合码。按功能则可以分成以下几类。

1）顺序码

用连续数字代表编码对象，通常从 1 开始编码。顺序码的一个特例是分区顺序码，它将顺序码分为若干区，如按 50 个号码或 100 个号码分区，并赋予每个区以特定意义。这样就可进行简单的分类，又可在每个区插入号码。例如，职工代码：

0001 为张三，0002 为李四，0001～0009 的代码还表示为厂部人员；

……

1001 为王五，1002 为赵六，1001～1999 的代码还可表示为第一车间职工。

2) **层次码**

层次码也是区间码。它将代码的各数字位分成若干区间，每一区间都规定不同的含义，因此该代码中的数字和位置都代表一定的意义。

例如，财务管理中的会计科目代码可写成 6110501，其意义如下：

一级科目	二级科目	三级科目
611	05	01
利润	营业外支出	劳保支出

再如，图 8-18 是我国公民身份证代码的编码规则。它共有 18 位，全部采用数字编码，各位数字的含义请参见图中说明。其中，第 15～17 位数字是表示在前 14 位数字完全相同时，某个公民的顺序号，并且单数用于男性，双数用于女性。18 位为检验码，0～9 和 x 由公式随机产生。

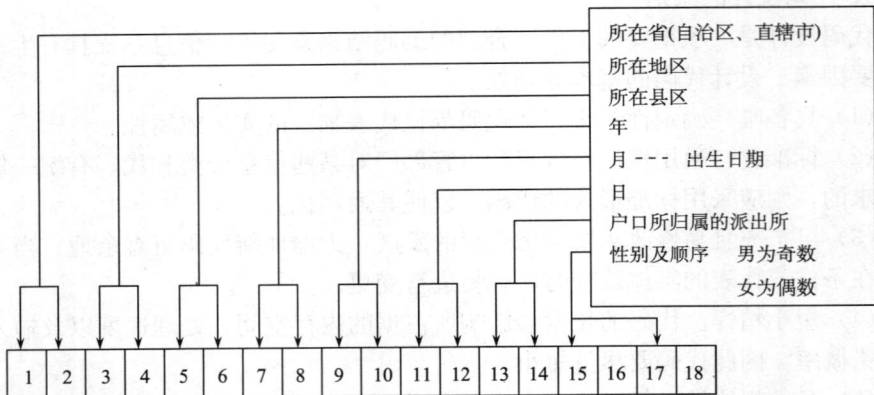

图 8-18　我国公民身份证代码的含义

层次码由于数字的值与位置都代表一定的意义，因而检索、分类和排序都很方便，缺点是有时会造成代码过长。

3) **十进制码**

这是世界各地图书馆里常用的分类法。它先把整体分成十份，进而把每一份再分成 10 份，这样持续不断。该分类对于那些事先不清楚产生什么结果的情况是十分有效的。

例如：

500 ·	自然科学
510 ·	数学
520 ·	天文学
530 ·	物理学

531·	机构
531·1	机械
531·11	杠杆和平衡

4）助记码

将编码对象的名称、规格等作为代码的一部分，以帮助记忆。例如：

TVB14——14 寸黑白电视机

TVC20——20 寸彩色电视机

DFI1×8×20——规格为 $1''×8''×20''$ 的国产热轧平板钢

助记码适用于数据项数目较少的情况，否则容易引起联想出错。

3. 代码校验

代码的正确性直接影响计算机处理的质量，因此需要对输入计算机中的代码进行校验。

校验代码的一种常用做法是事先在计算机中建立一个"代码字典"，然后将输入的代码与字典中的内容进行比较，若不一致则说明输入的代码有错。

校验代码的另外一种做法是设校验位。即设计代码结构时，在原有代码基础上另外加上一个校验位，使其成为代码的一个组成部分，校验值通过事先规定的数学方法计算出来。当代码输入后，计算机会以同样的数学方法按输入的代码计算出校验值，并将它与输入的校验值进行比较，以证实是否有错。

校验位可以发现以下几种错误：

·错字　　如将 1234 写成 1334

·易位　　如将 1234 写成 1324

·二次易位　如将 1234 写成 1423

产生校验值的方法有许多种，各具不同的优缺点，下面介绍较适用于管理信息系统的一种方法。

1）校验值的生成过程

第一步，对原代码中的每一位加权求和 S。

N 位代码为 C_1，C_2，C_3，$\cdots$，C_n，权因子为 P_1，P_2，P_3，$\cdots$，P_n，加权和为 $C_1P_1+C_2P_2+C_3P_3+\cdots+C_nP_n$，即

$$S = \sum C_i P_i$$

其中，权因子可任意选取，以提高错误发生率为基础。常用的有：全取 1；几何级数 20，21，22，$\cdots$；摆动数列 1，2，1，2，$\cdots$

第二步，求余数 R。用加权和 S 除以模数 M 可得余数 R，即

$$S/M = Q\cdots R(Q 为商数)$$

其中，模数 M 也可任意选取，以提高错误发生率为基础。常用的模数为 10 和 11。

第三步，选择校验值。可选用下述方法中的一种获得校验值：余数 R 直接作为校验值，或把模数 M 和余数 R 之差，即 $M-R$ 作为校验值，取 R 的若干位作为校验值。把获得的校验值放在原代码的最后，作为整个代码的组成部分。

2) 用校验值检查代码的过程

此过程是上述生成过程的逆过程，这里不再解释。下面列举一例说明。

【例】为原代码 7086 生成一校验值。

校验值生成过程：

(1) 首先选取加权值：1，2，1，2，

然后加权求和：

$$S = 7 \times 1 + 0 \times 2 + 8 \times 1 + 6 \times 2 = 27$$

(2) 求余数：$S/M = 27/10 = 2 \ldots\ldots 7$（$R$）。

(3) 加上校验值 7 以后的代码：7086 $\boxed{7}$。

8.3.2　输出设计

系统的详细设计过程是根据管理和用户的需要先进行输出设计，然后反过来根据输出所要求获得的信息来进行输入设计。输出信息的使用者是用户，故输出的内容与格式等是用户最关心的问题之一，因此，在设计过程中，开发人员必须深入了解，与用户充分协商。

对输出信息的基本要求是：准确、及时而且适用。输出设计主要考虑输出要求的确定、输出方式的选择和输出格式的设计。输出设备和介质的选择也要考虑在内。

1. 输出要求的确定

在确定一个系统究竟应输出什么信息时，应按照下列步骤加以调查和分析：

(1) 详细分析现行系统的输出报表和内容。其中包括哪些报表是真正需要的，哪些是重复的或可以合并的，各份报表的输出周期，等等。

(2) 参考与用户同类型企业或部门的情况，借鉴业务性质类似的其他管理信息系统的经验。

(3) 与用户单位的实际业务人员讨论。

2. 输出方式的选择

目前，我国管理信息系统主要使用的输出方式是屏幕显示和打印机打印。磁盘和磁带则往往作为一种备份（保存）数据的手段。

通常，在功能选择、查询、检索信息时，采用屏幕输出方式。屏幕输出方式的优点是实时性强，但输出的信息不能保存。

打印机一般用于输出报表、发票等，这种方式输出的信息可以长期保存和传

递。输出介质主要是各种规格的打印用纸，包括专用纸和通用纸。通用纸用于我们通常用的打印机，输出内容全部需打印。专用纸是事先印刷好的报表或票据，输出时只要打印有关的数据即可，不需打印表格框架等。

3. 输出格式的设计

对输出格式设计的基本要求是：①规格标准化、文字和术语统一；②使用方便，符合用户的习惯；③美观大方，界面漂亮；④便于计算机实现；⑤能适当考虑系统发展的需要。

设计屏幕输出格式时，除了合理安排数据项的显示位置，还应注意适当的色彩搭配，美观的屏幕格式能给人以享受，容易获得用户的好感。

设计纸质报表的格式时，要先了解打印机的特性，包括对各种制表符号、打印字体大小、换页走纸命令的熟悉，因为不少打印机的控制方式往往有其独特之处。

为了便于编写输出程序，以免在调试程序时反复修改，设计输出格式时，最好先在方格纸上拟出草图。

8.3.3　输入设计

输出设计完成以后，就可进行输入设计。输入设计的重要性可以用这样一句话来形容："进去的是垃圾，出来的也还是垃圾！"即要求输出高质量的信息，首先就要求输入高质量的信息。输入设计的目标是：在保证输入信息正确性和满足输出需要的前提下，应做到输入方法简便、迅速、经济。

1. 输入设计的原则

输入设计应遵循以下基本原则：

（1）输入量应保持在能满足处理要求的最低限度。应明白这样一个道理，输入的数据越多，可能产生的错误也越多。

（2）杜绝重复输入，特别是数据能共享的大系统、多子系统一定要避免重复输入。

（3）输入数据的汇集和输入操作应尽可能简便易行，从而减少错误的发生。

（4）输入数据应尽早地用其处理所需的形式进行记录，以便减少或避免数据由一种介质转换到另一种介质时可能产生的错误。

2. 输入数据的获得

在管理信息系统中，最主要的输入是向计算机输送原始数据，例如，仓库入库单、领料单、财务记账凭证等。因此在输入的前期，应详细了解这些数据的产生部门、输入周期、输入信息的平均发生量和最大量，并研究、计划今后这些数据的收集时间和收集方法等。

原始数据通常通过人机交互方式进行输入，为了提高输入速度并减少出错，可设计专门供输入数据用的记录单。在输入数据时，屏幕上的画面格式与输入记录单保持一致。输入记录单的设计原则是：易使用，减少填写量，便于阅读，易于分类，整理和装订保存。有时也可以不专门填写输入记录单，而只在原始票据上框出一个区域，用来填写需特别指明的向计算机输入的数据。此方法容易为业务人员所接受，可以减少填写记录单的工作量，但对输入操作不一定有利。

对于某些数据，最好的方法是结合计算机处理和人工处理的特点，重新设计一种新的人-机共用的格式。例如，入库单和领料单，可在原有人工使用的单据格式上增加材料代码、经手人员的职工号等栏目。业务部门和计算机操作员都可直接使用该单据，这样既可减少填写输入记录单的工作量，又方便了输入操作。当然，对于单据中的代码填写，业务人员仍需经过一段时间的使用才能适应。

3. 输入格式的设计

输入格式应该针对输入设备的特点进行设计。若选用键盘方式人机交互输入数据，则输入格式的编排应尽量做到计算机屏幕格式与单据格式一致。输入数据的形式一般可采用"填表式"，由用户逐项输入数据，输入完毕后系统应具有要求"确认"输入数据是否正确无误的功能。

4. 输入数据的校验

由于管理信息系统中的数据输入量往往较大，为了保证其正确性，一般都设置输入数据的校验功能，对已经输入的数据进行校验。校验的方法很多，常用的有以下两种：

（1）重复输入校验。由两个操作员分别输入同一批数据，或由一个操作员重复输入两次，然后由计算机校对两次输入的数据是否一致。若一致则存入磁盘；反之，显示出不一致的部分，由操作员修正。

（2）程序校验法。根据输入的特性，编写相应的校验程序对输入的数据进行检查，自动显示出错信息，并等待重新输入。例如，对于财务管理中的记账凭证输入，可设置科目代码字典，对输入的凭证中的科目代码进行自动检查。

8.3.4 处理过程设计

在获得了一个合理的模块划分即模块结构图以后，就可以进一步设计各模块的处理过程，这是为程序员编写程序作准备，它是编程的依据。

1. 处理过程设计的原则

处理过程设计，也称模块详细设计，通常是在 IPO 图上进行的。模块详细设计时除了要满足某个具体模块的功能、输入和输出方面的基本要求外，还应考虑以下几个方面：① 模块间的接口要符合通信的要求；②考虑将来实现时所用计算机语言的特点；③考虑数据处理的特点；④估计计算机执行时间不能超出要求；⑤ 考虑程序运行所占的存储空间；⑥使程序调试跟踪方便；⑦估计编程和上机调试的工作量。

在设计中，还应重视数学模型求解过程的设计。对于管理信息系统常用的数学模型和方法，通常都有较为成熟的算法，系统设计阶段应着重考虑这些算法所选定的高级语言实现的问题。

2. 模块详细设计的工具

1）IPO 图

输入加工输出（input process output，IPO）图是由美国 IBM 公司发起并完善起来的一种工具。在系统的模块结构图的形成过程中，产生了大量的模块，开发者应为每一个模块写一份说明。IPO 图就是用来表述每个模块的输入、输出数据和数据加工的重要工具。目前常用的 IPO 图的结构如图 8-19 所示。

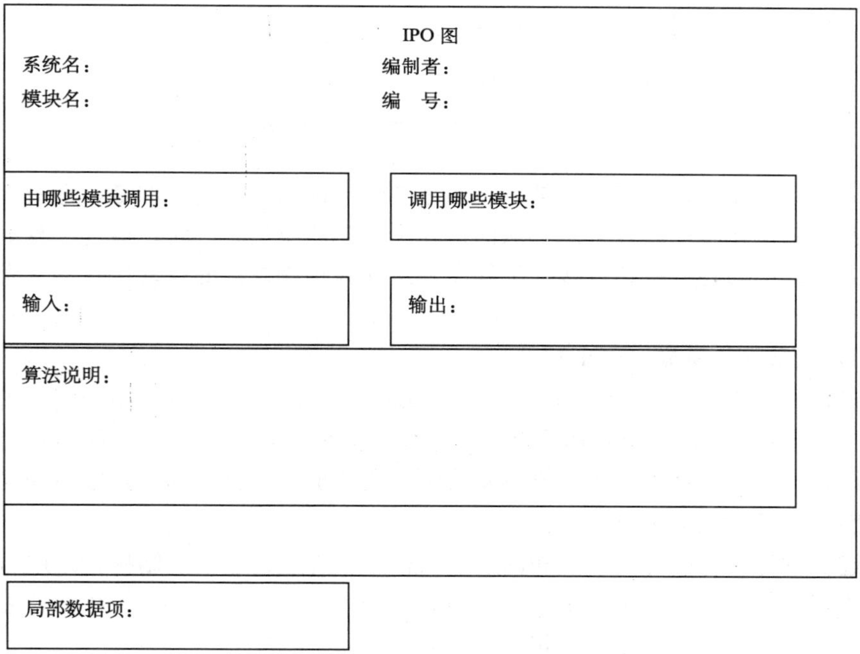

```
                        IPO 图
   系统名:                   编制者:
   模块名:                   编　号:

   由哪些模块调用:            调用哪些模块:


   输入:                     输出:


   算法说明:




   局部数据项:
```

图 8-19　IPO 图的结构

IPO 图的主体是算法说明部分，该部分可采用第 7 章介绍的结构化语言、判定表、判定树，也可用 N-S 图、问题分析图和过程设计语言等工具进行描述，要准确而简明地描述模块执行的细节。

在 IPO 图中，输入、输出数据来源于数据词典。局部数据项是指个别模块内部使用的数据，与系统的其他部分无关，仅由本模块定义、存储和使用。注释是对本模块的有关问题作必要的说明。

开发人员不仅可以利用 IPO 图进行模块设计，而且还可以利用它评价总体设计。用户和管理人员可利用 IPO 图编写、修改和维护程序。因此，IPO 图是系统设计阶段的一种重要文档资料。

2）问题分析图（PAD）

问题分析图（problem analysis diagram，PAD）是由日本日立公司二村良彦等于 1979 年提出的，是一种支持结构化程序设计的图形工具。

问题分析图仅仅具有顺序、选择和循环这三种基本成分（图 8-20），正好与结构化程序设计中的基本程序结构相对应。

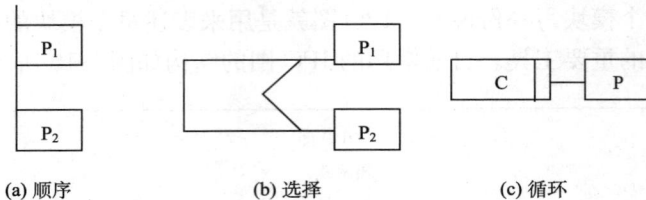

(a) 顺序　　　　　　　(b) 选择　　　　　　　(c) 循环

图 8-20　问题分析图的基本结构

问题分析图有逻辑结构清晰、图形标准化等优点，更重要的是，它引导设计人员使用结构化程序设计方法，从而提高了程序的质量。同时，通过比较确定的规则，可以由问题分析图直接产生程序，这就为程序设计的自动化开辟了光辉的前景。

3）过程设计语言（PDL）

过程设计语言（process design language、program、design language 或 program desciption language，PDL）是一个笼统的名字，目前有许多种不同的过程设计语言。过程设计语言用于描述模块中算法和加工的具体细节，以使开发人员之间能够比较精确地进行交流。

过程设计语言由外层语法和内层语法构成。外层语法描述结构，采用与一般编程语言类似的确定的关键字（如 if then else、while、DO 等），内层语法描述操作，可以采用任意的自然语句（英语或汉语）。

例如，下面是一个用过程设计语言描述的算法，其中，外层语法 if then else 是确定的，而内层操作"X 的平方根为实数"则是不确定的自由格式。

```
if   X 不是负数
    then
        return（X 的平方根为实数）
else
        return（X 的平方根为复数）
```

由于过程设计语言同程序很相似，所以也称为伪程序或伪代码。但它仅仅是对算法的一种描述，是不可执行的。另外，同第 7 章介绍的结构化语言相比，过程设计语言更详尽地描述了算法的细节。事实上，结构化语言和过程设计语言的基本思想是一致的，只是侧重点不同。前者用在系统分析阶段描述用户需求，它是给用户看的，可以描述得比较抽象；后者用在详细设计阶段描述模块的内部算法，这些算法是给编程人员看的，应该详细、具体。

过程设计语言主要用于描述系统中属于计算型的下层模块。与 PAD 等图形工具相比，过程设计语言具有以下优点：

（1）同自然语言（英语）很接近，易于理解。

（2）易于被计算机处理并存储。例如，用行编辑或字处理软件就可以方便地对它进行修改编辑。

（3）可以从它自动产生程序。例如，目前已研制出从 PDL/C 产生 C 语言源程序的自动工具。

但是，过程设计语言也有它的不足之处：它不如图形描述直观；对英语使用的准确性要求较高。

8.3.5　数据库设计

在管理信息系统中，对数据的存储和管理有文件、数据库两种方式（也可以把数据库看做是文件的集合）。

1. 文件设计

文件是按一定的组织方式存放在存储介质上的同类记录的集合。文件设计就是根据文件的使用要求、处理方式、存储的数据量、数据的活动性及所能提供的设备条件等，确定文件类别，选择文件媒体，决定文件组织方法，设计记录格式，并估算文件容量。

（1）对数据字典描述的数据存储情况进行分析，确定哪些数据需要作为文件组织存储起来，其中哪些是固定数据、哪些是流动数据、哪些是共享数据，等等，以便决定文件的类别。

（2）决定需要建立的文件及其用途和内容，并为每个文件选取文件名。

（3）根据文件的使用要求选择文件的存储介质和组织形式。例如，经常使用的文件应该采用磁盘介质随机方式（硬盘或软盘），不常用但数据量大的文件可采用磁带方式和顺序存储组织方式。

（4）根据数据结构设计记录格式。记录格式的设计内容包括：

确定记录的长度；确定要设置的数据项数目以及每个数据项在记录中的排列顺序。

确定每个数据项的结构；若需要时，确定记录中的关键字（数据项）。

文件中记录的长度取决于各个数据项的结构和数据项的数目。各数据项在记录中的排列顺序可根据实际需要和使用习惯决定。每个数据项的结构包括数据项名称、数据类型及数据长度。在设计时，不仅要考虑实际的需要，还要考虑计算机系统软件或语言所提供的条件和限制。例如，在 FOXPRO 数据库文件中，规定每个记录中的字段（数据项）个数不能超过 128 个。

　　（5）根据记录长度、记录个数和文件总数估算出整个系统的数据存储容量。整个系统的存储容量等于各个存储容量之和。文件存储容量的计算与文件的组织方式、存储介质、操作系统和记录格式等有密切关系。详细计算文件存储容量的过程比较复杂，读者可参考有关资料。在微机管理信息系统中，一个估计文件存储容量的简单方法就是将记录长度乘以估计的记录个数，或者用实验方法，先编写一个临时程序，按已确定的记录格式自动生成一个以空记录组成的文件，其记录个数与估计数目相同，这样，就可通过操作系统的有关命令，从屏幕上看出该文件的实际容量了。

2. 数据库设计

　　数据库设计是指在现有数据库管理上建立数据库的过程，它是管理信息系统的重要组成部分。

　　数据库设计的内容是：对于一个给定的环境进行符合应用语言的逻辑设计，以及提供一个确定存储结构的物理设计，建立实现系统目标，并能有效存储数据的数据模型。因此，一个数据库的设计者，对数据库系统和实际应用对象这两方面知识都必须有相当的了解。

　　在数据存储设计中，还涉及一项较为重要的问题，这就是数据（文件或数据库）的安全性和完整性保护。安全性保护是防止机密数据被泄露；防止无权者使用、改变或有意破坏他们无权使用的数据。完整性保护是保护数据结构不受损害，保证数据的正确性、有效性和一致性。由于数据的保护与计算机系统环境的保护是密切相关的，因此这个问题需要在更大的范围内才能彻底解决。例如，计算机系统所在的环境，硬、软件，信息和通信设施等方面的保护，以及必要的行政和法律手段等。而系统设计与实施阶段的关键任务，是从软件方面设计和实现数据保护的功能。例如，对数据并行操作（及多个用户同时存取和修改同一数据）的控制和管理，设置口令校验功能，等等。

8.3.6　用户界面设计

　　用户界面是人和计算机联系的重要途径。操作者可以通过屏幕显示与计算机进行对话，向计算机输入有关数据，控制计算机的处理过程并将计算机的处理结果反映给用户。因此，用户界面设计必须从用户操作方便的角度来考虑，与用户共同协商界面应反映的内容和格式。用户界面主要有以下几种形式。

1. 菜单式

通过屏幕显示出可选择的功能代码，由操作者根据需要进行选择，将菜单设计成层次结构，通过层层调用，可以引导用户使用系统的每一个功能。随着软件技术的发展，菜单设计也更加趋于美观、方便和实用。目前，系统设计中常用的菜单设计方法主要有：

（1）一般菜单。在屏幕上显示出各个选项，每个选项指定一个代号，然后根据操作者通过键盘输入的代号或单击鼠标左键，即可决定何种后续操作。

（2）下拉菜单。它是一种二级菜单，第一级是选择栏，第二级是选择项，各个选择栏横排在屏幕的第一行上，用户可以利用光标控制键选定当前选择栏，在当前选择栏下立即显示出该栏的各项功能，以供用户进行选择。

（3）快捷菜单。选中对象后单击鼠标右键所出现的下拉菜单，将鼠标移到所需的功能项目上，然后单击左键即执行相应的操作。

2. 填表式

填表式一般用于通过终端向系统输入数据，系统将要输入的项目显示在屏幕上，然后由用户逐项填入有关数据。另外，填表式界面设计常用于系统的输出。如果要查询系统中的某些数据，可以将数据的名称按一定的方式排列在屏幕上，然后由计算机将数据的内容自动填写在相应的位置上。由于这种方法简便易读，并且不容易出错，所以它是通过屏幕进行输入输出的主要形式。

3. 选择性问答式

当系统运行到某一阶段时，可以通过屏幕向用户提问，系统根据用户选择的结果决定下一步执行什么操作。这种方法通常可以用在提示操作人员确认输入数据的正确性，或者询问用户是否继续某项处理等方面。例如，当用户输完一条记录后，可通过屏幕询问"输入是否正确（Y/N）？"，计算机根据用户的回答来决定是继续输入数据还是对刚输入的数据进行修改。

4. 按钮式

在界面上用不同的按钮表示系统的执行功能，单击按钮即可执行该操作。按钮的表面可写上功能的名称，也可用能反映该功能的图形加文字说明。使用按钮可使界面显得美观、漂亮，使系统看起来更简单、好用，操作更方便、灵活。

8.4　系统设计报告

系统设计的最后一项工作是整理和完成包括系统模块结构图、IPO 图和其他详细设计内容在内的系统设计报告，这是系统设计阶段的主要成果。它既是目标系统的物理模型，也是系统实施的主要依据。系统设计报告通常由下述内容组成，在编写时可根据系统的规模和复杂程度等具体情况，选用其中的一部分或全部内容。

1. 引言

（1）摘要：系统的目标名称和功能等说明。

（2）背景。

· 项目开发者；

· 用户；

· 本项目与其他系统或机构的关系和联系。

（3）系统环境与限制。

· 硬件、软件和运行环境方面的限制；

· 保密和安全的限制；

· 有关系统软件的文本；

· 有关网络协议的标准文本。

（4）参考资料和专门术语说明。

2. 系统设计方案

（1）模块设计。

· 系统的模块结构图；

· 各个模块的 IPO 图（包括各模块的名称、功能、调用关系、局部数据项和详细的算法说明等）；

（2）代码设计。

· 各类代码的类型、名称、功能、使用范围和使用要求等说明。

（3）输入设计。

· 输入项目；

· 输入人员（指出所要求的输入操作人员的水平与技术专长，说明与输入数据有关的接口软件及其来源）；

· 主要功能要求（满足正确、迅速、简单、经济、方便使用者等方面要求的说明）；

· 输入校验（关于各类输入数据的校验方法的说明）。

（4）输出设计。

· 输出项目；

· 输出接受者；

· 输出要求（所用设备介质、输出格式、数值范围和精度要求等）。

（5）文件（数据库）设计说明。

· 概述（目标、主要功能）；

· 需求规定（精度、有效性、时间要求及其他专门要求）；

· 运行环境要求（设备支撑软件，安全保密等要求）；

· 逻辑结构设计（有关文件及其记录、数据项的标识、定义、长度和它们之间的关系）；

　　·物理结构设计（有关文件的存储要求、访问方法、存储单位、设计考虑和保密处理等）。

　　（6）模型库和方法库设计（本系统所选用的数学模型和方法以及简要说明）。

　　（7）安全保密设计。

　　（8）物理系统配置方案报告。

　　· 硬件配置设计；

　　·通信与网络配置设计；

　　·软件配置设计；

　　·机房配置设计。

　　（9）系统实施方案及说明。

　　· 实施方案；

　　·实施计划（包括工作任务的分解、进度安排和经费预算）；

　　·实施方案的审批（说明经过审批的实施方案概况和审批人员的姓名）。

➤ 知识拓展：统一建模语言（UML）

UML 的定义

　　（1）UML 是一种对软件密集型系统的制品进行可视化、详述、构造及文档化的语言。

　　UML 是一种语言：它提供了用于交流的词汇表（单词）和在词汇表中组合词汇的规则（语法）。

　　（2）UML 是一种可视化语言：UML 是一组图形符号，每个符号都有明确的语义。

　　（3）UML 是一种可用于详细描述的语言：它所建立的模型是精确的、无歧义的和完整的。

　　（4）UML 是一种构造语言：用 UML 描述的模型可与各种编程语言直接相连。

　　（5）UML 是一种文档化语言：适于建立系统体系结构及其所有的细节文档；提供了用于表达需求和测试的语言；提供了对项目计划和发布管理的活动进行建模的语言。

UML 的产生与发展

　　公认的面向对象建模语言出现于 20 世纪 70 年代中期。1989～1994 年，其数量从不到 10 种增加到 50 多种。在众多的建模语言中，语言的创造者努力推崇自己的产品，并在实践中不断完善。但是，OO 方法的用户并不了解不同建模语言的优缺点及其相互之间的差异，因而很难根据应用特点选择合适的建模语言，于是爆发了一场"方法大战"。90 年代中期，一批新方法出现了，其中最引人注目的是 Booch 1993、OOSE 和 OMT-2 等。

Booch 是面向对象方法最早的倡导者之一，他提出了面向对象软件工程的概念。1991 年，他将以前面向 Ada 的工作扩展到整个面向对象设计领域。Booch 1993 比较适合于系统的设计和构造。Rumbaugh 等提出了面向对象的建模技术（OMT）方法，采用了面向对象的概念，并引入各种独立于语言的表示符。这种方法用对象模型、动态模型、功能模型和用例模型，共同完成对整个系统的建模，所定义的概念和符号可用于软件开发的分析、设计和实现的全过程，软件开发人员不必在开发过程的不同阶段进行概念和符号的转换。OMT-2 特别适用于分析和描述以数据为中心的信息系统。Jacobson 于 1994 年提出了 OOSE 方法，其最大特点是面向用例（use-case），并在用例的描述中引入了外部角色的概念。用例的概念是精确描述需求的重要武器，但用例贯穿于整个开发过程，包括对系统的测试和验证。OOSE 比较适合支持商业工程和需求分析。此外，还有 Coad/Yourdon 方法，即著名的 OOA/OOD，它是最早的面向对象的分析和设计方法之一。该方法简单、易学，适合面向对象技术的初学者使用，但由于该方法在处理能力方面的局限，目前已很少使用。

概括起来看，首先，面对众多的建模语言，用户由于没有能力区别不同语言之间的差别，因此很难找到一种比较适合自身应用特点的语言；其次，众多的建模语言实际上各有千秋；最后，虽然不同的建模语言大多雷同，但仍存在某些细微的差别，这极大地妨碍了用户之间的交流。因此在客观上，极有必要在精心比较不同建模语言的优缺点及总结面向对象技术应用实践的基础上，组织联合设计小组，根据应用需求，取其精华，去其糟粕，求同存异，统一建模语言。

UML 的主要特点

UML 的主要特点可以归结为三点：

（1）UML 统一了 Booch、OMT 和 OOSE 等方法中的基本概念。

（2）UML 还吸取了面向对象技术领域中其他流派的长处，其中也包括非 OO 方法的影响。UML 符号考虑了各种方法的图形表示，删掉了大量易引起混乱的、多余的和极少使用的符号，也添加了一些新符号。因此，在 UML 中汇入了面向对象领域中很多人的思想。这些思想并不是 UML 的开发者们发明的，而是开发者们依据最优秀的 OO 方法和丰富的计算机科学实践经验综合提炼而成的。

（3）UML 在演变过程中还提出了一些新的概念。在 UML 标准中新加了模板（stereotypes）、职责（responsibilities）、扩展机制（extensibility mechanisms）、线程（threads）、过程（processes）、分布式（distribution）、并发（concurrency）、模式（patterns）、合作（collaborations）、活动图（activity diagram）等新概念，并清晰地区分了类型（type）、类（class）和实例（instance）、细化（refinement）、接口（interfaces）和组件（components）等概念。

因此可以认为，UML 是一种先进实用的标准建模语言，但其中某些概念尚待实践来验证，UML 也必然存在一个进化的过程。

UML 的应用领域

UML 的目标是以面向对象图的方式来描述任何类型的系统，具有很宽广的应用领域。其中，最常用的是建立软件系统的模型，但它同样可以用于描述非软件领域的系统，如机械系统、企业机构或业务过程，以及处理复杂数据的信息系统、具有实时要求的工业系统或工业过程等。总之，UML 是一个通用的标准建模语言，可以对任何具有静态结构和动态行为的系统进行建模。此外，UML 适用于系统开发过程中从需求规格描述到系统完成后测试的不同阶段。在需求分析阶段，可以用用例来捕获用户需求。通过用例建模，描述对系统感兴趣的外部角色及其对系统（用例）的功能要求。分析阶段主要关心问题域中的主要概念（如抽象、类和对象等）和机制，需要识别这些类以及它们相互间的关系，并用 UML 类图来描述。为实现用例，类之间需要协作，这可以用 UML 动态模型来描述。在分析阶段，只对问题域的对象（现实世界的概念）建模，而不考虑定义软件系统中技术细节的类（如处理用户接口、数据库、通信和并行性等问题的类）。这些技术细节将在设计阶段引入，因此设计阶段为构造阶段提供更详细的规格说明。

编程（构造）是一个独立的阶段，其任务是用面向对象的编程语言将来自设计阶段的类转换成实际的代码。在用 UML 建立分析和设计模型时，应尽量避免考虑把模型转换成某种特定的编程语言。因为在早期阶段，模型仅仅是理解和分析系统结构的工具，过早考虑编码问题十分不利于建立简单、正确的模型。

UML 模型还可作为测试阶段的依据。系统通常需要经过单元测试、集成测试、系统测试和验收测试。不同的测试小组使用不同的 UML 图作为测试依据：单元测试使用类图和类规格说明；集成测试使用部件图和合作图；系统测试使用用例图来验证系统的行为；验收测试由用户进行，以验证系统测试的结果是否满足在分析阶段确定的需求。

总之，标准建模语言 UML 不仅适用于以面向对象技术来描述任何类型的系统，而且适用于系统开发的不同阶段，从需求规格描述直至系统完成后的测试和维护。

思考题

1. 系统设计有哪些内容？遵照什么原则？
2. 结构化设计方法的特点是什么？

管理信息系统

3. 简述模块结构的质量标准，并举例说明。

4. 详细设计常用的主要工具有哪些？

5. 什么叫代码设计？代码设计对系统性有何影响？

6. 试举例说明输入、输出方式各有何特点？应当注意哪些问题？

7. 系统设计阶段的工作成果是什么？具体包括哪些内容？

上机作业题

用绘图软件实现总体结构设计的各种图表。

小组讨论题

UML 与结构化建模语言有何异同？各有何优势？各有何劣势？

第9章

系统实施

9.1 系统实施概述

9.1.1 系统实施的目标

当系统分析与系统设计的工作完成以后，开发人员的工作重点就从分析、设计和创造性思考的阶段转入实践阶段。在此期间，将投入大量的人力、物力及占用较长的时间进行物理系统的实施、程序设计、程序和系统调试、人员培训、系统转换等一系列工作，我们称此过程为系统实施。

在系统分析与系统设计阶段，开发人员·为新系统设计了它的逻辑模型和物理模型。系统实施阶段的目标就是把系统设计的物理模型转换成可实际运行的新系统。系统实施阶段既是成功地实现新系统的阶段，又是取得用户对新系统信任的关键阶段。

9.1.2 系统实施的主要任务和步骤

1. 系统实施的任务

系统实施是一项复杂的工程，管理信息系统的规模越大，实施阶段的任务就越复杂。一般来说，系统实施阶段主要有以下几个方面的任务：①物理系统的实施；②程序设计；③系统测试；④人员培训；⑤系统转换。

2. 系统实施的步骤

系统实施的步骤是，首先进行管理信息系统物理系统的实施，包括计算机系统和通信网络系统的订购、机房的准备和设备安装调试等一系列活动。在此阶段，要根据计算机物理系统的配置方案购买和安装计算机硬、软件系统和通信网络系统，并熟悉它们的性能和使用方法，收集有关数据并准备录入。同时可进行的工作是程序设计，然后是系统测试，最后是人员培训和系统转换。系统实施的步骤如图 9-1 所示。

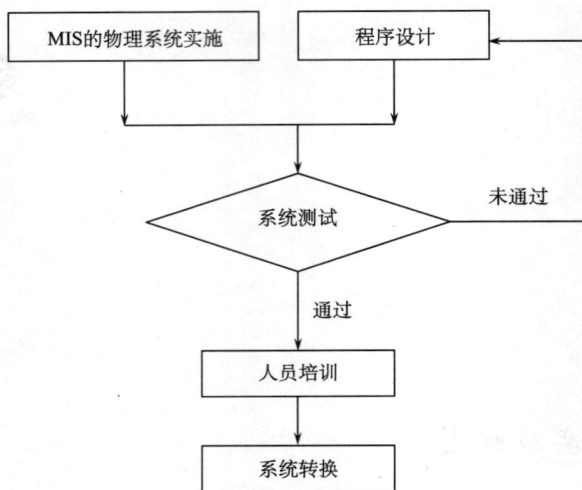

图 9-1　系统实施的步骤

9.2　程序设计

9.2.1　程序设计的任务与衡量编程工作质量的指标

程序设计的任务是为新系统编写程序，即把详细设计的结果转换成用某种计算机编程语言写成的程序。该阶段相当于机械工程中图纸设计完成的"制造"阶段，程序设计的好坏，直接关系到能否有效地利用电子计算机来圆满地达到预期目的。

衡量编程工作质量的指标包括以下几点：

（1）程序的功能必须按照规定的要求，正确地满足预期的需要。

（2）程序的内容清晰、明了，便于阅读和理解。

（3）程序的结构严谨、简捷，算法和语句选用合理，执行速度快，节省时间。

（4）程序和数据的存储、调用安排得当，节省存储空间。

（5）程序的适应性强。程序交付使用后，当应用问题或外界环境发生变化时，调整和修改程序比较简便易行。

以上各指标并不是绝对的，允许根据系统本身以及用户环境的不同情况而有所侧重考虑。此外，程序设计结束后，还应写出操作说明书，说明执行该程序时的具体操作步骤。

9.2.2　程序设计方法

目前常见的程序设计方法有结构化方法、原型化方法，以及面向对象方法，这些方法可以充分利用现有的软件工具，不但可以减轻开发的工作量，还可使系统开发过程更规范，使系统功能更强，更易于维护和修改。

编程的目的是为了实现开发者在系统分析和系统设计中提出的管理方法和处理构思，编程不是系统开发的目的。因此，在编程和实现过程中，应尽量借用已有的程序和各种开发工具，尽快、尽好地实现系统的目标，而不要在具体的编程和调试工作中花费过多的精力和时间。

1. 结构化程序设计

结构化程序设计（structured programing，SP）方法，由 E. Dijkstr 等于 1972 年提出，用于详细设计和程序设计阶段，它指导人们用良好的思想方法，开发出正确又易于理解的程序。

鲍赫门（Bohm）和加柯皮（Jacopini）在 1966 年就证明了结构定理：任何程序结构都可以用顺序、选择和循环这三种基本结构来表示，如图 9-2（a）、(b)、(c) 所示。

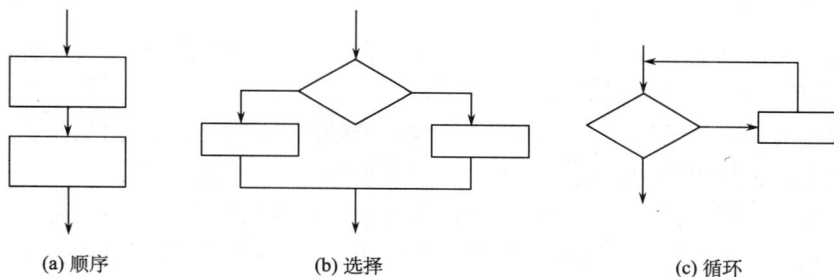

(a) 顺序　　　(b) 选择　　　(c) 循环

图 9-2　程序的三种基本结构

结构化程序设计就建立在上述结构定理上，同时，Dijkstra 主张取消 GOTO 语句，而仅仅用三种基本结构反复嵌套构造程序。

结构化程序设计至今还没有一个统一的定义，一般认为：结构化程序设计是一种设计程序的技术，它采用自顶向下逐步求精的设计方法和单入口单出口的控制技术。

按照这个思想，对于一个执行过程模糊不清的模块，如图 9-3（a）所示，我们可以采用以下几种方式对该过程进行分解。

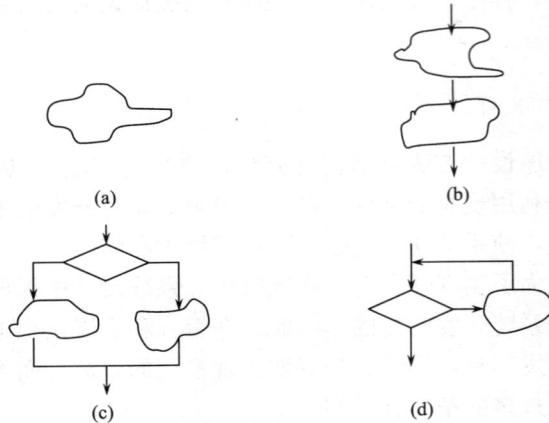

图 9-3　逐步求精的分解方法

（1）用顺序方式对过程作分解，确定模糊过程中各个部分的执行顺序，如图 9-3（b）所示。

（2）用选择方式对过程作分解，确定模糊过程中某个部分的条件，如图 9-3（c）所示。

（3）用循环方式对过程作分解，确定模糊过程中主体部分进行重复的起始、终止条件，如图 9-3（d）所示。

对仍然模糊的部分可反复使用上述分解方法，最后即可使整个模块都清晰起来，从而把全部细节确定下来。

由此可见，用结构化方法设计的结构是清晰的，有利于编写出结构良好的程序。因此，必须用结构化程序设计的思想来指导程序设计的工作。

结构化程序设计的基本思想是按由顶向下逐步求精的方式，由三种标准控制结构反复嵌套来构造一个程序。按照这种思想，可以对一个执行过程模糊不清的模块，以顺序、选择、循环的形式加以分解，最后使整个模块都清晰起来，从而确定全部细节。

用结构化程序设计方法逐层把系统划分为大小适当、功能明确、具有一定独立性、容易实现的模块，从而把一个复杂的系统设计转变为多个简单模块的设计。用结构化程序设计方法产生的程序也由许多模块组成，每个模块只有一个入口和一个出口，程序中一般没有 GOTO 语句，我们把这种程序称为结构化程序。结构化程序易于阅读，而且可提高系统的可修改性和可维护性。

由于大多数高级语言都支持结构化程序设计方法，其语法上都含有表示三种基本结构的语句，所以用结构化程序设计方法设计的模块结构到程序的实现是直接转换的，只需用相应的语句结构代替标准的控制结构即可，因此减轻了程序设计的工作量。

2. 原型化程序设计方法

原型是指模拟某种产品的原始模型。在软件开发过程中，原型是软件的一个早期可运行的版本，它反映最终系统的部分重要特性，在获得一组基本需求说明后，通过快速分析构造出一个小型的软件系统，以满足用户的基本需求。

在系统各个功能模块的程序实现阶段，原型化程序设计是一种非常有效的方法。

原型化程序设计的具体实施方法是：首先将模块结构图中类似带有普遍性的功能模块集中，例如，菜单模块、报表模块、查询模块，等等。这些模块几乎是每个子系统中都必不可少的。然后再去寻找有无相应的、可用的软件工具，如果没有，可以考虑开发一个能够适合各个子系统情况的通用模块，再用这些工具生成这些程序模型的原型。

如果模块结构图中有一些特定的处理功能和模型，而这些功能和模型又是现有工具不可能生成出来的，则再考虑编制一段程序加进去。利用现有的工具和原型方法，可以很快地开发出所要的程序。

3. 面向对象程序设计方法

面向对象程序设计（OOP）技术汲取了结构化程序设计中好的思想，并将这些思想与一些新的、强大的理念相结合，从而为程序设计工作提供了一种全新的方法。通常，在面向对象的程序设计风格中，会将一个问题分解为一些相互关联的子集，每个子集内部都包含了相关的数据和函数。同时，以某种方式将这些子集分为不同等级，而一个对象就是已定义的某个类型的变量。当定义了一个对象，就隐含地创建了一个新的数据类型。

面向对象程序设计方法一般应与 OOD（面向对象的开发）所设计的内容相对应。它是一个简单直接的映射过程，即将 OOD 中所定义的范式直接用 OOP（面向对象程序）表示。例如，用 C++中的对象类型取代 OOD 范式中的类-&-对象，用 C++中的函数和计算功能取代 OOD 范式中的处理功能，等等。在系统实现阶段，OOP 的优势是巨大的，是其他方法无法比拟的。

发明面向对象程序设计方法的主要出发点是弥补面向过程程序设计方法中的一些缺点。OOP 把数据看做程序开发中的基本元素，并且不允许它们在系统中自由流动。它将数据和操作这些数据的函数紧密地联结在一起，并保护数据不会被外界的函数意外地改变。OOP 允许将问题分解为一系列实体——这些实体被称为对象（object），然后围绕这些实体建立数据和函数。

9.2.3 常用的编程工具

当前，软件工具是整个计算机和信息产业中发展最快的领域之一，软件工具技术不仅在数量和功能上突飞猛进，而且在内涵的拓展上也日新月异，为开发信息系统提供了越来越多、越来越方便的实用手段。可以说，在当今的信息系统开发中，了解和选用恰当的工具是系统实现质量和效率的保证之一。

目前市场上的编程工具很多，比较流行的软件工具有一般编程语言、数据库系统、程序生成工具、专用系统开发工具、客户/服务器型工具，以及面向对象的编程工具，等等。

管理信息系统的程序规模日益增大，采用的程序设计语言也逐渐发生变化，一般不用汇编语言，也很少用传统的 Fortran、Cobol 等高级语言，而是采用当前功能更强的编程工具或高级语言。目前，较为流行的有 Visual C、Visual Basic、Visual FoxPro、Delphi、PowerBuilder 及 Lotus Notes 语言等。

9.2.4 管理信息系统的基本程序模块

一个管理信息系统的软件由很多程序模块组成，这些程序模块可以归纳为几种基本类型，包括控制模块、输入及校验模块、修改或更新模块、分类合并模块、计算模块、查询、检索模块、输出模块和预测、优化模块等，其结构如图9-4 所示。

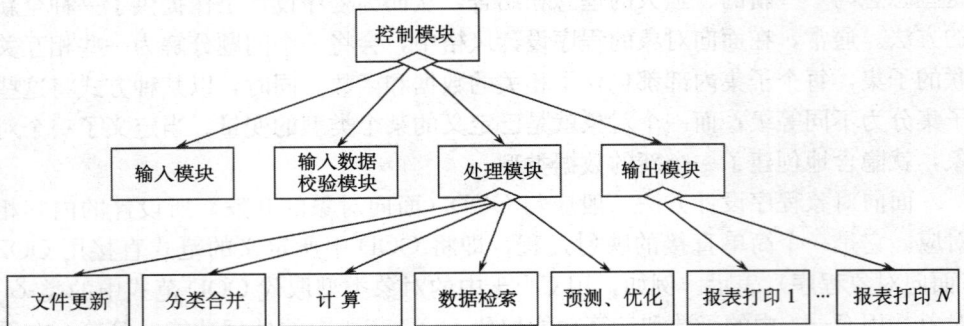

图 9-4 基本程序模块结构

1. 控制模块

控制模块包括主控制模块和各级控制模块。控制模块的主要功能是根据用户的要求信息，由用户确定处理顺序，然后控制转向各处理模块的入口。

2. 输入模块

输入模块主要用来输入数据。输入方式有直接用键盘输入和软盘输入两种。

3. 输入数据校验模块

该模块对已经输入计算机中的数据进行校验，以保证原始数据的正确性。校验的方法通常有重复输入校验和程序校验两种。

4. 输出模块

输出模块用来将计算机的运行结果通过屏幕、打印机或磁盘、磁带等设备输出给用户。在管理信息系统中，一般都采用大量的表格、图表输出，因此输出模块的质量直接关系到整个系统的性能。

5. 处理模块

根据管理信息系统的不同应用部门的要求，有不同的处理功能，通常有以下几种类型。

1）文件更新模块

当系统应用的数据发生变化时，需要修改数据文件。例如，增加新的记录，修改数据项或记录，删除某些不需要的记录等。

一般来说，文件更新模块应该具有下述功能：对记录中关键字的控制功能，通过关键字查找相应记录；控制总记录数的功能，以便控制追加、插入记录的位置；具有记录地址或字节位置的控制功能，以便确定修改数据的位置，控制插入或者追加的数据位置。

2）分类合并模块

分类合并模块的主要功能是对已经建立的文件，按某关键字进行分类合并。例如，在材料核算系统中，耗用材料要按照材料类型合并处理。分类合并程序应该具有下述功能：具有控制记录总数的功能；具有字符串比较的功能；具有排序、统计和计数功能。

3）计算模块

该模块的主要功能是进行计算处理，包括同类记录中各数据项的运算。例如，将材料单价与数量相乘，求得某材料的应付金额；若要计算某种材料在某个产品中的总消耗量，则必须累计各次材料领用量，然后减去废料量。

4）数据检索模块

该模块是为用户提供查询有关信息的程序，包括输入查询要求和输出特定的查询结果。它是管理信息系统的人机接口，对于人机交互的友好程序以及查询响应时间等均有较高要求。

5）预测或优化模块

该模块使用预测或优化的数学模型，利用管理信息系统提供的有关数据，进行计算和分析并输出结果，用来辅助企业或部门的管理人员进行决策。例如，库存管理中的 ABC 分类、最佳订货量计算、财务管理中的资金分析等。

一个完整的计算机管理信息系统，实质上是以上各类基本程序模块的组合体。

9.3　系统测试

9.3.1　测试的目的

在管理信息系统的开发过程中，面对错综复杂的各种问题，人的主观认识不可能完全符合客观现实，开发人员之间的思想交流也不可能十分完善。所以，在管理信息系统开发周期的各个阶段，都不可避免地会出现差错。

测试的目的在于发现其中的错误并及时纠正，所以在测试时应想方设法使程序的各个部分都投入运行，力图找出所有错误。错误多少与程序质量有关。即使这样，测试通过也不能证明系统绝对无误，只不过说明各模块、各子系统的功能和运行情况正常，相互之间连接无误。当系统交付用户使用后，在系统的维护阶段，仍有可能发现少量错误并进行纠正，这也是正常的。

9.3.2　测试的策略和基本原则

先看一个例子。

【例 9.1】图 9-5 所示的是一个小程序的控制流程图，该程序由一个循环语句组成，循环次数可达 20 次，循环体中是一组嵌套的 IF 语句，其可能的路径有五条，所以从程序的入口 A 到出口 B 的路径数高达 $5^{20} \approx 10^{14}$。如果编写一个测试例子，并用它来测试这个程序的一条路径，要花 1 分钟，则测试每一条路径就需要 2 亿年。

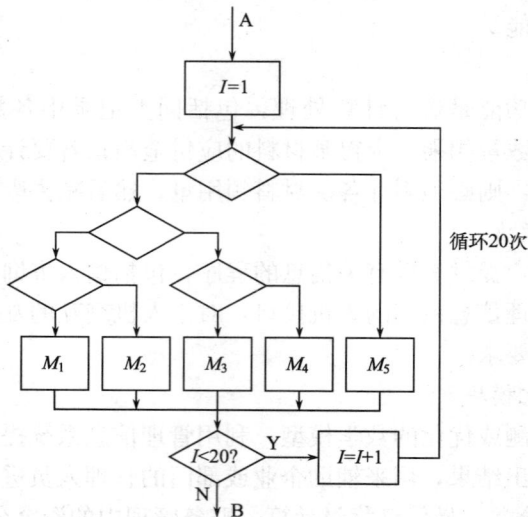

图 9-5　控制流程图示例

这个例子说明，要想通过"彻底"的测试找出系统的全部错误是不可能的，因此，测试阶段要考虑的基本问题就是"经济性"了。测试的经济性策略是：在一定的开发时间和经费的限制下，通过进行有限步操作或执行测试用例，尽可能多地发现错误。

测试阶段还应注意以下一些基本原则：

（1）测试要精心设计测试用例。测试用例一般由"输入数据"和"预期的输出结果"组成。这就是说，在执行程序之前，应该对期望的输出有很明确的描述，这样，测试后才可将程序输出与预期输出仔细对照检查。若不事先确定预期的输出，就有可能把看似正确而实际上是错误的结果当成是正确结果。

（2）不仅要选用合理的输入数据进行测试，还应选用不合理的甚至错误的输入数据。许多人往往只注意前者而忽略了后一种情况，为了提高程序的可靠性，应认真组织一些异常数据进行测试，并仔细观察和分析系统的反应。

（3）除检查程序是否做了它应该做的工作，还应检查程序是否做了它不该做的事情。例如，除了检查工资管理程序是否为每位职工正确地生成了一份工资单以外，还应检查它是否生成了多余的工资单。

（4）应该长期保留所有的测试用例，直至该系统被废弃不用为止。在管理信息系统的测试中，设计测试用例是很费时的，如果将用过的例子丢弃，以后一旦需要再测试有关的部分时（如技术鉴定、系统维护等场合），就需要再花很多人工。通常，人们往往懒得再次认真地设计测试用例，因而下次测试时很少有初次测试那样全面。如果将所有测试用例作为系统的一部分保存下来，就可以避免这种情况的发生。

9.3.3 测试方法

测试包括三方面，即设计测试用例、执行被测程序和分析执行结果并发现错误。设计测试用例是开始程序测试的第一步，也是有效地完成测试工作的关键。按照在设计测试用例时是否涉及程序的内部结构，可以将测试分为白盒测试和黑盒测试。

白盒测试时，测试者对被测试程序的内部结构是清楚的。测试者从程序的逻辑结构入手，按照一定的原则来设计测试用例，设定测试数据。由于被测程序的结构对测试者是透明的，因此又有人称这类测试为玻璃盒测试或结构测试。黑盒测试的情况正好相反。此时，测试者把被测程序看成一个黑盒，完全用不着关心程序的内部结构。设计测试用例时，仅以程序的外部功能为根据。一方面检查程序能否完成一切应做的事情；另一方面要考察它能否拒绝一切不应该做的事情。由于黑盒测试着重于检查程序的功能，所以也称为功能测试。

1. 设计测试用例的基本目标

设计测试用例是测试阶段的关键技术问题。测试用例是以发现程序错误为目的而精心设计的一组测试数据，包括预定要测试的功能、应该输入的测试数据和预期的结果。可以写成

测试用例 ＝ {输入数据＋期望结果}

设计测试用例最困难的问题是设计测试的输入数据。不同的测试数据发现程序错误的能力差别很大，为了提高测试效果、降低测试成本，应该选用高效的测试数据。因为不可能进行穷尽的测试，选用少量"最有效"的测试数据，做到尽可能完备的测试就很重要了。因此，设计测试用例的基本目标就是确定一组最可能发现多个错误或多类错误的测试数据。

2. 设计测试数据的技术

目前已经研究出许多设计测试数据的技术，这些技术各有优缺点，没有哪一种是最好的，更没有一种可以代替其余的所有技术；同一种技术在不同应用场合效果可能相差很大，因此，通常需要联合使用多种测试数据。

本章介绍的设计测试数据技术主要有：适用于黑盒测试的等价划分法、边界值分析法及错误推测法等；适用于白盒测试的逻辑覆盖法等。

通常，设计测试数据的做法是：用黑盒法设计基本的测试用例，再用白盒法补充一些方案。

3. 黑盒测试技术

1）等价划分法

等价划分法是黑盒测试的一种技术。穷尽的黑盒测试需要使用所有有效的和无效的输入数据来测试程序，通常这是不现实的。因此，只能选取少量有代表性的输入数据，以期用较小的代价暴露出较多的程序错误。

这种方法是把被测试程序的所有可能的输入数据（有效的和无效的）划分成若干等价类，把无限的随机测试变成有针对性的等价类测试。按这种方法可以合理地作出下列假定：每类中的一个典型值在测试中的作用与这一类中所有其他值的作用相同。因此，可以从每个等价类中只取一组数据作为测试数据。这样可选取少量有"代表性"的测试数据，来代替大量相类似的测试，从而大大减少总的测试次数。

设计等价类的测试用例一般分为两步进行，第一步划分等价类并给出定义，第二步选择测试用例。选择的原则是：有效等价类的测试用例尽量公用，以期进一步减少测试的次数；无效等价类的测试用例必须每类一例，以防漏掉本来可能发现的错误。

划分等价类时，需要研究程序的功能说明，以确定输入数据的有效等价类和无效等价类。在确定输入数据的等价类时，常常还需要分析输出数据的等价类，

以便根据输出数据的等价类导出对应的输入数据等价类。

划分等价类需要经验，下述几条启发式规则可能有助于等价类的划分：

（1）如果规定了输入值的范围，则可划分出一个有效的等价类（输入值在此范围内）和两个无效的等价类（输入值小于最小值和大于最大值）。

（2）如果规定了输入数据的个数，则类似地可以划分出一个有效的等价类和两个无效的等价类。

（3）如果规定了输入数据的一组值，而且程序对不同输入值作不同处理，则每个允许的输入值是一个有效的等价类，此外还有一个无效的等价类（任一个不允许的输入值）。

（4）如果规定了输入数据必须遵循的规则，则可以划分出一个有效的等价类（符合规则）和若干无效的等价类（从各种不同角度违反规则）。

（5）如果规定了输入数据为整型，则可以划分出正整数、零和负整数三个有效类。

（6）如果程序的处理对象是表格，则应该使用空表，以及一项或多项的表。

以上列出的启发式规则只是测试时可能遇到的情况中很小的一部分，实际情况千变万化，根本无法一一列出。为了正确划分等价类，一是要注意积累经验，二是要正确分析被测程序的功能。此外，在划分无效等价类时，还必须考虑编译程序的检错功能，一般来说，编译程序肯定能发现的错误不需要再设计测试数据。最后说明一点，上面列出的启发式规则虽然都是针对输入数据而言的，但其中的绝大部分也同样适用于输出数据。

划分出等价类以后，根据等价类设计测试用例时，主要使用下面两个步骤：

（1）设计一个新的测试用例以尽可能多地覆盖尚未覆盖的有效等价类，重复这一步骤直到所有有效等价类都被覆盖为止；

（2）设计一个新的测试用例，使它覆盖一个而且只覆盖一个尚未覆盖的无效等价类，重复这一步骤直到所有无效等价类都被覆盖为止。

注意，通常程序发现一类错误后就不再检查是否还有其他错误，因此，应该使每个测试用例只覆盖一个无效等价类。下面举例说明。

【例 9.2】某城市的电话号码由三部分组成。这三部分的名称和内容分别是：
地区码　空白或三位数字；
前缀　非"0"或"1"开头的三位数；
后缀　四位数字。

假定被测试的程序能接受一切符合上述规定的电话号码，拒绝所有不符合规定的号码，就可用等价分类法来设计它的测试用例。

【解】第一步，划分等价类，包括 4 个有效等价类、11 个无效等价类。表 9-1列出了划分的结果。在每一等价类之后加有编号，以便识别。

表 9-1　电话号码程序的等价类划分

输入条	有效等价类	无效等价类
地区码	空白（1），3 位数字（2）	有非数字字符（5），少于 3 位数字（6），多于 3 位数字（7）
前　缀	从 200 到 999 之间的 3 位数字（3）	有非数字字符（8），起始位为 "0"（9），起始位为 "1"（10），少于 3 位数字（11），多于 3 位数字（12）
后　缀	4 位数字（4）	有非数字字符（13），少于 4 位数字（14），多于 4 位数字（15）

第二步，确定测试用例。表 9-1 中有 4 个有效等价类，可以公用以下两个测试用例：

测试数据	测试范围	期望结果
（　）276～2345	等价类（1），（3），（4）	有效
（635）805～9321	等价类（2），（3），（4）	有效

对 11 个无效等价类，要选择 11 个测试用例，如下所示：

测试数据	测试范围	期望结果
（20A）123～4567	无效等价类（5）	无效
（33）234～5678	无效等价类（6）	无效
（7777）345～6789	无效等价类（7）	无效
（777）34A～6789	无效等价类（8）	无效
（234）045～6789	无效等价类（9）	无效
（777）145～6789	无效等价类（10）	无效
（777）34～6789	无效等价类（11）	无效
（777）2345～6789	无效等价类（12）	无效
（777）345～678A	无效等价类（13）	无效
（777）345～678	无效等价类（14）	无效
（777）345～56789	无效等价类（15）	无效

选取的测试数据可以不同，关键是要与测试内容相符。

2）边界值分析

经验表明，处理边界情况时程序最容易发生错误。例如，许多程序错误出现在下标、纯量、数据结构和循环等的边界附近。因此，设计使程序运行在边界情况附近的测试方案，暴露出错误的可能性更大一些。

使用边界值分析方法设计测试用例，首先应该确定边界情况，这需要经验和创造性，通常输入等价类和输出等价类的边界，就是应该着重测试的程序边界情况。选取的测试数据应该刚好等于、刚刚小于或刚刚大于边界值。也就是说，按照边界值分析法，应该选取刚好等于、稍小于或稍大于等价类边界值的数据作为测试数据，而不是选取每个等价类内的典型值作为测试数据。

通常，设计测试用例时总是联合使用等价划分法和边界值分析两种技术。例如，税法规定个人的收入所得税从超过 2000 元开始征收。如果用一个程序来计算税款，则"收入≤2000"就是一个判定条件，满足条件的人免税，否则对超出 2000 元的部分征税。在选择测试用例时，可以用 1500、2200 两个测试数据分别代表免税和征税两个等价类，还可以将 2000 这个边界值作为测试数据。

3）错误推测

使用边界值分析法和等价划分技术，可以帮助开发人员设计具有代表性的、容易暴露程序错误的程序用例。但是，不同类型、不同特点的程序通常又有一些特殊的容易出错的情况。此外，有时分别使用每组测试数据时，程序都能正常工作，这些输入数据的组合却可能检测出程序的错误。一般来说，即使是一个比较小的程序，可能的输入组合数也往往十分巨大，因此必须依靠测试人员的经验和直觉，从各种可能的测试用例中选出一些最可能引起程序出错的方案。对于程序中可能存在哪类错误的推测，是挑选测试用例时的一个重要因素。

错误推测法在更大程度上靠直觉和经验进行。它的基本思想是列举出程序中可能有的错误和容易发生错误的特殊情况，并且根据它们选择测试用例。对于程序中容易出错的情况也有一些经验总结出来，例如，输入数据为零或输出数据为零往往容易发生错误；如果输入或输出的数目允许变化（例如，被检索的或生成的表的项数），则输入或输出的数目为 0 和 1 的情况（例如，表为空或只有一项）是容易出错的情况。还应该仔细分析程序规格说明书，注意找出其中遗漏或省略的部分，以便设计相应的测试用例，检测程序员对这些部分的处理是否正确。

例如，当对一个排序程序进行测试时，可先用边界值分析法设计测试用例：输入表为空表；输入表中仅有一个数据；输入表为满表。

再用错误推测法补充一些例子：输入表已经排好序了；输入表的排序恰与所要求的顺序相反（如程序功能为由小到大排序，输入表为由大到小排序）；输入表中的所有数据全部相同。

此外，经验说明，在一段程序中已经发现的错误数目往往和未发现的错误数目成正比。因此，在进一步测试时，要着重测试那些已发现较多错误的程序段。

4）输入组合

等价划分法和边界值分析法都只孤立地考虑各个输入数据的测试功效，而没有考虑多个输入数据的组合效应，可能会遗漏输入数据易于出错的组合情况。选择输入组合的一个有效途径是利用判别表和判定树为工具，列出输入数据各种组合与程序应做的动作（即相应的输出结果）之间的对应关系，然后为判定表的每一列至少设计一个测试用例。

选择输入组合的另一个有效途径是把计算机测试和人工检查代码结合起来。例如，通过代码检查程序中两个模块使用并修改的某些共享变量，如果一个模块对这些变量的修改不正确，则会引起模块出错，因此这是程序发生错误的一个可能的原因。应该使设计测试用例在程序的一次运行中同时检测这两个模块，特别要着重检测一个模块修改了共享变量后，另一个模块是否能够像预期那样正常使用这些变量；反之，如果两个模块相互独立，则没有必要测试它们的输入组合情况。通过代码检查也能发现模块之间相互依赖的关系，在这种情况下，不仅必须测试这个转换函数，还应该测试调用它的算术函数在转换函数接收到无效输入时的响应。

4. 逻辑覆盖（白盒测试技术）

有选择的执行程序中，某些最有代表性的通路是对穷尽测试的唯一可行的替代方案。所谓逻辑覆盖是对一系列测试过程的总称，这组测试过程逐渐进行越来越完整的通路测试。

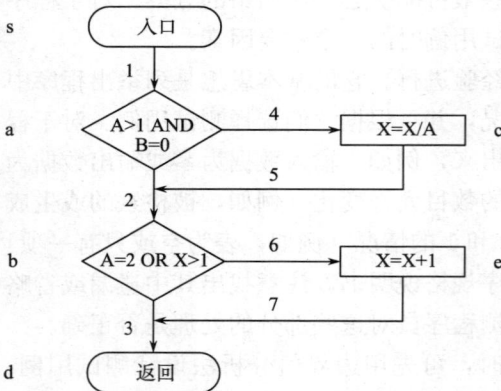

图 9-6　被测模块的流程图

测试数据执行（或叫覆盖）程序逻辑的程度可以划分成哪些不同的等级呢？从覆盖源程序的语句的详尽程度分析，大致有以下一些不同的覆盖标准。

1）语句覆盖

为了暴露程序中的错误，至少每个语句应该测试一次。语句覆盖的含义是：选择足够多的测试数据，被测试程序中的每个语句至少执行一次。

例如，一个被测模块的流程图，如图 9-6 所示。

它的源程序（用 PSASCAL 书写）如下：

```
PROCEDURE EXAMPLE （A，B：REAL；VAR X：REAL）
    BEGIN
        IF （A＞1）AND （B＝0）
            THEN X：＝X/A
        IF （A＝2）OR （X＞1）
            THEN X：＝X＋1
END。
```

为了使每个语句都执行一次，程序的执行路径应该是 sacbed，为此只需要输入下面的测试数据（实际上 X 可以是任意实数）：

A＝2，　　B＝0，　　X＝4

语句覆盖对程序的逻辑覆盖很少，在例子中，两个判定条件都只测试了图 9-5 中被测模块的流程图上条件为真的情况，如果条件为假时，处理有错误，显然不能被发现。此外，语句覆盖只关心判定表达式的值，而没有分别测试判定表达式中每个条件取不同值时的情况。在上面的例子中，为了执行 sacbed 路径，以测试每个语句，只需两个判定表达式（A＞1）AND（B＝0）和（A＝2）OR（X＞1）都取真值，因此使用上述一组测试数据就够了。但是，如果程序中把第一个判定表达式中的逻辑运算符"AND"错写成了"OR"，或把第二个判定式中的条件"X＞1"误写成"X＜1"，则使用上面的测试数据并不能查出这些错误。

综上所述，语句覆盖是很弱的逻辑覆盖标准。

2）判定覆盖

判定覆盖的含义是：不仅每个语句必须至少执行一次，而且每个判定的可能结果都应该至少执行一次，也就是每个判定的每个分支至少执行一次。

3）条件覆盖

条件覆盖的含义是：不仅每个语句至少执行一次，而且判定表达式中的每个条件都取到各种可能的结果。

4）判定/条件覆盖

既然判定覆盖不一定包含条件覆盖，条件覆盖也不一定包含判定覆盖，自然会提出一种能同时满足这两种覆盖标准的逻辑覆盖，这就是判定/条件覆盖。它的含义是：选取足够多的测试数据，使得判定表达式中的每个条件都取到各种可能的值，而且每个判定表达式也都取到各种可能的结果。

5）条件组合覆盖

条件组合覆盖是更强的逻辑覆盖标准，它要求选取足够多的测试数据，使得每个判定表达式中条件的各种可能组合都至少出现一次。

5. 设计测试用例小结

以上简单介绍了设计测试用例的几种基本方法，使用每种方法都能设计出一组有用的测试用例，但是没有一种方法能设计出全部测试用例。此外，不同的方法各有所长，用一种方法设计出的测试用例可能最容易发现某些类型的错误，对另外一些类型的错误却可能不易发现。

因此，对软件系统进行实际测试时，应该联合使用各种设计测试用例的方法，形成一种综合策略。通常的做法是，用黑盒法设计基本的测试用例，再用白盒法补充一些必要的测试用例。具体地说，可以使用下述策略结合各种方法：

（1）在任何情况下都应该使用边界值分析法。经验表明，用这种设计方法设计出的测试用例暴露程序错误的能力最强。注意，应该既包括输入数据的边界情况，又包括输出数据的边界情况。

（2）必要时用等价划分法补充测试用例。

（3）必要时再用错误推测法补充测试用例。

（4）对照程序逻辑，检查已经设计出的测试用例。可以根据对程序可靠性的要求，采用不同的逻辑覆盖标准。如果现有测试用例的逻辑覆盖程度没有达到要求的覆盖标准，则应再补充一些测试用例。

应强调的是，即使使用上述综合策略设计测试用例，仍然不能保证测试会发现一切程序错误；但是，这个策略确实是在测试成本和测试效果之间的一个合理的折中。通过前面的叙述可以看出，软件测试确实是一件十分艰巨的工作。

9.3.4　测试步骤

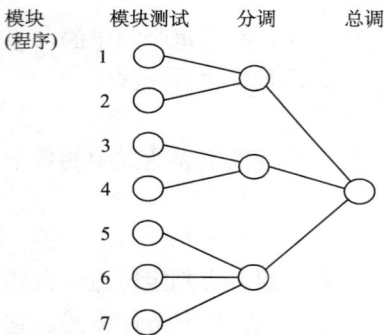

图 9-7　系统测试的步骤

一个管理信息系统通常由若干子系统组成，每个子系统又由若干模块（程序）组成。所以，测试工作可分为模块（程序）测试、分调（子系统测试）和总调（系统测试）三个层次，测试过程依次是模块测试、分调和总调，如图 9-7 所示。

不同的系统测试有不同的测试目的与测试内容。

1. 模块测试

模块（程序）测试的目的是保证每个模块本身能正常运行，在该步测试中发现的问题大都是程序设计或详细设计中的错误。对于模块测试，一般分人工走通和上机测试两步进行。

人工走通就是打印出源程序，然后参照设计说明书（包括程序框图）的要求，把程度呈现在纸上"走"一遍。程序的错误可分为语法错误和逻辑错误两种情况，一般只要认真检查就可以发现绝大部分的语法错误和部分逻辑错误。而用计算机进行交互测试时，每发现一个错误后要先改正错误才能继续测试，速度要明显降低。所以，绝不要一开始就将源程序键入计算机而忙于立即执行，应先在纸上走通。

程序的检查最好请审查小组或其他开发者进行。因为程序编制者在审查时往往会犯编程时同样的错误，从而查不出某些问题。但这只是理想的情况，由于人力、财力所限，目前的测试基本上还是由编程者本人进行。按各层次人员的分工，模块测试应由操作员或程序员来进行。

当人工走通以后，就可以上机测试了。总的来看，语法错误比较容易发现和修改（因为高级语言都具备语法检查功能，但是检查的全面性不尽相同）。为了有效地发现并改正逻辑错误，一方面可认真设计测试用例，另一方面要充分利用所用高级语言提供的测试机制或软件工具。

2. 分调

分调也称子系统测试，就是把经过测试的模块放在一起形成一个子系统来测试。目的是测试各模块之间的协调和通信，即重点测试子系统内各模块的接口。例如，数据穿过接口时可能丢失；一个模块对另一个模块可能存在因疏忽而造成的有害影响；把若干子功能结合起来可能不产生预期的主功能，等等。

如何将若干模块连接成一个可运行的子系统，通常有两种方法。一种方法是先分别测试每个模块，再把所有模块按设计要求连成一起进行测试，这种方法称为"非渐增式"测试。另一种方法是把下一个要测试的模块同已经测试好的那些模块结合起来进行测试，测试完成后再把下一个应该测试的模块结合进来测试，这种方式称为"渐增式"测试，这种测试实际上同时完成了模块测试和子系统测试。

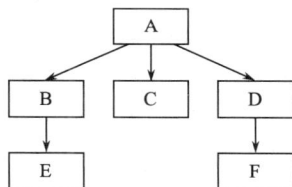

图 9-8　子系统测试示例

下面以图 9-8 为例，讨论这两种方式的差别。

1）非渐增式

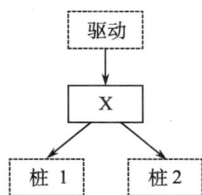

图 9-9　驱动模块和桩模块

如图 9-8 所示，非渐增式是先分别测试 6 个模块 A、B、C、D、E、F，然后将它们连接到一起再进行测试。若采用这种方式，则在测试某个模块 X 时，需要临时为它设计一个驱动模块和若干桩模块，如图 9-9 所示。驱动模块的作用是模拟 X 的调用模块，桩模块的作用则是模拟 X 的下层模块。例如，测试图 9-8 中的模块 B 时，要为它设计一个驱动模块，其作用是将测试数据传送给模块 B 并接收和显示 B 产生的结果，同时，因 B 要调用模块 E，所以还需设计一个桩模块，用来接受 B 的控制并模拟 E 的功能。这里的临时模块（驱动模块和桩模块）可以设计得非常简单，只要满足测试要求即可。

2）渐增式

对渐增式来说，又可分为"由顶向下"、"由底向上"等多种方式进行测试。若对图 9-6 采用"由底向上"的渐增式方式，则是先顺序地或并行地（如由三人完成）测试模块 E、C、F，此时只需为每个模块临时准备驱动模块，但不需要桩模块，然后为模块 B 准备一个驱动模块，将模块 B 与模块 E 连接起来测试，再为模块 D 准备一个驱动模块，将 D 与 F 连接起来测试，最后把模块 A 与其他各模块连接起来测试。

3）两种测试方法的比较

对这两种测试方法进行比较，可以看到：

（1）渐增式可利用已经测试过的模块（如采用"由底向上"时可不需桩模块）；而非渐增式则需要更多的人工（如准备较多的控制模块和桩模块）。

（2）渐增式可以较早地发现模块界面之间的错误；非渐增式则要到最后将所有模块相连时才能发现这类错误。

（3）渐增式有利于排错。如果界面有错，它通常与最新加上去的那个模块有关，错误比较容易定位，非渐增式则不然。

（4）渐增式比较彻底。它以前面测试过的模块作为驱动模块或桩模块，使这些模块得到进一步的检查。

（5）渐增式需要较多的机器时间。例如，在图 8-7 中，若采用"由底向上"的渐增式，则在测试模块 A 时，模块 B、C、D、E、F 也要执行；若采用非渐增式，在测试模块 A 时只要执行用来模拟 B、C、D 的桩模块即可。当然，编写这些桩模块也需花费一定的机器时间，所以可抵消一部分机器时间。

（6）使用非渐增式可以并行（同时）所有模块，能充分利用人力，这对开发系统是很有意义的。

综上所述，可以认为渐增式测试方法较非渐增式优越。尤其对管理信息系统软件来说，"由底向上"的渐增式方法是一种较为适合的测试方法。

当然，在测试一个实际系统时，并没有必要机械地照搬上述某一些方法。例如，当把一个已经充分测试过的模块结合进来时，可以着重测试模块之间的接口；当把一个没有充分测试过的模块结合进来时，则需要利用已测试过的模块充分测试它。

3. 总调

分调后的任务是总调，也称为系统测试，是测试由子系统组合成的完整系统，测试的目的是发现系统设计和程序设计中的错误，验证系统的功能是否达到设计说明书的要求。

刚开始总调时，不必按完全真实情况下的数据量进行，可采用一些精心设计的数据量较少的测试用例，这样不仅可以使处理工作量大为减少，而且更容易发现错误和确定错误所在范围。

什么样的系统是有效的呢？一般来说，当系统的功能和性能如同用户所合理地期待的那样，则系统就是有效的。因为系统分析阶段产生的系统说明书，描述了用户的这种合理期望，所以它是衡量系统有效性的标准。

4. 系统试运行

总调完成后，下一步就可将原始系统手工作业方式得出的结果正确的数据作为新系统的输入数据进行"真实"运行，这时除了将结果与手工作业进行校核以外，还应考察系统的有效性、可靠性和效率。为此，最好请用户一起参加系统的试运行工作。系统试运行的关键是"真实"和全面。进行系统试运行应该注重以下几点：

(1) 测试用例应该由实际意义的数据组成。可以请用户参与测试用例的设计。

(2) 某些已经测试过的纯粹技术的特点可以不需再次执行。

(3) 对用户特别感兴趣的功能或性能，可以增加一些测试。

(4) 应该设计并执行一些与用户使用步骤有关的测试。

在总调和试运行之前必须有充分准备，尽量使用户能够积极主动地参与，特别是为了使用户能有效地使用该系统，通常在总调之前由开发部门对用户进行培训。

在总调阶段发现的问题往往与系统分析阶段的差错有关，涉及面较广且解决起来也较困难，这时需要和用户充分协商解决。

9.3.5　系统测试报告

系统测试阶段产生的文档资料就是系统测试报告书，其书写格式如下。

1) 测试大纲

(1) 测试目标；

(2) 测试内容。

2) 程序测试（对每个程序）

(1) 程序测试的内容；

(2) 程序测试的结果。

3) 功能测试（对每个功能）

(1) 功能测试的内容；

(2) 功能测试的结果。

4) 子系统功能测试（对每个子系统）

(1) 子系统测试的内容；

(2) 子系统测试的结果。

5) 系统测试

(1) 系统测试的内容；

(2) 系统测试的结果。

6) 测试结果的评价

(1) 对程序的测试评价；

(2) 对功能的测试评价；

(3) 对子系统的测试评价；

(4) 对系统的测试评价。

7）结论

8）测试人员名单

9）附录

（1）系统使用说明书草案；

（2）系统维护手册草案。

9.4　系统转换

在系统总调结束并完成测试工作的基础上，就可以进行系统转换的工作。系统转换就是按预定计划将新系统代替原有系统的一系列过程，它的最终目的是将全部控制权移交给用户。转换工作包括原有系统的数据文件向新系统文件转换，人员培训，设备和组织结构的调整，以及将有关资料和使用说明书移交给用户。管理人员和开发人员在系统转换中的任务是：确保系统尽可能平稳地过渡，使新系统尽快投入运行，逐步安全地取代原有系统。

9.4.1　人员培训

为了使新系统能够按预期目标正常运行，对用户人员进行必要的培训是在系统转换之前不可忽视的一项工作。

人员是管理信息系统的重要组成部分，包括企业的各级管理人员及管理与维护信息系统的专业人员。每一个与新系统有关的人都应该了解管理信息系统的运作方式和运作过程。培训是使有关管理人员和技术人员了解、掌握新系统的有效途径之一。因此，培训工作关系到新系统的成败。如果管理人员对即将使用的新系统的管理过程不了解，不能确定新系统是否适用于自己的工作，那么就有可能消极地对待新系统，甚至阻碍新系统的推广应用。

管理信息系统的开发与应用不仅是计算机在企业中的应用，同时也是一种企业变革。由于企业管理的传统思想及方法与管理信息系统的要求之间有着巨大的差异，企业管理人员对这种新的管理思想和管理方法有一个熟悉、适应和转变观念的过程。

对于自行开发管理信息系统的企业来说，通过系统开发过程来培养一批既懂管理业务，又懂信息系统的企业专业人员也应是企业开发信息系统的主要目标之一。

信息系统的知识非常广泛，企业管理人员与企业信息系统专业人员的培训内容应各有侧重。管理人员的培训重点应该是信息技术基本概念与一些结合具体项目的基础知识。例如，信息系统的基本概念，包括信息概念、性质与作用、系统概念与特点、信息系统开发方法与开发过程等；计算机基本知识，包括计算机硬件与软件基础知识、常用管理软件的功能与人机界面、网络与通信的基本概念，等等；本企业信息系统介绍，包括信息系统目标、功能及总体描述，开发计划，主要事项与配合要求，等等；本企业信息系统的操作方法。

应当强调的是，对于管理人员的培训要结合企业实际，在通过培训使各级管理人员明确开发与应用信息系统对企业生存与发展的重要意义，在了解与掌握基本概念的基础上，打消顾虑，使他们能积极参与信息系统的开发，并为下一步的应用做好准备。

对企业信息管理专业人员的培养，应把重点放在系统知识与系统规范方面，培养方法除强调在实践中学习外，还可采取委托培养、进修，以及外聘专家进行系统授课等方法。

为了保证培训能真正获得成效，培训工作应与管理人员的工作绩效评定结合起来，对培训的效果进行考核。具体操作既可以分阶段地在培训后进行考试，也可以采用竞争上岗等方式，促使管理人员处理好当前工作与未来知识储备二者之间的关系。

需要进行培训的人员主要有以下三类。

1. 事务管理人员

新系统能否顺利运行并取得预期目标，在很大程度上与这些第一线的事务管理人员（或主管人员）有关。因此，可以通过讲座、报告会的形式，向他们说明新系统的目标、系统的结构及运行过程，以及对企业组织机构、工作方式等产生的影响。对事务管理人员进行培训时，必须做到通俗、具体，尽量不采用与实际业务领域无关的计算机专业术语。例如，可以就他们最关心的以下问题展开对话：

计算机管理信息系统能为我们干些什么？采用新系统后，我们和我们的职工必须学会什么新技术？采用新系统后，我们的机构和人员将发生什么变动？今后如何衡量我们的任务完成情况？

大量事实说明，许多管理信息系统不能正常发挥预期作用的原因之一，就是没有注意对有关事务管理人员的培训，因而没有得到他们的理解和支持。所以，今后在新系统开发时必须注意这一点。

2. 系统操作员

系统操作员是管理信息系统的直接使用者，统计资料表明，管理信息系统在运行期间发生的故障，大多数是由于使用方法错误而造成的，如图 9-10 所示。所以，系统操作员的培训应该是人

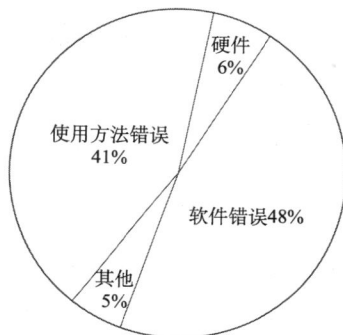

图 9-10　软件故障的原因

员培训工作的重点。

对系统操作员的培训应该提供比较充足的时间，除了学习必要的计算机硬、软件知识，以及开展键盘指法、汉字输入等培训以外，还必须向他们传授新系统的工作原理、使用方法、简单出错的处置等知识。一般来说，在系统开发阶段就可以让系统操作员一起参加。例如，录入程序和初始数据、在调试时进行试操作等，这对他们熟悉新系统的使用，无疑是有好处的。

3. 系统维护人员

对于系统维护人员来说，要求具有一定的计算机硬、软件知识，并对新系统的原理和维护知识有较深刻的理解，在较大的企业和部门中，系统维护人员一般由计算机中心和计算机室的计算机专业技术人员担任。对于系统维护的具体内容，将在本章下一节中讨论。

有条件时，应该请系统维护人员和系统操作员，或其他今后与新系统有直接接触的人员，参加一个或几个确定新系统开发方针的讨论会，因为他们今后的工作将与新系统有直接联系。参加这样的会议，有助于他们了解整个系统的全貌，并为今后的工作打下良好的基础。

对于大、中企业或部门用户，人员培训工作应列入本企业或部门的教育计划中，在系统开发单位配合下共同实施。

9.4.2　系统转换的方式

为了保证原有系统有条不紊地、顺利转移到新系统，在系统转换前，应仔细拟订方案和措施，确定具体的步骤。

常用的系统转换方式有三种，如图 9-11 所示。

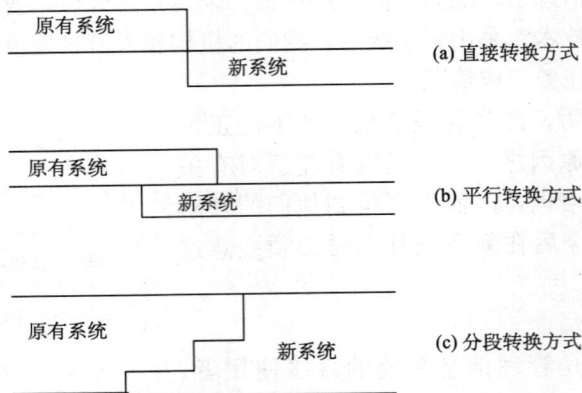

图 9-11　系统转换的方式

1）直接转换方式

直接转换（plunge implementation）就是在原有系统停止运行的某一时刻，新系统立即投入运行，中间没有过渡阶段，如列车运行时间表或航空公司的飞行时间表的转换。在处理过程不太复杂、数据不是很多、应用场合不是很重要的情况下，可以采用直接转换的方式。

用这种方式时，人力和费用最节省，因为任何时刻对用户而言，只需操作和维护一个系统，但新系统在转换之前必须经过详细调试并经严格测试。即使这样，采用直接转换法仍然风险较大。因为无论测试和培训多么完全和细致，系统运行后总可能会遇到一些在调试与测试过程中没有遇到过的困难或情况。一旦新系统无法运行，就很可能会使工作趋于混乱。此外，无法将新系统的输出与旧系统的输入相比较，如果有错误要查出来就比较困难。这些错误很可能会导致系统的非正常中断，而这时也无法恢复到原来的旧系统。

采用直接转换法时，还有一个重要的问题需要管理层考虑，那就是转换的时间选择。对于一些如工资系统等的周期性信息系统，可以选择一个周期运行结束时，如月、季度、自然年度或财政年度结束时转换。

直接转换的示意图见图 9-11（a）。

2）平行转换方式

平行转换（parallel implementation）就是新系统和原系统平行工作一段时间，经过这段时间的试运行后，再用新系统正式替换下原有系统。在平行工作期间，手工处理和计算机处理系统并存，一旦新系统有问题，就可以暂时停止而不会影响原有系统的正常工作。转换过程如图 9-11（b）所示。

这种转换方式要经过两个阶段：第一阶段，新系统试验运行，同时原系统继续运行，利用原系统对新系统进行检验；第二阶段，当新系统可以稳定运行时，原系统停止运行或各子系统逐步停止运行。并行处理时间视系统实施效果而定，短则几个月，长则半年至一年。系统转换工作是平稳过渡的。

平行转换的最大好处就是安全、可靠、风险低。如果新系统不能正常工作，旧系统将作为备份系统来使用。与直接转换相比，平行转换可以比较容易地确认新系统是否正常工作。另外，由于是新旧系统并行工作，可以消除或减轻操作人员对新系统认识和使用时的惊慌与不安。但是，平行转换的缺点也是显而易见的。首先，它的运行成本很高，这是由于新旧两个系统需要同时运行，在这段时期内，就要为两个系统的运行支付成本；其次，运行两个系统可能会增加运行环境的负担甚至出现处理延迟。

当新旧两个系统在技术上不兼容，或者运行环境无法同时支持两个系统时，平行转换就不一定适合。此外，如果两个系统执行不同的功能或者新系统涉及原旧系统没有的业务处理方法，平行转换也不一定适合。

一般情况下，对于一些较大的管理信息系统，如银行、金融行业及一些企业的核心系统，经常采用平行转换的方式以使新旧系统能平稳过渡。

3）分段转换方式

分段转换（phased implementation）方式是上述两种方式的结合，采取分期分批逐步转换，如图9-11（c）所示。

分段转换能够保证整个系统的可靠运行，与平行转换相比，费用也较少，因为一次只需要处理新系统的一部分，同时转换的风险也要比直接转换低。采用这种转换方式，在系统的设计和实现时有一定的要求。此外，当新系统不容易被分成几个逻辑模块时，此种转换方式就不可能实现。

采用分段转换时，各子系统的转换次序及转换的具体步骤，均应根据具体情况灵活考虑。通常可采用如下策略：

（1）按功能分阶段逐步转换。首先确定该系统中一个主要的业务功能，如财务管理率先投入使用，在该功能运行正常后再逐步增加其他功能。

（2）按部门分阶段逐步转换。先选择系统中一个合适的部门，在该部门设置终端，获得成功后再逐步扩大到其他部门。这个首先设置终端的部门可以是业务量较少的，这样比较安全可靠；也可以是业务最繁忙的，这样见效大，但风险也大。

（3）按机器设备分阶段逐步转换。先从简单的设备开始转换，再推广到整个系统。例如，对于联机系统，可先用单机进行批处理，然后用终端实现联机系统；对于分布式系统，可以先用两台微机联网，以后再逐步扩大范围，最终实现分布式系统。

4）试点过渡方式

先有一小部分员工使用新系统，直到确认新系统能正常工作后再让全部员工共同使用新系统。试点过渡（pilot implementation）方式可以消除或减轻员工对新系统认识和使用时的惊慌与不安，而且可以更快速地确认新系统的不足和问题，进而及时地改进或修改新系统，而且可以避免完全更换系统所带来的问题。

总之，系统转换的工作量较大，情况十分复杂。据国外统计资料表明，软件系统的故障大部分发生在系统转换阶段，如图9-12所示。这就要求我们切实做好准备工作，拟定周密的计划，使系统转换不至于影响正常的工作。

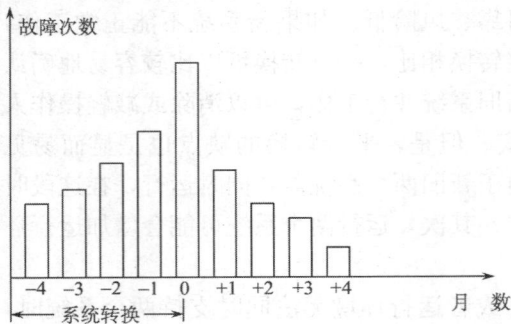

图9-12　故障发生时间

无论采用哪一种转换方式，都要注意处理好以下问题：

（1）新系统的投运需要大量的基础数据，这些数据的整理与录入工作量很大，应及早准备、尽快完成。

（2）系统切换不仅仅是机器的转换、程序的转换，更难的是人工的转换，应提前做好人员的培训工作。

（3）系统运行时会出现一些局部性的问题，这是正常现象。系统工作人员对此应有足够的准备，并做好记录。系统只出现局部性问题，说明系统是成功的；反之，如果出现致命的问题，则说明系统设计的质量不好，整个系统甚至要重新设计。

此外，在拟定系统转换计划时，应着重考虑以下问题：系统说明文件必须完整；要防止系统转换时数据的丢失。

要充分估计输入初始数据所需的时间，对管理信息系统而言，首次运行前需花费大量人力和时间输入初始数据，对此应有充分准备，以免措手不及。例如，对于一个 5000 记录的库存数据库，如果每条记录含 200 个字符的描述信息，就意味着有 1000 000 个字符必须通过键盘进入磁盘，即使操作员以每小时 8000 个字符的速度输入，对于一个规模较大的系统，输入初始数据所需的时间也是非常可观的。

9.5 系统说明文件

在系统测试完成后，应该编写、整理出一份详细和全面的系统说明书。该文件既可以提交用户作为今后使用、维护新系统的指导性文档，也是鉴定和验收新系统时不可缺少的技术资料。因此，应该充分重视系统说明文件的编写工作。

一般来说，系统说明文件可由以下各部分组成。

1. 系统一般性说明

（1）用户手册。给用户介绍系统的全面情况，包括系统目标、功能和性能的简要说明等。

（2）特殊说明。随着外部环境的变化而使系统作出相应的调整等，这些是需要不断进行补充和发表的。

2. 系统开发报告

（1）系统分析说明书，我们已在第 3 章作过介绍。

（2）系统设计说明书，我们已在第 4 章作过介绍。

（3）系统实施说明，主要涉及系统分调、总调过程中某些重要问题的回顾和说明，人员培训、系统转化的计划及执行情况。

（4）系统利益分析报告，主要涉及系统的管理工作和对职工产生的影响，系统的费用、效益分析等方面问题。

3．程序资料

（1）整个系统程序的说明。

（2）系统的计算机系统流程图和程序流程图。

（3）源程序清单。

（4）输入输出样本。

（5）程序所有检测点的说明。

（6）修改程序的手续规定。

4．操作说明

（1）系统规程。系统总的规程，包括系统技术标准、编程、操作规程、监理规程等。

（2）操作说明。系统的操作顺序，包括各种参数输入条件、数据的备份和恢复操作方法，以及系统维护的有关注意事项。

对于管理信息系统说明文件的组成，目前还没有一个统一的标准。不少部门和组织都有各自的一套规定，但总的内容都在上述范围之内。

➤知识拓展：系统测试的支持工具

系统测试（system test，ST）是将经过测试的子系统装配成一个完整系统来测试，它是检验系统能否确实提供系统方案说明书中指定功能的有效方法。

系统测试的目的是对最终软件系统进行全面的测试，以确保最终软件系统满足产品需求并且遵循系统设计要求。

如何高效地完成功能测试？选择一款合适的功能测试工具并培训一支高素质的工具使用队伍无疑是至关重要的。尽管现阶段存在少数不采用任何功能测试工具、从事功能测试外包项目的软件服务企业，短期来看，这类企业的盈利状况尚可，但长久来看，它们极有可能被自动化程度较高的软件服务企业所取代。

目前，用于功能测试的工具软件有很多，针对不同架构软件的工具也不断推陈出新。这里重点介绍一种较为典型的自动化测试工具，即 Mercury 公司的 WinRunner。

WinRunner 是一种用于检验应用程序能否如期运行的企业级软件功能测试工具。通过自动捕获、检测和模拟用户交互操作，WinRunner 能识别出绝大多数软件功能的缺陷，从而确保那些跨越了多个功能点和数据库的应用程序在发布时尽量不出现功能性故障。

WinRunner 的特点在于：与传统的手工测试相比，它能快速、批量地完成功能点测试；能针对相同的测试脚本，执行相同的动作，从而消除人工测试带来的理解上的误差；此外，它还能重复执行相同的动作，测试工作中最枯燥的部分可交由机器完成；支持程序风格的测试脚本，一个高素质的测试工程师能借助它完成流程极为复杂的测试，通过使用通配符、宏、条件语句、循环语句等，还能较好地完成测试脚本的重用；针对于大多数编程语言和 Windows 技术，提供较好的集成、支持环境，这为基于 Windows 平台的应用程序实施功能测试带来了极大的便利。

功能测试就是对产品的各功能进行验证，根据功能测试用例，逐项测试，检查产品是否具有用户要求的功能。常用的测试方法如下。

(1) 页面链接检查：每一个链接是否都有对应的页面，并且页面之间切换正确。

(2) 相关性检查：删除/增加一项会不会对其他项产生影响，如果产生影响，这些影响是否都正确。

(3) 检查按钮的功能是否正确：如 Update、Cancel、Delete、Save 等功能是否正确。

(4) 字符串长度检查：输入超出需求所说明的字符串长度的内容，看系统是否检查字符串长度，会不会出错。

(5) 字符类型检查：在应该输入指定类型的内容的地方输入其他类型的内容（如在应该输入整型的地方输入其他字符类型），看系统是否检查字符类型，是否会报错。

(6) 标点符号检查：输入内容包括各种标点符号，特别是空格、各种引号、回车键，看系统处理是否正确。

(7) 中文字符处理：在可以输入中文的系统输入中文，看是否出现乱码或出错。

(8) 检查带出信息的完整性：在查看信息和 Update 信息时，查看所填写的信息是不是全部带出，带出信息和添加的信息是否一致。

(9) 信息重复：在一些需要命名且名字应该唯一的信息，输入重复的名字或 ID，看系统有没有处理，是否报错，重名包括是否区分大小写，以及在输入内容的前后输入空格，系统是否作出正确处理。

(10) 检查删除功能：在一些可以一次删除多个信息的地方，不选择任何信息，按 "Delete"，看系统如何处理，是否出错；然后选择一个和多个信息，进行删除，看是否正确处理。

(11) 检查添加和修改是否一致：检查添加和修改信息的要求是否一致，如添加要求必填的项，修改也应该必填；添加规定为整型的项，修改也必须为整型。

(12) 检查修改重名：修改时把不能重名的项改为已存在的内容，看是否处理、报错。同时也要注意，会不会报和自己重名的错。

(13) 重复提交表单：一条已经成功提交的记录，Back 后再提交，看系统是否作了处理。

(14) 检查多次使用 Back 键的情况：在有 Back 功能的地方 Back 到原来的页面，再 Back，重复多次，看是否出错。

(15) Search 检查：在有 Search 功能的地方输入系统存在和不存在的内容，看 Search 的结果是否正确。如果可以输入多个 Search 条件，可以同时添加合理和不合理的条件，看系统处理是否正确。

(16) 输入信息位置：注意在光标停留的地方输入信息时，光标和所输入的信息是否跳到别的地方。

(17) 上传下载文件检查：上传下载文件的功能是否实现，上传文件是否能打开。对上传文件的格式有何规定，系统是否有解释信息，并检查系统是否能够做到。

(18) 必填项检查：应该填写的项没有填写时系统是否都作了处理，对必填项是否有提示信息，如在必填项前加 *。

(19) 快捷键检查：是否支持常用快捷键，如 Ctrl＋C、Ctrl＋V、Backspace 等，对一些不允许输入信息的字段，如选人、选日期，对快捷方式是否也作了限制。

(20) 回车键检查：在输入结束后直接按回车键，看系统如何处理，是否报错。

思考题

1. 系统实施应包括哪些内容？
2. 系统实施与系统设计之间有何联系？
3. 结构化程序有什么特点？
4. 调试工作的主要内容有哪些？
5. 系统转换有哪些方式？

上机作业题

利用掌握的语言实现前面系统分析和设计的内容。

小组讨论题

探讨你所知道的有关系统测试的最新内容，如系统测试所应用的软件等。

第10章

系统维护、评价与管理

当开发的软件产品交付用户后，就进入管理信息系统生命周期的最后一个阶段——系统运行阶段。系统运行阶段的工作包括系统维护、系统评价和系统运行管理。本章主要介绍系统维护的内容和步骤以及进行系统评价的方法，同时介绍系统维护的重要性以及系统运行管理的主要内容。

■ 10.1 系统维护

管理信息系统是一个复杂的人机系统，系统内外环境以及各种人为的、机器的因素都在不断地发生变化。为了使系统能够适应这种变化，充分发挥软件的作用，产生良好的社会效益和经济效益，就需要进行系统的维护工作。

大中型软件产品的开发周期，一般为 1～3 年，运行周期则可达 5～10 年。在这么长的时间内，除了要改正软件中残留的错误外，还可能要多次更新软件的版本，以适应改善运行环境和加强产品性能等的需要。这些活动都属于系统维护工作的范畴。能不能做好这些工作，将直接影响到软件的使用寿命。

维护是管理信息系统生命周期中花钱最多、延续时间最长的活动。有人把维护比作"墙"或"冰山"，以说明它给软件生产造成的障碍。不少单位为了维护已有的软件，竟没有余力顾及新软件的开发。近年来，软件的维护费用已经远远超过了软件的开发费用，占系统硬、软件总投资的 60％ 以上。典型的情况是，软件维护费用与开发费用的比例为 2∶1，一些大型软件的维护费用甚至达到了开发费用的 40～50 倍。

一个系统的质量高低与系统的分析、设计有很大关系，也与系统的维护有很大关系。系统的维护究竟指的是什么呢？系统维护的简单定义是：

系统维护是指在系统已经交付使用以后，为了改正错误或满足新的需要而修改系统的过程。

10.1.1 系统的可维护性

系统是否能被很好地维护，可用系统的可维护性这一指标来衡量。系统的可维护性能够定性地定义为维护人员理解、改正、改变和改进这个系统的难易程度。

系统的可维护性可通过以下三点因素来衡量。

1) 可理解性

可理解性指别人能理解系统的结构、界面功能和内部过程的难易程度。模块化、详细设计文档、结构化设计和良好的高级程序设计语言等，都有助于提高系统的可理解性。

2) 可测试性

诊断和测试的容易程度取决于易理解的程度。好的文档资料有利于诊断和测试，同时，程序的结构、高性能的调试工具以及周密计划的测试工序也至关重要。为此，开发人员在系统设计和编程阶段就应尽力把程序设计成易诊断和测试的。此外，在系统维护时，应该充分利用在系统调试阶段保存下来的调试用例。

3) 可修改性

诊断和测试的难易程度与系统设计所制定的设计原则有直接关系。模块的耦合、内聚、作用范围与控制范围的关系等，都对可修改性有影响。

上述可维护性诸因素之间有密切联系。事实上，维护人员不可能修改一个自己还不理解的程序，同样，如果不进行完善的诊断和测试，一个看来是正确的修改有可能导致其他错误的产生。

在实际应用中，也可通过某些其他指标间接地对系统的可维护性进行定量描述，如识别问题的时间、管理上的延迟时间、维护工具的收集时间、分析和诊断问题的时间、修改的时间、调试时间、复查时间、恢复时间。

10.1.2 系统维护的任务

不同类型的人员在系统维护阶段有不同的任务。

（1）一般用户，其主要任务包括：按系统的要求定期输入数据；使用系统的输出；提出修正和扩充意见。

（2）信息主管，其主要任务包括：监督用户严格执行操作规程；批准适应性和完善性维护；准备对系统进行全面评价。

（3）开发人员，其主要任务包括：按系统要求进行数据处理工作；积极稳妥地进行维护。

10.1.3　系统维护的类型

根据维护活动目的的不同，可把维护分为改正性维护、适应性维护、完善性维护和安全性维护四大类。根据维护活动具体内容的不同，又可将维护分为程序维护、数据维护、代码维护和设备维护四类。下面分别对维护的内容和类型作简要说明。

1. 按维护活动的目的分类

1）改正性维护

在第 9 章中曾经说过，系统测试不可能发现一个大型系统中所有潜藏的错误。所以，在大型软件系统运行期间，用户难免会发现程序中的错误，这就需要对错误进行诊断和改正。

2）适应性维护

由于计算机科学技术的迅速发展，新的硬、软件不断推出，这就使系统的外部环境不断发生变化。这里的外部环境不仅包括计算机硬件软件的配置，而且包括数据库、数据存储方式在内的"数据环境"。为适应变化了的系统外部环境，就需要对系统进行相应的修改。

3）完善性维护

在系统的使用过程中，由于业务处理方式和人们对管理信息系统功能需求的提高，用户往往会提出增加新功能或者修改已有功能的要求。例如，修改输入格式，调整数据结构，使操作更简单、界面更漂亮，等等。为了满足这类要求，就需要对系统进行完善性维护。

4）安全性维护

管理信息系统要收集、保存、加工和利用全局的或局部的社会经济信息，涉及企业、地区、部门乃至全国的财政、金融、市场、生产、技术等方面的数据、图表和资料。随着病毒和计算机犯罪的出现，管理信息系统对安全性和保密性提出了更为严格和复杂的要求。除了建立严格的防病毒和保密制度外，用户往往会提出增加防病毒的功能和保密的新措施，而且随着更多病毒的出现，有必要定期进行防病毒功能的维护和保密措施的维护。

2. 按维护活动的内容分类

1）程序维护

程序维护是指改写一部分或全部程序，程序维护通常都充分利用原程序。修改后的原程序，必须在程序首部的序言性注释语句中进行说明，指出修改的日期、人员。同时，必须填写程序修改登记表，填写内容包括所修改程序的所属子系统名、程序名、修改理由、修改内容、修改人、批准人和修改日期等。

程序维护不一定在发现错误或条件发生改变时才进行，效率不高的程序和规模太大的程序也应不断地设法予以改进。一般来说，管理信息系统的主要维护工作是对程序的维护。

2）数据维护

数据维护指的是不定期地对数据文件或数据库进行修改，这里不包括主文件或主数据库的定期更新。数据维护的内容主要是对文件或数据中的记录进行增加、修改和删除等操作，通常采用专用的程序模块。

3）代码维护

随着用户环境的变化，原有的代码已经不能继续适应新的要求，需要对代码进行变更。代码的变更（即维护）包括订正、新设计、添加和删除等内容。当有必要变更代码时，应有现场业务经办人和计算机有关人员组成专门的小组进行讨论决定，用书面格式写明并事先组织有关使用者学习，然后输入计算机并开始实施新的代码体系。代码维护过程的关键是如何使新的代码得到贯彻。

4）设备维护

管理信息系统正常运行的基本条件之一就是保持计算机及外部设备的良好运行状态。因此，计算机室应建立相应的规章制度，有关人员要定期对设备进行检查、保养和杀病毒工作，应设立专门的设备故障登记表和检修登记表，以便设备维护工作时使用。

综上所述，系统维护应包括对系统的改正、改变和改进这三个方面，而不仅仅局限于改正错误。

10.1.4　系统维护的步骤、组织和管理

1. 系统维护的步骤

不少人往往认为，系统的维护要比系统开发容易得多，因此，维护工作不需要预先拟订方案或加以认真准备。实际情况却不是这样，许多情况下，维护比开发更困难，需要更多的创造性工作。首先，维护人员必须用较多的时间理解别人编写的程序和文档，且对系统的修改不能影响该程序的正确性和完整性；其次，整个维护工作又必须在所规定的很短的时间内完成。图 10-1 简要说明了维护工作的全过程。

从图 10-1 中可以看出，在某个维护目标确定以后，维护人员必须先理解所要维护的系统，然后建立一个维护方案。由于程序的修改涉及面较广，某处修改很可能会影响其他模块的程序，所以建立维护方案后要加以考虑的重要问题是修改的影响范围和波及面的大小。然后按预定维护方案修改程序。此外，还要对程序和系统的有关部分进行重新测试，若测试后发现较大问题，则要重复上述步

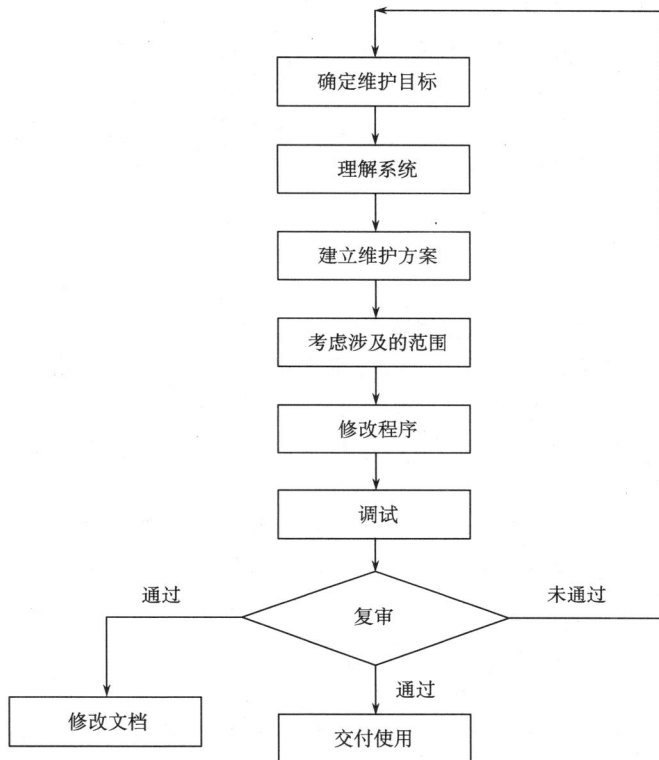

图 10-1　维护活动的步骤

骤；若通过，则可修改相应文档并交付使用。最后结束本次维护工作。

必须强调的是，维护是对整个系统而言的。因此，除了修改程序、数据、代码等部分以外，必须同时修改涉及的所有文档。

从图 10-1 中还可以看出，系统维护和系统开发有许多共同之处，所以前几章介绍的开发技术和工具在这里都可以使用。从本质上讲，维护工作可以看做开发工作的一个缩影。

2. 维护的组织和管理

维护是软件开发单位的责任。软件开发单位根据自身规模的大小，可以指定一名高级管理人员担任维护管理员，或者建立由高级管理人员和专业人员组成的维护领导小组，管理本单位开发软件的维护工作。管理的内容，应包括对申请的审查与批准、维护活动的计划与安排、人力资源的分配、批准并向用户分发维护的结果（如软件的新版本），以及对维护工作进行评价与分析等。

具体的维护工作，可以由原开发小组承担，也可以指定专门的维护小组。前者的优点是开发小组熟悉被维护的软件，但由于开发小组很可能已接受新的开发任务，对旧软件的维护会分散他们的精力。后者的优点是精力集中，且能使其他的开发人员无后顾之忧。不足的是，多数人不安心长期担任专职的维护人员，认为"维护程序员"的名声赶不上开发人员。有人认为采取开发人员与维护人员定期轮换的方法，效果可能更好。

10.2　系统评价

一个花费了大量资金、人力和物力建立起来的新系统，其性能和效益如何？是否达到了预期的目的？这是用户和开发人员双方都很关心的问题。因此，必须通过系统评价来回答以上问题。

对新系统的全面评价是在新系统运行一段时间后进行的，以避免片面性。通常由开发人员和用户共同进行。

进行系统评价的主要目的是：检查系统的目标、功能及各项指标是否达到设计要求；检查系统的质量；检查系统的使用效果；根据评审和分析的结果，找出系统的薄弱环节，提出改进意见。

10.2.1　质量评价指标

要进行管理信息系统的评价，首先要考虑管理信息系统投入运行以后如何分析其工作质量，如何分析其所带来的效益和所花费成本的投入产出比，如何分析一个管理信息系统对信息资源的充分利用程度，如何分析一个管理信息系统对组织内各部分的影响。也就是说，要先确定管理信息系统评价的标准问题。

1. 管理信息系统质量的概念

所谓质量的概念，就是在特定的环境下，在一定的范围内区别某一事物的好坏。质量评价的关键是要制定出评定质量的指标以及评定优劣的标准。质量的概念是相对的，所谓优质只是在某种特定条件下的相对满意（不可能有绝对的最优）。

2. 管理信息系统质量评价指标

（1）管理信息系统对用户和业务需求的相对满意程度，即管理信息系统是否满足了用户和管理业务对管理信息系统的需求，用户对管理信息系统的操作过程和运行结果是否满意。

（2）管理信息系统的实用性，即考察管理信息系统对实际管理工作是否实用。

（3）管理信息系统的开发过程是否规范，包括管理信息系统开发各个阶段的工作过程以及文档资料是否规范等。

（4）管理信息系统功能的先进性、有效性和完备性，这是衡量管理信息系统质量的关键指标之一。

（5）管理信息系统的性能、成本、效益综合比，这是综合衡量系统质量的首选指标，集中反映了一个管理信息系统质量的好坏。

（6）管理信息系统运行结果的有效性和可行性，即考察系统运行结果对于解决预定的管理问题是否有效或是否可行。

（7）处理结果是否完整，即是否全面地满足了各级管理者的需求。

（8）信息资源的利用率，即管理信息系统是否最大限度地利用了现有的信息资源，并充分发挥了它们在管理决策中的作用。

（9）提供信息的质量如何，即管理信息系统所提供信息（分析结果）的准确程度、精确程度、响应速度，以及其推理、推断、分析、结论的有效性、实用性和准确性。

10.2.2　运行评价指标

管理信息系统在投入运行后，还要不断地对其运行状况进行分析评价，并以此作为系统维护、更新以及进一步开发的依据。管理信息系统运行的评价指标一般有以下几个方面。

1. 预定的系统开发目标的完成情况

（1）对照系统目标和组织目标，检查系统建成后的实际完成情况。

（2）是否满足了科学管理的要求？各级管理人员的满意程度如何？有无进一步的改进意见和建议？

（3）为完成预定任务，用户所付出的成本（人、财、物）是否限制在规定范围以内？

（4）开发工作和开发过程是否规范？各阶段文档是否齐备？

（5）功能与成本比是否在预定的范围内？

（6）系统的可维护性、可扩展性、可移植性如何？

（7）系统内部各种资源的利用情况如何？

2. 系统运行实用性评价

（1）系统运行是否稳定可靠？

（2）系统的安全保密性能如何？

（3）用户对系统操作、管理、运行状况的满意程度如何？

（4）系统对错误操作保护和故障恢复的性能如何？

（5）系统功能的实用性和有效性如何？

（6）系统运行结果对组织各部门的生产、经营、管理、决策和提高工作效率等的支持程度如何？

（7）对系统的分析、预测和控制的建议有效性如何？实际被采纳了多少？这些被采纳建议的实际效果如何？

(8) 系统运行结果的科学性和实用性分析。

3. 设备运行效率的评价

(1) 设备的运行效率如何？

(2) 数据传送、输入、输出与其加工处理的速度是否匹配？

(3) 各类设备资源的负荷是否平衡？利用率如何？

10.2.3 技术评价指标

系统的技术评价指标是客观评价系统的依据。系统技术评价指标一般分为系统性能指标和经济效益指标两大类。

1. 系统性能指标

系统性能指标包括：①系统平均无故障时间；②系统联机响应时间、处理速度和吞吐量；③系统操作灵活性和方便性；④系统利用率；⑤系统的安全性和保密性；⑥系统加工数据的准确性；⑦系统的可扩充性；⑧系统的可维护性。

2. 经济效益指标

使用新系统后产生的经济效益是评价新系统的一个决定性因素。但经济效益的评价是一个非常复杂的问题，因为搜集各种定量的指标值需要较长的时间。同时，有的经济效益是不能单纯通过数字来反映的。目前，主要是将系统经济效益分为直接经济效益和间接经济效益两类进行统计。下面分别对其进行介绍。

1) 直接经济效益

系统的直接经济效益是指可以定量计算的效益，通常可通过以下指标来反映：

(1) 一次性投资，包括系统硬件、软件和系统开发费用。其中，硬件费用包括主机设备费用、终端设备、通信设备和机房建设（电源、空调和其他）费用；软件费用包括系统软件、应用软件、试验软件等费用；系统开发费用包括调查研究、系统规划、系统分析和设计、系统实施等阶段的全部费用。

(2) 运行费用，包括计算机及其外部设备的运行费用（如磁盘、打印纸等）、人工费用（人员工资）、管理费和设备，以及备件的折旧费用。运行费用是使新系统得到正常运行的基本费用。

(3) 年生产费用节约额，使用新系统以后，年生产费用的节约额可用下式求得：

$$u = \sum (C_i - C_a) + E[\sum (K_i - K_a)] + u_n$$

式中，C_i 表示应用计算机后节约的费用；C_a 表示应用计算机后增加的费用；E 表示投资效益系数；K_i 表示采用计算机后节约的投资；K_a 表示建立计算机管理信息系统所用的投资；u_n 表示本部门以外其他部门获得的年度节约额。

例如，运输部门使用计算机管理后节约了机动车辆，减少了在途货物，除可节约本部门投资外，还使有关部门节约了流动资金。年生产费用节约额是一个综合的货币指标。事实上，只有在年生产费用节约额时，使用计算机管理信息系统才是合理的，否则说明使用计算机的条件还未成熟。

需要指出的是，上述年生产费用节约额的计算公式只是一个理想化的公式，尤其是投资效益系数 E 的选取，目前还没有统一的说法，国外曾有人建议取 $E=0.25$。如何选择符合我国国情的效益系数，还有待于进一步的探索。

（4）机时成本。计算机的机时成本可用下式计算：

$$C_P = (s+m+d+p)(1+h\%)/(t \cdot k)$$

式中，s 表示工作人员的工资；m 表示材料费；d 表示设备折旧费；p 表示电力费用；h 表示间接费率；t 表示机器的正常工作时间；k 表示机器利用系数。

从上式可见，降低机时成本的一个重要途径，就是设法降低各项费用和增大机器利用系数。

2）间接效益

间接效益主要表现在企业管理水平和管理效率的提高程度上。这是综合性的效益，可以通过许多方面来体现，但很难用某一指标来反映间接效益。主要体现在以下几个方面：

（1）提高管理效率。用计算机代替人工处理信息，减轻了管理人员的劳动强度，使他们有更多的时间从事调查研究和决策工作；由于各类数据集中处理，综合平衡容易实现；由于采用计算机网络等手段，各部门之间的联系得以加强，从而提高了管理效率。

（2）提高管理水平。由于信息处理的效率提高，事后管理变为实时管理，管理工作逐步走向定量化。

（3）提高企业对市场的适应能力。由于用计算机提供辅助决策方案，当市场情况变化时，企业可及时进行相应决策以适应市场。具体来说，例如，物资管理系统的建立，可以明显提高库存记录的准确性和及时性，减少库存量，从而减少物资的积压浪费，同时也能保证生产用料的供应，避免因原料短缺而使生产停顿，最终提高了生产力。生产管理系统的建立，可以更合理地安排人力、物力，及时掌握生产进度和产品质量，从而提高生产率和生产管理水平。销售管理系统的建立，可提供较强的查询功能，提高服务质量并及时提供各项经营决策。财务管理系统的建立，可大大提高业务处理能力，减少差错，提高资金周转率，等等。以上这些都是间接效益的表现形式。

总之，计算机管理系统的建立，将对企业或部门的管理工作产生重大影响，对这些直接或间接的效益必须要充分认识，给予肯定。

10.2.4　综合评价指标

综合评价是对系统总体性能的评价，它包括以下几点。

1）功能完整性

功能完整性是指功能是否齐全，能否覆盖主要的业务管理范围。还有各部分接口应尽可能完备，数据采集和存储格式统一，便于共享，各部分协调一致，形成一个有机整体。

2）商品化程度

商品化程度是指首先要考虑性能价格比，其次是文档资料的完整性，是否有成套的用户手册、系统管理员手册及维护手册等，是否有后援，能不能为用户培训人才。

3）程序规模

程序规模包括总语句的行数、占用存储空间的大小。

4）开发周期

开发周期是指从系统总体规划到新系统转换所花费的时间。

5）现存问题

现存问题是指系统还存在哪些问题以及改进的建议。

综上所述，对于一个管理信息系统来说，大致可以从系统的性能、获得的效益以及文档资料等三方面来进行系统评价。这三个方面的具体评价指标以及考虑因素可制成表 10-1 所示的图表，以方便系统评价活动的进行。

表 10-1　系统评价表

评价项目	评价指标	考虑因素
1. 性能评价	1. 完整性	系统设计是否合理，具备的功能达到设计任务书的要求
	2. 可维护性	可理解性，可测试性，可修改性，维护工具
	3. 可靠性	平均无故障工作时间，后备体系
	4. 适应性	运行环境变动时，系统的适应能力
	5. 方便、灵活性	操作和维护方便、灵活
	6. 安全、保密性	
	7. 设备利用率	
	8. 响应时间	从用户发出命令到系统作出响应的时间
	9. 系统吞吐量	每秒所能完成的作业
2. 经济效果评价	1. 直接效果	一次性投资，运行费用，年生产费用节约额，机时成本
	2. 间接效果	管理人员劳动条件的改善，管理效率的提高，管理水平的提高，加快资金流通情况

续表

评价项目	评价指标	考虑因素
3. 其他方面评价	1. 文档	是否齐全，表达是否清晰合理
	2. 程序规模	总语句行数，占用存储空间大小
	3. 开发周期	从系统规划到新系统转换所花费的时间
	4. 存在问题	

10.3　系统的运行管理

系统运行是指一个管理信息系统研制工作完成后，经过系统转换，系统投入工作后的运行过程。管理信息系统与其他系统一样，需要进行科学的组织和管理，没有科学的运行管理，管理信息系统不但不能有效地发挥作用，不能自动地为管理工作提供高质量的信息服务，而且自身也会陷于混乱和崩溃。

10.3.1　系统日常运行管理

系统投入使用后，日常运行的管理工作是相当繁重的。

1. 系统日常运行环境的管理

系统的正常运行需要一个良好的运行环境，这要靠机房管理人员负责维护。机房管理人员要负责控制机房的卫生环境、温度与湿度、电源的稳定性、防火设备与措施的检查、系统的杀毒工作等。系统运行环境的管理工作应由硬件操作人员来完成。

2. 新数据的录入或存储数据的更新

这里的任务包括三项：数据收集、数据校验及数据录入。新数据的录入或存储数据的更新应由录入员来完成。

3. 信息处理和信息服务

在保证基本数据完整、及时和准确的前提下，系统应完成例行的信息处理及信息服务工作。常见的例行工作包括数据更新、统计分析、报表生成、数据的复制及保存、与外界的定期数据交流等。这些工作，一般都按照一定的规程、定期或不定期地运行某些事先编制好了的程序，由软件操作人员来完成。

4. 运行与维护

为了完成数据录入及例行服务工作，要求各种设备始终处于正常的状态之下。为此，需要一定的硬件操作人员，负责计算机本身的运行与维护。这里的运行维护包括设备的使用管理、定期检查、备品配件的准备及使用、各种消耗性材料（如软盘、打印纸等）的使用及管理、电源及工作环境，等等。

5. 安全问题

系统的安全问题，也是日常工作的主要部分。对于计算机应用系统来说，安全问题包括数据或信息的安全与保密、软件（包括程序和文档）的安全和硬件设备的安全三个方面。

6. 日常运行情况的记录

运行管理人员还要负责记录每天的系统运行情况、数据输入与输出情况、工作的数量（如数据录入的数量、提供的报表数量、数据使用的频率、满足用户临时要求的数据量）、工作的效率（系统为完成所规定的工作占用了多少人力、物力和时间）、系统所提供的信息服务质量以及系统的故障情况。

7. 系统运行结果分析

系统运行结果分析就是要得出某种能反映组织经营生产方面发展趋势的信息，以提高管理部门指导企业生产经营的能力。如果系统已有市场预测功能，运行此功能即可得到未来市场变化的趋势，那么这个结果对实际经营管理是否具有指导意义呢？我们还必须检查其拟合系数值的情况，如果很大，则可以用；如果不很大，则必须检查原始数据有没有不能反映市场变化规律的值或有无输入错误等。只有综合分析了上述情况，写出了分析报告，才可充分发挥人机结合辅助管理的优势。系统运行结果的分析工作由系统主管人员负责。

除了这些例行工作之外，还有一些临时的信息服务要求。例如，临时查询某些数据，生成某些一次性的报表，进行某些统计分析，进行某种预测或方案预算。这些信息服务不在日常工作范围之内，然而，其作用往往比例行的信息服务大得多。随着管理水平的提高和各级领导信息意识的加强，这种要求还会越来越多。

10.3.2 系统运行管理制度

要搞好系统的运行工作，建立完备的系统运行管理制度是必须的，也是首要的。

1. 系统运行的组织机构

系统运行管理的组织机构包括各类人员的构成、各自的职责、主要任务以及内部组织结构。这里所说的人员包括系统主管人员、机房管理人员、硬件操作人员、软件操作人员、程序员、录入员等。

2. 基础数据的管理制度

基础数据管理包括对数据收集和统计渠道的管理，计量手段和计量方法的管理，原始数据的管理，系统内部各种运行文件、历史文件（包括数据库文件等）的归档管理等。

3. 运行管理制度

运行管理制度包括系统操作规程、系统安全罢免制度、系统定期维护制度以及系统运行状况记录的要求和日志归档等。

10.4 系统的安全管理

信息时代既带给我们无限的商机与方便，也充斥着隐患与危险。从 20 世纪 90 年代中期开始，网络风起云涌，六次著名的黑客大战给人们敲响了网络安全的警钟，无论是政府部门、企业，还是个人用户，网络安全意识都明显增强。信息系统安全是计算机信息系统运行保障机制的重要内容。信息系统的不安全因素主要来自以下几个方面：

（1）物理部分。不安全因素主要有机房不达标、设备缺乏保护措施和存在管理漏洞等。

（2）软件部分。主要有操作系统安全和数据库系统安全两方面。

（3）网络部分。包括内部网安全和内、外部网连接安全两方面。

（4）信息部分。不安全的因素有信息传输线路不安全、存储保护技术有弱点及使用管理不严格等。

10.4.1 安全技术

目前，比较成熟的安全技术主要有以下几类：身份识别技术、访问控制技术、数据加密技术、防火墙技术和数字签名技术。

1. 身份识别技术

计算机系统安全机制的主要目标是控制对信息的访问。当前用于身份识别的技术方法主要有以下四种：

（1）利用用户身份、口令、密钥等技术措施进行身份识别。

（2）利用用户的体貌特征、指纹、签字等技术措施进行身份识别。

（3）利用用户持有的证件，如光卡、磁卡等进行身份识别。

（4）多种方法交互使用进行身份识别。其中，口令识别是目前广泛采用的技术措施，这种身份识别机制在技术上需要进行两步处理，第一步是给予身份标识，第二步是鉴别。口令识别这种控制机制的优点是简单易掌握，能减缓受到攻击的速度。目前，对其攻击主要有尝试猜测、假冒登录和搜索系统口令表等三种方法。

2. 访问控制技术

身份识别的目的是防止入侵者非法侵入系统，但它对系统内部合法用户的破坏却无能为力。目前，对系统内部用户非授权的访问控制主要有两种类型，即任意访问控制和强制访问控制。任意访问控制指用户可以随意在系统中规定访问对象，通常包括目录式访问控制、访问控制表、访问控制矩阵和面向过程的访问控制等。强制访问控制指用户和文件都有固定的安全属性，由系统管理员按照严格的程序设置，不允许用户修改。如果系统设置的用户安全属性不允许用户访问某个文件，那么不论用户是否是该文件的拥有者，都不能进行访问。任意访问控制的优点是方便用户，强制访问控制则通过无法回避的访问限制来防止对系统的非法入侵。对安全性要求较高的系统通常采用任意访问控制和强制访问控制相结合的方法；对安全要求较低的系统采用任意访问控制；对信息密级较高的部分则必须采用强制访问控制。

3. 数据加密技术

加密是目前解决身份认证、系统鉴别和信息交换的重要技术措施。目前使用的加密算法很多，如基于 Web 浏览器的 SSL、SHTTP 密码安全协议，基于 Internet 的 PTC 保密通信协议、基于 IP 层的 S/WAN 安全协议，用于开放网络进行电子支付的 SET 安全协议、国际数据加密算法（IDEA）和一些混合算法等。这些算法的基础是对称密钥密码体制（DES）和公开密钥密码体制（RAS）。对称密钥密码体制在计算机信息系统中已经运用多年，比较简便可靠；非对称密钥密码体制在信息系统中运用时间不长，但前景广阔。

4. 防火墙技术

防火墙是网络与网络之间的安全接口。目前基于这方面的产品主要有两大类，一类是安全路由器，另一类是防火墙路由器和软件系统。安全路由器的功能主要是对通过路由器的信息包（如基于下列信息组的 IP 包：IP 原地址、IP 目的地址、TCP 或 UDP 原端口、TCP 或 UDP 目的端口等）进行过滤，以滤去不需要或有害的信息包。

5. 数字签名技术

数字签名技术是解决网络通信中发生否认、伪造、冒充、篡改等问题的安全技术，它主要包括接收者能够核实发送者对报文的签名、发送者事后不能抵赖对报文的签名、接收者不能伪造对报文的签名等方面。

10.4.2　安全管理目标

信息系统安全管理的目标是：保证信息系统在有充分保护的安全环境中运行，由可靠的操作人员规范使用计算机系统、网络系统、数据库系统和应用系统，系统符合安全标准。

信息系统安全管理的主要安全指标包括物理过程与人员安全、机密性、可计算性、访问控制、完整性、可用性、质量保证、互操作性等。信息系统安全技术应紧紧围绕信息的输入、存储、处理和交换这条链。根据系统自身的特点，将组成系统的各实体系统部件的安全特性、网络的安全机制、安全服务等进行集成，构成信息系统的安全框架。除网络协议外，计算机信息系统实体即为系统安全框架的部件，是信息赖以生成、储存、处理和交换的依托。各系统功能模块的功能指标就是系统安全特性分解到相应功能模块的安全指标。系统总体安全特性能否实现，完全取决于各功能模块安全指标的设计和实施情况。通常，系统部件在整体上采用冗余配置（如网络服务器、网络线路、设备等），以提高其容错能力。为保证网络系统的安全，国际标准化组织为开放系统定义了七层网络协议，该协议在 OSI 内补充定义了各种安全要素，对系统的安全控制提出了指导和限制，描述了系统的安全服务、安全机制和安全管理，并给出了 OSI 网络层次、安全服务和安全机制之间的关系。这一协议是实施网络安全技术的依据。

10.4.3　安全控制的实现方法

1. 建立技术控制模型

技术控制模型必须建立在保护计算机系统和弥补技术漏洞的基础上。计算机系统一般由物理环境、软件程序、网络通信及信息数据四个部分组成，因而研究技术控制模型必须始终抓住这四个方面，并建立与之对应的物理环境技术控制模型、软件程序控制模型、网络通信控制模型和信息安全控制模型。

2. 确定技术控制体系

以法规形式确定信息系统的安全等级技术标准，根据不同的要求，建立分层次的访问权限认证系统。跟踪密码技术、系统扫描安全检查技术、网络攻击监控技术、信息内容监控技术、审计跟踪技术及证据搜集、认定等安全技术的研究成果，确定本系统的技术控制体系。

3. 建立安全稽核体系

计算机安全稽核是系统安全工程的主要内容，人们常用安全稽核来验证系统安全方面的脆弱性，评价风险程度（损失程度），从而有针对性地采取安全措施。计算机安全稽核分内部稽核和外部稽核两类。内部稽核主要靠系统内部提供的功能来实现，主要任务是稽核系统内部数据处理情况和系统运行情况。外部稽核是对各种安全规章和措施进行稽核。从程序和时间上看，安全稽核又分以下三种。

1）预先稽核

预先稽核是指对正在建立的系统或新的应用开发项目进行稽核或检查，检验系统或开发项目的每一步是否符合安全要求，加强过程安全控制。

2）事后稽核

事后稽核是指系统建成后或应用开发项目完成后的稽核，也叫验收稽核。

3）系统生存稽核

系统生存稽核是指对系统数据处理过程和系统安全措施的效力进行稽核。安全稽核的目的是保持数据的正确性、可靠性、真实性和可使用性，识别系统内部正在发生的活动变化，保障系统的安全可靠。计算机安全稽核在防止计算机犯罪、威慑计算机犯罪分子、侦破案件、检查事故发生的可能性和原因、保障系统正常运行等方面都有着极其重要的作用。

4. 建立安全监察体制

计算机信息系统安全保护存在的问题是：无特定的机构来监督、检查系统的安全情况，只对系统产品的安全性能进行评价、认证，对最容易出问题的计算机应用过程的安全管理工作只有要求而无监督。鉴于这一点，信息产业部在《计算机信息系统安全保护条例》中设置了安全监察的专门章节，这一章节对计算机信息系统安全保护的法律监督作用作了描述。安全监察分内部主动监察和外部强制监察两种。内部监察主要由系统安全负责人、内部审计师、系统分析员、程序员等组成的监察队伍实施。其主要职责是根据国家和行业的有关法律、法规和标准规范，制定防止非授权或越权存取数据、使用计算机的制度和措施，制定安全系统的分析、设计、测试和评价的标准和方法，制定计算机设备、程序和数据实体保护措施以及各类应急计划等。外部监察是指计算机信息管理监察部门根据法律赋予的权力，对计算机信息系统行使安全检查、监督和处罚等职能。其主要职责是检查、指导和监督系统的实体安全、环境安全、软件安全、网络安全及信息安全，协助制定和实施系统的安全计划和安全教育，检查和督促落实国家颁布的有关系统设计、机房标准及安全组织建立和安全人员培训，负责处理涉及计算机信息系统安全的事件，协同有关部门侦破计算机犯罪案件。监察组织特别是计算机安全监察机构，要从防范计算机犯罪的角度出发，采取具体工作措施对已经投入使用的系统进行全方位的监察工作。比如，建立系统安全登记台账，定期或不定期对系统的安全情况进行检查和抽查；对有安全隐患的系统，要及时发出整改通知，限期改正；对安全问题严重的系统，根据有关法律法规实施处罚。

5. 制定安全运行制度

安全技术的实施对于信息系统抵御外来入侵、病毒破坏，保障信息的完整性、可靠性和保密性具有重要作用。任何危害都有一个过程，在这个过程的任何环节上，都可以采取相应的措施予以制约。因此，应根据信息系统的安全要求制定保障信息系统安全运行的规章制度。系统安全运行包括机房管理、系统网络运行管理、信息介质管理、查询登记和结果返回、系统故障和安全事故报告，以及安全审计等方面。

计算机信息网络已经涉及国民经济和社会生活的各个领域，并通过国际互联网与世界相连，信息安全关系到国家安全。因此，我们要努力构筑一个技术先进、管理高效、安全可靠的信息安全体系。

➤ 知识拓展：信息资源管理（IRM）

信息资源管理（information resource management，IRM）作为一个专有名词，是 20 世纪 70 年代末美国学者提出的一个崭新概念。随着信息资源在社会经济生活中的重要性不断提高，信息资源管理作为一个独立的研究领域逐渐发展起来。

信息资源管理从诞生伊始，便与管理信息系统（management information systems，MIS）有着千丝万缕的联系。

从概念上看，管理信息系统是一个综合性的人机系统，是由信息人员、信息技术和数据资源构成的集合；广义的信息资源是信息活动中诸多要素的综合，管理信息系统无疑是其中最重要的组成部分。所以，管理信息系统应该是广义信息资源的子集，是信息资源的构成要素，但不是信息资源的全部。

信息资源管理的产生，源于信息激增和信息技术的迅速发展；而管理信息系统的形成，是信息技术在组织业务管理活动中的应用和发展。所以，信息技术的产生与发展是两个学科的共同基础。

从信息资源管理的角度考察，信息资源管理是一种基于信息技术的管理理论和方法，信息资源管理自诞生之日起，运用信息技术开发建设管理信息系统就是其要义之一。信息资源管理既需要硬的信息技术作为支撑，也需要软的管理方法作为手段。在当前信息技术迅速发展和普及的环境中，许多现代管理方法已经通过软件和硬件的形式被技术化、系统化了，所以，信息资源管理也就更加依赖信息技术。从某种意义上讲，各种各样的管理信息系统就是现代信息资源管理的物化形式，现代信息资源管理则是基于信息系统的管理理论和方法。企业的高层管理者为了经营的目的，不断追求各种新的信息系统、新的信息媒介和新的利用方式来提高信息资源的利用效果，专家系统、知识库、人工智能、新型信息网络技术等各种类型的管理信息系统已成为组织开展信息资源管理的主要手段和工具。

自美国学者 F. W. 霍顿（Horton）最先提出 IRM 这一概念之后，经第伯德（Dibold）等学者的开拓研究，对于 IRM 已提出过多种界定，这些界定反映了人们对 IRM 的现有认识成果。

（1）美国学者霍顿从资源管理的视角认为，IRM 是对一个企业的信息资源（information resource，即内容）和信息设备（information resources，即工具）等进行的管理。他将资源管理的概念扩展运用于信息、数据和知识的管理等方面。

（2）霍顿还从管理活动这一视角认为，IRM 就是基于信息生命周期的一种人类管理活动，是对信息资源实施规划、指导、预算、决算、审计和评估的过程。持同一视角的还有英国学者 I. R. 博蒙特（Beaumont）和 E. 萨瑟兰（Sutherland）。他们也认为，IRM 是一个集合名词，包括所有能够确保信息利用的管理活动，其管理对象则包括所有类型的数据、号码、文本、视像、声音和各种不同的信息与通信技术。

（3）M. S. 怀特（White）从管理过程的视角认为，IRM 是高效率地确定、获取、综合和利用各种信息资源，以有效满足当前和未来信息需求的过程。A. N. 史密斯（Smith）和 D. B. 梅德利（Medley）也认为，IRM 将传统意义上的信息服务，包括信息传播、办公系统、记录管理、图书馆功能、技术规划等统一起来，从而由一种管理哲学演变为一种管理过程。

（4）C. 瓦德（Wood）从管理方法的视角认为，IRM 是信息管理中几种有效方法的综合，它意味着将一般管理、资源控制、计算机系统管理、图书馆管理以及多种政策制定和规划方法结合起来加以运用，它标志着信息管理演变的新阶段。采用同一视角的学者 B. R. 里克斯（Rics）和 K. F. 高（Gow）认为，IRM 是为了有效地利用这一重要的组织资源而实施规划、组织、用人、指挥、控制的系统方法。K. B. 列维坦（Levitam）和 J. 第林（Dineen）认为，IRM 是一种集成化的管理手段。管理的各种信息财产或信息资源的集成化程度可以作为衡量信息资源管理成熟程度的一个重要尺度。

（5）E. 米德凯（Maedke）从企业管理的视角认为，IRM 是企业中管理各种相互关系的技术群，以使信息资源获得最大利用的艺术与科学。

（6）A. W. 翟洁科（Zijlker）、B. 爱维斯（Lves）、G. D. 列奥莫奇（Learmoth）和 M. E. 波特（Porter）等从行为管理的视角认为，IRM 指的是在适当的时期制定决策或进行协调工作，以提供合适的信息的行为。IRM 可以被看做是一个生活周期或一系列的行为，包括标识、存取和信息接收、保证信息的质量、及时性、相关性或增加其价值，为将来的利用储存信息，使其可利用或传递给别人，以及进行信息处理。

（7）经济学家乌家培和王建新发表《论信息资源的管理与立法》一文中，提出了 IRM 的立法问题，但尚未涉及 IRM 的界定。

（8）卢泰宏在其主编的《信息资源管理》（专集）中认为，"IRM 是一个发展中的战略制高点，其意义可归结于两点：展示了一个新的重要领域；提出了开发利用信息的新方向"。

1993 年，卢泰宏所著的《国家信息政策》一书中论证了 IRM 的三维结构问题。他认为："IRM 是信息管理的一个重要的新阶段"，"是信息管理的综合，是一种集成化管理。""IRM 是三种基本信息管理模式的集约化，它们是：信息的技术管理、信息的经济管理和信息的人文管理。"他还图示了一个"IRM 的三维构架"，认为这三个方向的合力形成了 IRM。反过来看，也可以将整体信息管理分解为三种基本的信息管理模式。他指出："这三种管理模式对应不同的背景：技术管理模式——信息技术；经济管理模式——信息经济；人文管理模式——信息文化。"

（9）1998 年，孟广钧等学者合著的《信息资源管理导论》一书，反映了我国在 IRM 领域研究的最新进展。该书认为："IRM 是现代信息技术在管理领域的应用所激发的一种新的信息理论。"IRM 是为了确保信息资源的有效利用，以现代信息技术为手段，对信息资源实施计划、预算、组织指挥、控制、协调的一种人类管理活动。IRM 一般被认为是一个集成领域，是由多种人类信息活动整合而成的特殊形式的管理活动。"IRM 活动作为一种普遍的人类活动，主要是在三个层面上展开的：在社会组织的微观层面，IRM 活动主要体现为一种过程管理；在社会组织体系的中观层面，IRM 活动主要体现为一种网络管理；在国家政府的宏观层面，IRM 活动主要体现为一种政策法规主导的调控管理。"

信息资源与物质资源相比较，既具有一定的共性，又有许多不同的特性。我们分别从自然特性和经济特性两方面来考察它的特性。

（1）信息资源的自然特性。第一，非物质性和易流动性：它既不是物质，也不是能量，但具有物质基础。它必定要附着在某种介质上，不能离开媒介而独立存在。它易扩散、易传播，是最富于流动性的一种资源，而当代经济正是一种高度流动性的经济，这是信息资源和信息技术使然。第二，可再生性和数量的无限性：经过处理、传播或利用，可以生产出新的信息或更多的信息。从一般意义上讲，信息资源（包括原始状态和经过一定开发和利用的信息）在数量上是无限巨大的，在统计上是无法穷举的，而且是无穷无尽的。第三，易转换性：信息资源的记录介质和表示方式都容易转换。第四，易共享性：信息资源的生产者或拥有者难以独占使用。第五，质量差异性：由于生产和传播水平存在差异，不同的信息资源在质量上的差异很大。第六，意义多样性：对不同的人或组织可能具有不同的意义。

（2）信息资源的经济特性。第一，效用性：任何信息资源对人类都具有一定的效用，不仅可以独立使用，而且在一定条件下还可以替代其他资源。第二，供给的稀缺性：对于某个人或组织来说，真正有价值且可获得的信息资源往往是稀缺的。第三，成本结构的特殊性：生产成本高，复制成本低，固定成本绝大部分是"沉没"成本，而可变成本或增量成本很低。第四，体验性：作为产品，有些信息资源是一种"体验性产品"，消费者追求的是一种体验。

资源不同，对某个国家的意义也不同。作为一种战略资源，它必然与该国的国计民生密切相关，是一个国家社会、经济、科技发展的基础。国家战略资源是一个国家实现本国战略目标可以利用的现实的和潜在的关键性资源。信息资源已成为国际竞争中的焦点之一。信息资源的禀赋和存在状况是衡量一个国家综合国力的重要标志。

"十五"信息化专项规划指出，"信息技术的广泛应用，使信息成为重要的生产要素和战略资源，是优化资源配置、推动传统产业不断升级和提高社会劳动生产率的新动力"。目前，我国的信息技术应用已经很普遍，各个信息系统迫切需要注入充足的信息资源，以维持其正常运行和发挥更大的效益。

思考题

1. 系统维护工作包括哪些内容？它是如何进行的？
2. 系统评价的目的和内容是什么？
3. 为什么说软件维护是不可避免的？
4. 有人说，提高软件的可维护性是软件生产工程化的根本目标之一。你同意这个观点吗？试说明理由。

上机作业题

结合前面自己开发的小系统，分析需要进行哪些维护？应采用哪些安全技术？如何进行？

小组讨论题

1. 应该如何进行系统评价工作？
2. 如何理解信息资源管理与管理信息系统的关系？

参 考 文 献

蔡淑琴 . 2004. 管理信息系统 . 北京：科学出版社

陈景艳 . 2001. 管理信息系统（第二版）. 北京：中国铁道出版社

黄梯云 . 2005. 管理信息系统（第三版）. 北京：高等教育出版社

马士华等 . 2000. 供应链管理 . 北京：机械工业出版社

石道元 . 2006. 管理信息系统 . 北京：电子工业出版社

斯泰尔，雷诺兹 . 2005. 信息系统原理（第六版）. 张靖等译 . 北京：机械工业出版社

王景光 . 2006. 信息系统开发方法 . 北京：机械工业出版社

王要武 . 2003. 管理信息系统 . 北京：电子工业出版社

薛华成 . 2008. 管理信息系统（第五版）. 北京：清华大学出版社

姚家奕，吕希艳，秦秋莉 . 2007. 管理信息系统（修订第二版）. 北京：首都经济贸易大学出版社

Rogers E M. 2000. Informatization, globalization, and priratization in the new millennium. The Asian Journal of Communication, 10 (2)：71～92

http：//baike. baidu. com/view/2670. htm（百度百科）

http：//www. amteam. org（企业资源管理研究中心）

http：//www. avrw. com（综合电子论坛）

http：//www. ccw. com. cn（计算机与 IT 行业网群）